适合统编本小学语文教科书一年级

小学语文
游戏教学设计

教 师 版

金晓芳　主编

华东师范大学出版社
·上海·

图书在版编目(CIP)数据

小学语文游戏教学设计：教师版/金晓芳主编. —上海：华东师范大学出版社，2019

ISBN 978 - 7 - 5675 - 9888 - 1

Ⅰ.①小… Ⅱ.①金… Ⅲ.①小学语文课－教学设计 Ⅳ.①G623.202

中国版本图书馆 CIP 数据核字(2019)第 263242 号

小学语文游戏教学设计：教师版

主　　编　金晓芳
责任编辑　彭呈军
特约审读　单敏月
责任校对　邱红穗
装帧设计　刘怡霖

出版发行　**华东师范大学出版社**
社　　址　上海市中山北路 3663 号　邮编 200062
网　　址　www.ecnupress.com.cn
电　　话　021 - 60821666　行政传真 021 - 62572105
客服电话　021 - 62865537　门市(邮购)电话 021 - 62869887
地　　址　上海市中山北路 3663 号华东师范大学校内先锋路口
网　　店　http://hdsdcbs.tmall.com

印 刷 者　上海景条印刷有限公司
开　　本　787×1092　16 开
印　　张　22.75
字　　数　367 千字
版　　次　2020 年 1 月第 1 版
印　　次　2023 年 7 月第 5 次
书　　号　ISBN 978 - 7 - 5675 - 9888 - 1
定　　价　68.00 元

出 版 人　王 焰

(如发现本版图书有印订质量问题，请寄回本社客服中心调换或电话 021 - 62865537 联系)

序一

　　玩，是儿童的天性。游戏，是儿童主要的功课。孩子在游戏里学到了人生各阶段都需要的诸多能力，比如社会、情绪、语言、体能、思考、想象能力等，游戏可谓人类文明珍贵的 DNA。学前儿童在幼儿园，主要的任务是玩，是游戏，每天无忧无虑，其乐融融。幼儿园大班一毕业，没有一个小孩不天天追着大人问："我怎么还不上学啊？"可真上了学，不少儿童吃不消了，不要说每天要上那么多门课，单说每节课长长的 40 分钟，有些老师还要求"手背后，胸挺直"，多累啊！难怪有的一年级小学生，就羡慕起退休了的爷爷奶奶来，天真地问："我什么时候退休呀！"一进小学的大门，通过数月半年的学校教育，不少天真活泼的孩子摇身一变，如同一只只"呆头鹅"，出现不同程度的厌学、恐学现象。

　　我们真的愿意让游戏就这样从我们的小学消失吗？从幼儿园到小学，儿童有种种的不适应，一定要搞好从幼儿园到小学的过渡。对这个问题，我们长期认识不足，研究不够，办法不多。这确实又是一个十分重要的问题，关系到广大学龄儿童有没有浓厚的兴趣，有没有极大的热情，有没有充足的信心，投入到小学学习中来。如果儿童刚入学就厌学、恐学，这等于宣告教育输在了起跑线上。是不是可以在学校正规的功课里放进去许多游戏，或者在游戏里融进很多功课？这就是金晓芳老师和她的团队多年矢志不移研究的课题。这是一项具有挑战性的，实现学科育人的十分有益的工作。

　　首先，他们着手幼小衔接这篇大文章，着眼幼小衔接期儿童好动、好玩、好奇、好胜等心理特征，以小学语文学科为主阵地，做了大量的教学游戏研发工作。针对学生好动的天性，他们设计开发与身体冲动相关联的生理性游戏，包括儿歌表演、节奏操、音乐律动等几大类与课堂常规相关联的 N 种课中操，带领孩子们在"动中学"，使得课堂动静交替、活而有序；针对学生好玩的天性，他们设计开发了成千上万种与学科知识相关联的益智性游戏，带领孩子们在"玩中学"，使得课堂异彩纷呈、活而有趣。这些成果集中地体现在《新课程小学语文幼小衔接教学游戏指导与设计》一书中（人民教育出版社，2006年9月版）。本册教师版是对该书实践部分的修订。该项研究借助教学游戏，激发学习兴趣，集中有意注意，调节课堂气氛，激发学习动力，培养合作意识，从而增强语文学习的效果，促进学生身心发展。该项研究的直接价值，是根据不同教学内容的不同特点，开发了多种类型的教学游戏。他们配合一、二年级部编语文教科书，逐课设计了多项教学游戏，既可以拿来就用，应师生之所需；又可以受这些设计的启发，因地制宜，自行设计更多、更好的教学游戏。

接着，为了解决教学游戏课堂滥用、乱用现象，避免"游戏""教学"两张皮等问题，使得游戏和学科有效融合，金老师放弃教研员岗位，重回课堂，亲自带班，系统研究并设计与开发小学语文游戏教学操作范式，积累了第一手丰厚的研究成果。针对拼音、识字、阅读、口语交际、语文园地等教学板块，金老师和团队成员一起并肩作战，融入绘画、音乐、律动、故事、比赛、晋级等游戏元素，使认知序列线和教材序列线高度融合，逐步提炼出带有一定普适性的游戏教学操作范式，如故事情境型、板画情境型、游玩情境型、儿歌型、闯关晋级型、角色表演型、分组合作型等，推出了数十个成熟的游戏教学案例，开创了有趣、有料、有效的新课堂。

通过15年坚持不懈的努力和完善，金老师和她的团队已经把小学语文游戏教学专题的探索和实践演变成颇具特色的游戏教学课程，本套丛书（《小学语文游戏教学设计》丛书分理论篇、案例集、学生版、教师版）就是有力的见证。我们希望更多的有志者投入其中：在研发时，十分明确游戏是为了取得更好的语文学习效果；在运用中，尽量做到适时适度，使学科和游戏有机融合，体现自主性、自愿性，让更多的学生参与其中，"游"有所得，"玩"有所获，让学习更科学、更快乐，更有效。

在古希腊语中，游戏（paidia）和教育（paideia）这两个词有着相同的词根，都指称儿童的活动。这提示我们，游戏是儿童认识和探索外部世界的方式，儿童在游戏中实现着自我的社会化进程，在各式各样的体验中逐步走向"完整的人"，走向德智体美劳全面发展的人。这和国家大力提倡的健全立德树人落实机制，优化教学方式，追求适合学生的教育是相一致的。这与当下社会盛行的加重课业负担为解决之道大相径庭。盲目地用过度的课业疲劳来加速孩子的发展，而忘了儿童适合什么需要什么，不论对孩子的发展还是社会的文明进步而言,都无异是雪上加霜。我们不能坐视学校或各式课堂以各种理由摧毁儿童独特的兴趣和个性,那么就在正规的功课里悄悄地融进游戏吧。

崔　峦

2019 年 7 月

序二

　　游戏是人类最古老的活动。荷兰学者赫伊津哈认为,游戏先于文化,真正纯粹的游戏是文明的基石之一。古希腊哲学家柏拉图说过:"人就像是上帝手中的玩具,游戏、玩乐、文化——我们认定这才是人生中最值得认真对待的事。"中国人对游戏的认同度向来不高,古人一直把玩与学对立起来,"玩物丧志""勤有功戏无益""业精于勤而荒于嬉"等古训,至今仍在中国家长和老师的耳边回响。传统观点认为,学习是获取知识、增强能力、提高素养的过程,是认真严肃的脑力劳动;游戏是一种幼稚的、休闲的嬉戏行为,纯属浪费时间。五四新文化运动以来,一批先进知识分子接受了西方的教育新理念,开始重视游戏在儿童成长中的价值,但主要限于幼儿教育。进入 21 世纪,关于儿童和游戏的关系,理论上有了长足的进步,大家慢慢也形成了一些共识,认为儿童最重要的特点就是游戏精神,游戏是儿童最重要的生活。对儿童来说,游戏不是游戏,而是生活本身。而现实情况是,我们依然很少关注儿童内心的需求,很少倾听儿童对游戏的渴望。任意一个早晨,你在学校门口多站一会儿,总能听到家长殷殷叮嘱儿女:"听老师话,好好学习,不要贪玩!"这样教育的后果是,经过 10 多年的拼命学习,天真活泼的孩子多数最终成了"不会玩"的书生。

　　行为科学告诉我们,人的活动大致可分"有目的"的功利性活动和"无目的"的自发性活动两大类。功利性活动不能满足内在的运动需要,就会产生自发性活动;功利性活动过量,也会产生自发性的运动,使紧张得到松弛,大脑得到调整和休息。这种本能的、自发的、无功利性的活动便是游戏。小学生正处于身心快速发展时期,强大的游戏生理机制使其产生旺盛的游戏活动需求,游戏活动应当成为他们生活和学习的重要内容。有益的游戏是对学习的调剂和补充,课堂中适当引进游戏有利于提高教学效益。好的游戏本身就是学习,快乐的游戏是对学习的最好奖励。笼而统之地把游戏和学习对立起来,课堂上一味地排斥游戏,等于主动放弃了实施有效教学的重要途径，不但影响课堂教学效果，还会扼杀孩子的天性，影响孩子的健康成长。

有研究表明，有益的游戏有四大特点：一是体验性和愉悦性。游戏让人欲罢不能、百玩不厌，即便游戏失败了，愉悦感依然充盈着他们的内心。二是规则性与社会性。游戏有其严肃的一面，凡游戏皆有规则，游戏者必须在约定俗成的规范中参与活动，游戏能帮助孩子学会合作和沟通，增强社会性体验。三是自发性或自愿性。游戏是儿童自发自愿的活动，儿童在游戏过程中不知不觉会融入自己的、同类的、种族的主观精神和价值取向，有利于儿童认识自我，建立积极的自我形象。四是虚拟性与非功利性。游戏有别于真实生活，无功利性目的，因而儿童在游戏中是放松的，儿童会不断地去发现自己，挑战自己，收获成功的快乐。与此相对应，把游戏和教学相融合，变革传统教学方式，至少可以产生三方面的作用：第一，有利于促进孩子主动学习。丰富和谐的游戏情境，灵活多样的游戏开发，有趣有料的整体设计，适时适度的有效运用，能持续刺激学生的兴奋点，激发学生的求知欲和想象力，形成较为持久的学习兴趣。第二，有利于养成孩子的良好学习习惯。学生参与游戏的过程，也就是遵守规则的过程，通过游戏教学，学生不仅学会了知识，发展了思维，还认识了社会，学会了交往和应变，形成规则意识和责任意识，养成良好的学习习惯。第三，有利于培养孩子的创新意识。学生常常按照自己的目的和要求，设计和选择游戏工具，玩中学，学中玩，乐在其中，有利于培育学生积极参与、不计成败、勇于创新的游戏精神。

本书较为系统地呈现了金晓芳老师十几年如一日辛勤研究的教学成果，为一线语文教师提供丰富的游戏教学资源，对语文教师更新教学观念、用好统编教科书有重要的借鉴价值。

读完金晓芳老师的书，忽然想起这样几句话：缺少游戏的学习是不全面的学习，没有游戏的教学是不完美的教学，不会游戏的人生是不圆满的人生。在人工智能时代，研究教学游戏，践行游戏教学，是新时代培养创新型人才的呼唤。祝愿金老师在游戏教学研究的道路上遭遇更优美的风景，收获更丰硕的成果。

柯孔标

2019 年 7 月 30 日于千寻苑

义务教育教科书·语文·一年级上册

义务教育教科书·语文·一年级下册

一年级上册

我上学了

··

游戏一：儿歌表演

目的：进行行为习惯养成教育，使学生尽早融入学校生活，了解基本的课堂行为，感受老师同学的友好亲切和学习的快乐。

准备：儿歌。

1. 上学歌：树上鸟儿喳喳叫，路旁花儿微微笑。背上漂亮小书包，唱着歌儿上学校。见到同学招招手，见到老师问声好。我是一个小学生，团结友爱讲礼貌。

2. 学习歌：铃声响，进课堂，坐得端正看前方。专心听、动脑想，回答问题要响亮。勤思考，互商量，发表见解有主张。

3. 注意姿势歌：看书写字，注意姿势。不弯不屈，离书一尺。坐得端正，预防近视。时时注意，天天保持。

4. 手指歌：一个指头来书空，两个指头是 OK，三个指头握铅笔，四个指头翻书本，五个指头朝上举，那是表示"我能行"。

5. 写字歌：身坐正，头微俯，两脚微微分。眼离书本是一尺，胸离桌子是一拳，手离笔尖是一寸。一尺一拳和一寸，我们时刻记在心。

6. 下课歌：丁零零，铃声响，整理文具再去玩。慢慢走，左右看，不爬高来不追赶。做游戏，安全记，同学之间不赖皮。上下楼梯要靠右，人人都是好朋友。

7. 讲究卫生歌：你拍一，我拍一，常洗澡来常换衣。你拍二，我拍二，每天都要带手绢儿。你拍三，我拍三，不要随地乱吐痰。你拍四，我拍四，捡起果皮和废纸。你拍五，我拍五，零食小摊别光顾。你拍六，我拍六，讲究卫生齐动手。你拍七，我拍七，千万别吃烂东西。你拍八，我拍八，每天洗脸和刷牙。你拍九，我拍九，饭前便后要洗手。你拍十，我拍十，个人卫生要保持。

方法：儿歌琅琅上口，学生易于诵读，也乐于诵读。本游戏可以由老师带着学生一边读儿歌，一边结合动作进行表演，也可以让学生一边读儿歌，一边自由表演。最后根据学生的表现，奖给表现好的同学 1 颗红五角星。

游戏二：找朋友

目的：促进一年级新生之间相互认识，并学习向别人介绍自己。

准备：学唱《找朋友》歌曲。

方法：大家一起一边拍手一边唱《找朋友》，然后请两名或多名学生在全班同学中找朋友，找到朋友后进行自我介绍。已经相互介绍的同学，把自己的名字写到黑板上，让全班同学都来认识他们。

游戏三：我是小学生

目的：在游戏中了解小学生日常生活常规，并引导学生做一个遵守规则的人。

准备：欢快的音乐。

方法：在课堂上播放一段欢快的音乐，随着动听的音乐声，老师和学生分角色进行相应动作表演。比如：

老师："早上天亮了！" 学生（边答边演）："起床了，按时上学不迟到！"

老师："高高兴兴到学校！" 学生（边答边演）："一起做操伸伸腰！"

老师："上午学习真认真！" 学生（边答边演）："真呀真认真！"

老师："中午吃饭香！" 学生（边答边演）："真呀真叫香！"

老师："下午游戏真快活！" 学生（边答边演）："真呀真快活！哈哈哈！"

老师："傍晚放学啦！" 学生（边答边演）："说呀说再见！"

游戏四：课中操

目的：调节学习节奏，活跃课堂气氛，使学生的学习动静结合，张弛有致。

准备：常见的课中操（包括节奏操、互动操、律动等），相关音乐。

方法1：节奏操。

1. 带领学生感受生活之中、自然界里的节奏。比如：

闹钟声： X X X X | X X X X | X X X X ‖
　　　　嘀 嗒 嘀 嗒　嘀 嗒 嘀 嗒　嘀 嗒 嘀 嗒

鞭炮声：

大鞭炮： X X | X X | X － | X － | X － | X － ‖
　　　　咚 哒　咚 哒　砰　　啪　　砰　　啪

小鞭炮：　XXXX　XXXX　｜XXXX　XXXX　‖
　　　　　　噼里啪啦　噼里啪啦　噼里啪啦　噼里啪啦

动物的叫声：

青蛙叫：　XX　X　XX　X　｜XXXX　XXXX　‖
　　　　　　呱呱　呱　呱呱　呱　呱呱呱呱　呱呱呱呱

知了叫：　X　X　X　X　X　X　X　X　‖
　　　　　　知　了　知　了　知　了　知　了

2. 带领孩子们通过手、脚的动作表现出这些生活中常见的节奏，使之成为有趣的节奏操。比如，2/4 X X　X X　X　XXXX XXX X　X. X　X. XX X X X.　X. X　X X　XXXX　X　XXXX　X X XX X　XX X　X。老师还可以结合学生的喜好和特点，编排其他节奏鲜明、相对完整的节奏操。

这种课中操方便实用，它既能迅速吸引学生的注意力，帮助学生养成注意倾听的良好习惯，又能调节课堂气氛，愉悦学生的身心。

方法 2：互动操。

互动操包括学生和学生、学生和老师之间有节奏的互动。

1. 师带生做。师："请你跟我这样做。"生："我就跟你这样做。"老师带学生做拍手、伸腰、踢腿、耸肩、扭脖子、织毛衣等动作。

2. 师生齐做。"捏拢放开捏拢放开，小手拍一拍，捏拢放开捏拢放开，同桌拍一拍。捏拢放开捏拢放开，前后拍一拍。捏拢放开捏拢放开，肩膀拍一拍。（两手做成一休动脑筋的样子，边说边往上转）咕噜，咕噜，小脑动起来。眼睛看好，耳朵听好，小手要放好。"

3. 同桌互做。"你拍一，我拍一，宝贝从小爱学习。你拍二，我拍二，宝贝从小爱画画儿。你拍三，我拍三，宝贝人人都称赞。你拍四，我拍四，宝贝从小立大志。你拍五，我拍五，宝贝像个小老虎。你拍六，我拍六，宝贝样样都优秀。你拍七，我拍七，宝贝主动又积极。你拍八，我拍八，宝贝的创造顶呱呱。你拍九，我拍九，宝贝快乐天天有。你拍十，我拍十，宝贝长大做大事。"

4. 学生自由做动作。"我学老鹰飞飞，我学鱼儿游游，我学马儿跑跑，我学小狗跳跳。我在美丽的学校，快乐得像只小鸟。"

5. 简单的全身操。老师："小朋友，来来来，我们一起做做操。"师生（齐）："拍拍手，一二；伸伸手，一二；打打手，一二；弯弯腰，一二；跺跺脚，一二；点点头，一二；坐好啦，一二。"

6. 师生互动。

老师:"我们一起来做操,好吗?"学生:"好!"

老师:"我把双手伸开。"学生:"我把翅膀拍拍。"

老师:"我把脚儿踢踢。"学生:"我把腿儿弯弯。"

老师:"我把脖子扭扭。"学生:"我把头儿歪歪。"

老师:"我把身子摇摇。"学生:"我把腰儿弯弯。"

师生(齐):"我们一起转个身,拍拍手,坐好了。"

这个互动操也可以用在下课前,但需要将最后一次互动改为:"我们一起转个身,拍拍手,说再见!"

开始做互动操的时候,可以由老师带领学生做,等到他们熟悉了以后再让学生自己做。如果条件允许,还可以让学生根据相同的节奏、韵律自编动作,自编拍手操的口诀,并带领大家做操。这种课中操能让全班的每个学生都动起来,使他们的创造潜能得以自由地发挥,并且能够使学生长保参与热情,不会感到厌烦。

方法3: 律动。

所谓律动是指有韵律、有节奏的身体动作。通过听音乐,领会音乐的节奏、力度、速度、内容、情感等,激发相应的感情,从而用身体各部分的动作或姿势来表达出自己的体验。律动包括出声的,如边唱歌、边表演的《火车开啦》等,也包括不出声的,如边听音乐边模仿的律动《在钟表店里》、自编式律动《布娃娃弹琴》等。

游戏五:蜘蛛织网

目的: 组织全体学生参与游戏,体验相互认识的快乐;使学生能有个性地介绍自己,让小朋友们很快地认识并记住自己。

准备: 小小毛线球。

方法: 全班小朋友围成圆圈,传递毛线球。当小朋友拿到毛线球的时候,就要停止传球,然后大声地向其他小朋友介绍自己(要想办法让大家很快记住自己)。介绍完毕,紧紧拉住毛线,再把剩余的毛线球滚给对面的任何一位同学,继续传球。依此进行游戏,直到所有小朋友都介绍了自己、毛线球重新回到教师手中为止。

在游戏过程中,教师要适时鼓励、表扬每个大声介绍自己的孩子,肯定不同的孩子在自我介绍中体现出来的优点。

识字

1. 天地人

★ **识字游戏** ★

游戏一：指一指，认一认

目的：用于检查学生对本课生字的认识情况。

准备：本课的生字卡片。

方法：教师随机出示本课中的生字卡片"天、地、人、你、我、他"，请学生看着卡片不发出声音地指出相关事物，如出示"天"这一字卡，学生向上指，出示"地"这一字卡，学生用手指指向地面。

游戏二：小火车，开开开

目的：用于巩固和检查本课的生字认读情况。

准备：本课的生字卡片。

方法：

师："呜——呜——小小火车开开开！"（两手做车轮滚动状。）

生（齐）："呜——呜——火车开到哪一组？"（两手做车轮滚动状。）

师："火车开到第×组。"

×组的学生读对第一个生字，生（齐）："往下开！"×组的学生如果读错了，生（齐）："咔嚓，停下来！"请学生更正，然后继续游戏。

游戏三：识字大转盘

目的：在游戏中巩固6个生字，进一步应用生字，组词。

准备：识字大转盘（转盘上面标有本课生字）。

方法：请学生上前转动大转盘，当转盘停在指针所指的字时，请学生给生字宝宝组词，台下的学生可以进一步地扩词，调动台下学生的积极性。

2. 金木水火土

★ 识字游戏 ★

游戏一：百宝箱里摸一摸

目的：引导学生用自己的方法记住本课需要掌握的生字。

准备：纸箱一个、本课中需要识记的生字。

方法：

师："小朋友们，睁大你们的眼睛，讲台上有一个纸箱，这个可不是普通的纸箱，在这个纸箱里藏着一些宝贝，哪位勇敢的小勇士能够上前来探寻这些宝贝呢？"

请生上前摸"宝贝"。

教师请上台的学生用自己的方法向大家介绍这个宝贝，请学生猜一猜是什么字。

依次请学生到讲台上探寻并介绍。

游戏二：快乐大转盘

目的：巩固所学生字的识记。

准备：写着生字的转盘。

方法：教师导入："小熊邀请小朋友们去'他'家做客，和大家玩快乐大转盘。大家看指针指向哪个字，就读出哪个字，谁先来试试！"生（齐）说："快乐转盘，转转转。"然后点名请学生转转盘、读生字。当转盘转到某个字时，就请这名学生读出该字并组词，然后请同学们跟读。依此类推，继续游戏。

游戏三：我做手势你来猜

目的：巩固已学生字的认读。

准备：相关生字卡片。

方法：

1. 老师引导："小朋友们，我们一起做游戏，我做手势。"学生齐说："我来猜！"

2. 教师做动作，用自己的手指比划出"一、二、三、四、五"等动作，教师用请学生拿出自己手中对应的生字卡片，同桌来当小考官进行核对。

★　**阅读游戏**　★

游戏：儿歌诵读

目的：巩固生字认记，激发学生的阅读兴趣。

准备：音乐《一二三四五》（一二三四五，我抓了一条，六七八九十，可惜小鱼游走了，为什么会这样？因为它咬我手指，是哪个手指呢？右手的小拇指呀！）；本课课文。

方法：配乐诵读儿歌《金木水火土》："一二三四五，金木水火土。天地分上下，日月照今古。"

搭配音乐《一二三四五》背景音乐。

★　**写字游戏**　★

游戏：儿歌诵读

目的：帮助第一次学习写字的学生认识田字格，熟悉田字格的方位。

准备：田字格歌，"田字格，四方方，写好汉字它来帮。左上格、右上格、左下格、右下格，横中线、竖中线，各个方位记心间"。

方法：诵读儿歌，一般用于写字前情境创设。

3. 口耳目

★ 识字游戏 ★

游戏一：我来比划你来猜

目的：巩固本课7个生字的识记。

准备：人手一份生字学具卡片。

方法：老师站在讲台上，边做动作（或手指身体部位）边念："声音响、眼睛亮，快乐游戏做起来！"学生齐念："快乐游戏做起来！"老师紧接着说："我来比划。"学生齐跟："我来猜！"学生根据老师做的动作主动寻找相应的字卡并出示，大家互相看猜对了没有，猜对的放下字卡，没有猜对的赶紧找出相应字卡。

游戏二：一二三四五六七

目的：巩固本课7个生字的识记。

准备：本课配套挂图，人手一份生字学具卡片。

方法：

1. 老师按照一定的顺序把图片一一贴在黑板上，并读："一二三四五六七。"学生回答："生字宝宝出门去。"然后拿出自己备好的卡片，按照老师贴图的顺序找到对应的生字，并在课桌上摆放好。

2. 老师再读："一二三四五六七。"学生回答："我的生字回家去。"然后边读生字边收字卡。此游戏可变换图片顺序重复进行。

游戏三：动脑筋，加一加

目的：引导学生开动脑筋，想一想一个字加上1笔、2笔后会变成哪些字。

准备：准备好游戏资料，人手一份。

方法：

1. 老师："小朋友们，我们利用学过的生字来做算术题，怎么样？"然后由学生自由完成相应题目。

2. 走下位子向人请教或找人讨论。

3. 做对 3 题以下得 1 颗星,做对 4—6 题得 2 颗星,全对得 3 颗星。

加 1 笔	加 2 笔
一 → = (　　)	一 → = (　　)
二 → = (　　)	口 → = (　　)
口 → = (　　)	二 → = (　　)
日 → = (　　)	

★ **阅读游戏** ★

游戏：课中操

目的： 在游戏中加强课堂常规的培养,巩固本课所学"坐、站、目、耳"等生字的识记。

准备： 音乐、本课儿歌。

方法： 老师和学生一边念儿歌,一边加上动作表演。

上课铃声响,快快进课堂。

起立要站直,如同一棵松,

坐正不乱晃,好似一口钟。

小手不乱动,双目看老师,

发言先举手,回答不乱抢,

问答声音响,耳朵专心来听讲。

4. 日月水火

★ **识字游戏** ★

游戏一：一二三四五六七

目的： 巩固本课 8 个生字的识记。

准备：本课配套挂图，人手一份生字学具卡片。

方法：

1. 老师按照一定的顺序把图片一一贴在黑板上，并读："一二三四五六七。"学生回答："生字宝宝出门去。"然后拿出自己备好的卡片，按照老师贴图的顺序找到对应的生字，并在课桌上摆放好。

2. 老师再读："一二三四五六七。"学生回答："我的生字回家去。"然后边读生字边收字卡。此游戏可变换图片顺序重复进行。

游戏二：魔力耳

目的：加深学生对所学生字的印象，巩固识记。

准备：人手一份生字学具卡片。

方法：由老师或请一位同学任意抽读生字，大家迅速找出相应的生字卡片，并大声读出来，看谁找得又快又准。

游戏三：小火车，开开开

目的：用于巩固和检查本课的生字认读情况。

准备：本课的生字卡片。

方法：

师："呜——呜——小小火车开开开！"（两手做车轮滚动状。）

生（齐）："呜——呜——火车开到哪一组？"（两手做车轮滚动状。）

师："火车开到第×组。"

×组的学生读对第一个生字，生（齐）："往下开！"×组的学生如果读错了，生（齐）："咔嚓，停下来！"请学生更正，然后继续游戏。

游戏四：找"祖先"，唱儿歌

目的：结合象形字的特点，识记部分汉字，并能够在句子中识记汉字。

准备：语文书第 12 页。

方法：

1. 教师引导学生："小朋友们，今天我们要给一些汉字找'祖先'，你能根据它的样子找到它的老祖宗吗?"学生齐答:"能!"

2. 结合图片及象形字的特点,尝试猜出现代演变的汉字,并能够用直尺准确地连接。出示一组图,让学生看图连线。

3. 出示儿歌:"小朋友们表现好,山羊开口咩咩叫,熊猫拍手直叫好,吃着竹子满地跑,木禾相差只一撇,千万不要弄混淆,兔子长着短尾巴,竖弯钩上一点趴,小鸟不能没眼睛,头上一点要看清。"请学生跟着老师一起读儿歌,记生字。

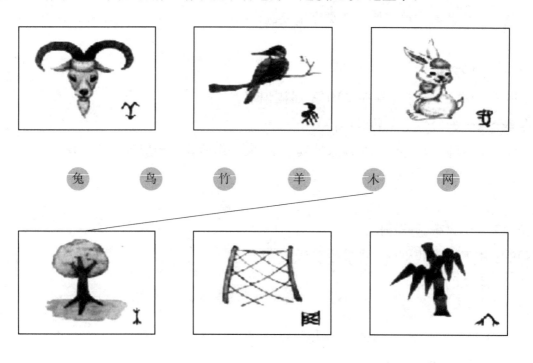

5. 对韵歌

识字游戏

游戏一:相反动作、相反词语对对碰

目的:课堂导入,激发学生的学习兴趣。

准备:事先准备好的几组动作、反义词。

方法：

　　1. 师：“同学们玩过'相反动作对对碰'这个游戏吗？老师说举起右手，你们就举起左手。我说什么，你们就做我说的相反的动作，明白吗？”

　　学生做相反的动作。

　　2. 师：“同学们反应真快，如果我把这个游戏变成'相反词语对对碰'，你们会吗？比如我说左，你对——右；我说上，你对——下；我说天，你对——地。”

　　学生说出相反的词语。

游戏二：看图猜字

目的：引导学生借助图片识记生字。

准备：与课文配套的挂图、生字卡片。

方法：教师将云朵、雨滴、花朵、小鸟、群山、虫子等图片贴在黑板上，请学生走到讲台上，将生字卡片贴在对应图片的下方，台下的小朋友充当裁判，贴对齐说：“棒棒你真棒”，如果贴错则请台下的裁判帮助他，并介绍识记的方法。

游戏三：云朵飘哇飘

目的：巩固本课生字的认记。

准备：幻灯片，上面画好7朵云，云上写好本课的生字；多彩星。

方法：

　　1. 教师引导：“洁白的云朵挂在蓝蓝的天空中，如果谁能够准确读出云朵上的生字，就表明他已经成功摘得云朵了。”

　　2. 以小组为单位开展游戏，全部成员摘得云朵的小组将获得1颗多彩星。

★　　阅读游戏　　★

游戏：拍手歌

目的：有节奏地朗读课文、背诵课文。

准备：本课的课文。

方法：

　　1. 教师首先示范如何拍手朗读《对韵歌》，请学生仔细听，认真看。

　　2. 请全班小朋友一起跟着老师边拍手边朗读。

　　3. 男生女生 PK，比一比谁的朗读更好听，更有节奏。在反复诵读过程中加深对课文的印象。

口语交际：我说你做

游戏一：请你跟我这样做

目的：培养学生注意倾听的能力；引导学生在说话时声音要响亮。

准备：事先设计好的几个指令；多彩星。

方法：

　　1. 老师："请你跟我这样做。"（老师起立）

　　学生："我就跟你这样做。"（学生起立）

　　2. 教师介绍玩这个游戏的时候需要注意的地方，学生清楚游戏的规则之后，则邀请若干名学生逐次上台，发出游戏指令，请全班小朋友一起做游戏。

　　3. 小组之间自行玩游戏，请小组中玩游戏的胜者到台前接受终极挑战。

游戏二：终极挑战王

目的：培养学生认真倾听的能力，在学生之间引发互相竞争的意识。

准备：上一环节中在小组中获胜的同学；小红花。

方法：

　　1. 请班级里的小朋友来当小考官，对台上同学发出指令。挑战者根据同学的指令做出相应的动作。

　　2. 游戏实行淘汰制，最终胜利的学生将成为"终极挑战大王"，获得小红花。

语文园地一

··

★ 　识字游戏　 ★

游戏一：为篮球队员送篮球

目的： 认识"识字加油站"中的生字，并适当锻炼口语表达能力。

准备： 创设篮球队马上开始比赛的游戏情境；10 个数字的头饰或字卡，发给学生；人手一份的生字卡片。

方法：

让 10 个学生戴上 1—10 的数字头饰或用别针别上数字卡片站在台上。

师："球赛马上开始了，请运动员上台。"

生 1："我是 1 号运动员，名叫×××。1 号篮球在哪里？"

拿着对应汉字卡片的学生应对："1 号篮球在这里。"然后举起相应汉字卡片"一"跑上台，请全班学生一起跟读。

依次类推，继续进行游戏。

游戏二：手指操

目的： 训练学生的注意力，巩固"识字加油站"中生字的识记。

准备： 生字卡片。

方法： 教师随机出示一张生字卡片，请学生看着生字卡片，伸出相对应的手指。如教师出示汉字"五"，学生伸出 5 个手指。依此类推，不断进行游戏。前期速度较慢，后期逐渐加快速度。有错误的学生则停下来及时纠正。

游戏三：美丽的眼睛亮起来

目的： 引导学生发现一些汉字可通过加减笔画变成新的汉字，巩固并比较本单元所学的一些生字。

准备： 几组写有形近字（如：一—二、人—天、口—田、日—目）的太阳花；小红花

方法：

1. 出示第一组太阳花，请学生发现两朵太阳花上的生字有什么不同；出示第二组、第三组太阳花，请学生继续对比。

2. 请学生说一说，哪些字还能通过加笔画或减笔画变成新的字，说对的小朋友奖励一朵小红花。

★　　阅读游戏　　★

游戏一：课中操

目的：熟读并能够背诵《咏鹅》这首古诗。

准备：配乐视频。

方法：播放《咏鹅》有动作的视频音乐，教师带领学生跟着音乐边做动作边吟唱。

游戏二：小兔子乖乖

目的：熟读并能表演出《小兔子乖乖》这首童谣，感受童谣的乐趣。

准备：配乐视频。

方法：

1. 教师先示范表演动作，让学生仔细观察老师的动作和表情。

2. 请学生看着视频跟着老师一起表演并演唱《小兔子乖乖》这首歌。

3. 邀请表演好的小朋友上前表演，并评选出"最佳表演奖"。

汉语拼音

1. a o e

游戏一：儿歌诵读

目的：用儿歌辅助学生愉快而轻松地读准音、认清形。

准备：儿歌、课文投影。

儿歌1：小姑娘，圆圆脸蛋马尾辫，张大嘴巴 a、a、a；大清早，太阳出来红通通，公鸡唱歌 o、o、o；池塘里，游来一只大白鹅，水中倒影 e、e、e。

儿歌2：圆脸小姑娘，小辫头上扎，a、a、a；一只大公鸡，清早喔喔啼，o、o、o；一只大白鹅，水里来唱歌，e、e、e。

儿歌3：娃娃唱歌，嘴巴张大 a、a、a；公鸡打鸣，嘴巴圆圆 o、o、o；白鹅照镜，嘴巴扁扁 e、e、e。

方法：老师带领学生诵读儿歌。还可以加上动作诵读儿歌。

游戏二：声调符号歌

目的：结合文中的插图，轻松而又形象地认记4个声调符号。

准备：关于4个声调符号的儿歌，"汽车平走 ā、ā、ā，汽车上坡 á、á、á，汽车下坡又上坡 ǎ、ǎ、ǎ，汽车下坡 à、à、à"。

方法：老师带领学生边诵读儿歌，边用手画出声调的形体。哪位同学能画得正确、读得响亮，老师就请他上台当小老师带领大家读。

游戏三：看医生

目的：让学生掌握"a"的四声发音技巧，为以后学习其他音节的四声打下基础。

准备：四声歌诀，"一声平平平(ˉ)，二声往上扬(ˊ)，三声拐个弯(ˇ)，四声往下降(ˋ)"。

方法：

1. 由老师当医生，请一名学生当病人，两人合作进行表演：医生看病时让病人张大嘴巴，发"啊(ā)"这个音，韵母 a 的一声读音就是这个音；当医生告诉了病人病情，病人没听清时会说"啊(á)，请你再说一遍"，韵母 a 的二声读音就是这个音；医生又讲述一遍，病人听明白了会说"啊(ǎ)，原来是这样"，韵母 a 的三声读音就是这个音；医生告诉病人该怎么治病时，病人连连答应"啊(à)啊(à)啊(à)……"，韵母 a 的四声读音就是这个音。

2. 在观看表演的基础上，让学生记住四声歌诀，"一声平平平(ˉ)，二声往上扬(ˊ)，三声拐个弯(ˇ)，四声往下降(ˋ)"。哪位同学说得好，就请他上台当小老师，带领大家一起读四声歌诀。

游戏四：收信游戏

目的： 巩固 a、o、e 四声的认读。

准备： a、o、e 分别加上四声的卡片。

方法：

老师引导："我这里有几封信，要送到小朋友手里。收到信的小朋友只要把信的内容念出来，这封信就是你的了。"学生(齐)："丁零零，丁零零，邮递员阿姨(叔叔)来送信。小小信封收到后，请你念给大家听。"

在学生读儿歌的同时，老师本人或请一位学生来给大家分发书信(卡片)。等拿到卡片后，相应的学生要上台来举起卡片带领大家认读拼音。如果学生读对了拼音，大家就一起跟他拼读，并说"对对对，快收信"；如果他读错了，大家就说"错错错，没人收"，然后再请一位学生来帮助这位遇到困难的学生重新进行认读。

本游戏可以反复进行多次，让更多的学生获得带领大家认读卡片的机会。这样既能激起学生学习拼音的兴趣，又能锻炼他们进行合作学习的能力。

游戏五：四线三格歌

目的： 认识帮助书写汉语拼音的四线三格，并能在格子中正确书写 a、o、e。

准备： 板画、四线三格；四线三格歌，"四条直线平又平，上格中格和下格。a、o、e 是好朋友，它们同住在中格"。

方法：师生一起诵读儿歌。

游戏六：儿歌诵读

目的：帮助学生正确书写 a、o、e 的带调韵母，为学生正确书写其他声、韵母奠定基础。

准备：儿歌，"a、o、e，胖乎乎，一起住在二层楼。哎哟哟，太挤了，上下都快碰线了。没办法，帽子只好戴三楼，戴——三——楼"。

方法：老师带领学生一边念儿歌，一边加入动作进行表演。

游戏七：角色表演

目的：巩固 a、o、e 音和形的认记。

准备：头饰，上写 a、o、e。

方法：请一名学生戴着拼音字母头饰上台。他一边用肢体动作展示 a、o、e 等字母的形状，一边介绍自己，然后请其他小朋友读出他头饰上的韵母，和他交朋友。比如，学生说："小朋友好，我是 a！你们愿意和我做朋友吗?"其他的小朋友则大声地说："a、a、a，你好！我们愿意和你做朋友！"

游戏八：拍手歌

目的：在游戏中巩固拼音的认记。

准备：拍手歌，"你拍一，我拍一，张大嘴巴 a、a、a。你拍二，我拍二，小嘴拢圆 o、o、o。你拍三，我拍三，小嘴一咧 e、e、e"。

方法：同桌两人或自由找小伙伴开展拍手游戏，一边拍手一边念儿歌。有条件的地方，也可以引导学生续编拍手歌。本游戏也可以当成课中操使用。

游戏九：课中操

目的：快乐学习拼音，进行课间休息。

准备：头饰，上写 a；儿歌。

儿歌1：你说 a 我说 a，张大嘴巴 a、a、a。你说 o 我说 o，圆圆嘴巴 o、o、o。你说 e 我说 e，扁扁嘴巴 e、e、e。

儿歌2：圆脸小姑娘，小辫后边扎。你说她是谁? 她就是 a、a、a。a、a、a，a、a、

a,学好拼音用处大,用——处——大!

方法1: 同桌两人或自由找小伙伴面对面坐好,两人一边拍手,一边读儿歌进行游戏。除了按照以上对话内容进行游戏外,老师还可以引导学生续编新的字母进入游戏。

方法2: 老师引导:"小朋友们,你们喜欢圆脸小姑娘a吗?我们和她一起唱唱跳跳做个游戏怎么样?"请几个小朋友戴上相应头饰当"a",围成一个圆圈,大家一起手拉手转圆圈,一边读儿歌2。

游戏十:小熊进货

目的: 在情境中巩固a、o、e四声的认读。

准备: 故事《小熊进货》,"森林里只有小熊开了商店,商品非常好卖。这不,小熊今天又该去城里进货了。小熊开车行驶在平坦的大道上,想着商店红火的生意,他高兴地唱起了歌:'ā、ā、ā、ā……'不一会儿,小熊前方出现了斜坡,为了爬上这道坡,他加大了油门。汽车在坡上吃力地行驶着,小熊嘴里哼的歌也变成了'á á á……'他好不容易爬完了这道斜坡,低头一看,眼前的路又让小熊吃了一惊:路面凹凸不平,坑坑洼洼。唉,又是一段难走的路!不过,小熊还是乐观的,尽管眼前的路不好走,汽车上下颠簸着,但它仍然没忘记唱歌,但是这时的歌已变成了'ǎ ǎ ǎ……'走完了这段难走的路,小熊的前面又出现了一大段向下走的斜坡。站在坡顶,已能看见城里了!小熊高兴得不得了,大声叫着'à!à!à!进城啦!'飞快地开着汽车下了坡。小熊为森林里的小动物进了很多货物"。

方法: 老师一边讲述《小熊进货》的故事,一边举起带声调的卡片(ā、á、ǎ、à),请学生们跟读。以此类推,继续巩固o、e四声的拼读。

游戏十一:开火车

目的: 在游戏中巩固a、o、e四声的认读。

准备: 头饰,上写a、o、e字母。

方法: 请同学戴上头饰,一边做动作,一边开火车认读相关字母。比如,戴a头饰的小朋友边蹲边说"a蹲完,a蹲完,e、e蹲",戴e头饰的小朋友听到口令,立刻边蹲边说"e蹲完,e蹲完,o、o蹲",戴o头饰的小朋友听到口令后,立刻边蹲边说"o蹲完,o蹲完,a、a蹲"。依此继续进行游戏,可重复若干次。其他拼音内容的教学也可以做此游戏。

2. i u ü y w

游戏一：儿歌诵读

目的：让学生在愉快的儿歌诵读中读准音、认清形。

准备：儿歌。

儿歌1：像支蜡烛 i、i、i，像个茶杯 u、u、u，鲤鱼吐泡 ü、ü、ü。

儿歌2：小 i 小 i 戴小帽，小 u 就像乌鸦巢，小 ü 爱把眼泪掉。

方法：诵读儿歌。

游戏二：帮你记忆

目的：帮助认读和记忆整体认读音节 yi、yu。

准备：儿歌。

儿歌1：大 y 带小 i，一对好兄弟，两人在一起，仍然读作 yi。

儿歌2：小 ü 很骄傲，眼睛往上瞧，大 y 帮助它，摘掉骄傲帽。

儿歌3：小 ü 见大 y，脱帽行个礼，去掉两点还读 yu。

方法：诵读儿歌。

游戏三：我猜，我猜，我猜猜猜

目的：帮助记忆 i、u、ü、y、w 等字母。

准备：每个学生准备 i、u、ü、y、w 的拼音卡片。

方法：教师通过肢体动作(手势等)或语言(如"一个树杈")描述某一字母，请一名学生猜猜这是什么字母。猜错的学生当场更换，猜对的学生要举起手中的卡片并大声念出来，全班学生跟着念 3 遍。

游戏四：儿歌诵读

目的：帮助学生认读音节 yi、wu、yu 并巩固记忆。

准备：儿歌，"大 y 和小 i，组成整体认读 yi；大 w 和小 u，组成整体认读 wu；大 y 和小 ü，组成整体认读 yu"。

方法：诵读儿歌。

游戏五：编儿歌，拼音节

目的：帮助学生认读并巩固整体认读音节 yi、wu、yu 的记忆。

准备：i、u、ü、yi、wu、yu、y、w 拼音卡片；儿歌"大 y 小 i 是一家，合在一起就念 yi；大 w 小 u 是一家，合在一起就念 wu；只有小 ü 泪汪汪，大 y 见了忙安慰，'别哭别哭，大 y 带你做游戏'，小 ü 擦掉眼泪笑嘻嘻"。

方法 1：师生一起开展游戏，一边出示卡片一边念儿歌，然后一起读音节。

方法 2：学生拿出卡片，一边动手拼读音节一边念儿歌。

游戏六：登"火箭"

目的：巩固 i、u、ü、yi、wu、yu 的四声。

准备：全班学生分为 4 个大组；用彩纸做 4 个"火箭"，每个大组有几个学生，"火箭舱"就分几格。

方法：4 个"火箭"粘贴在黑板上，每个"火箭"代表一个大组。"火箭"头上分别贴着"i、u、ü、yi、wu、yu"及四声。比赛开始，读准了全部音节的学生就在本组对应的"火箭舱"里写上姓名（从上往下写），比一比哪个小组的小朋友最先全部登上"火箭"。没登上"火箭"的学生，课下继续练习，最后争取登上"火箭"。简图如下：

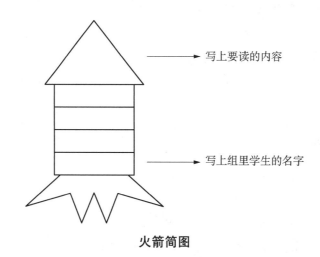

火箭简图

游戏七：拍起手来唱起歌

目的： 复习 a、o、e、i、u、ü 等韵母。

准备： 字母卡片。

方法： 由老师起头也可以由一个学生起头开展游戏,大家一边拍手,一边唱儿歌,"张大嘴巴 a、a、a,嘴巴圆圆 o、o、o,嘴巴扁扁 e、e、e,牙齿对齐 i、i、i,撅起嘴巴 u、u、u,吹起哨子 ü、ü、ü"。

游戏八：听故事,记音节

目的： 学生一边听故事,一边认读并记忆 yi、wu、yu 3 个音节;培养学生的口头表达能力。

准备： yi、wu、yu 3 个音节卡片;

故事 1:"大 y 妈妈疼爱自己的孩子小 i,站在一起变成 yi;大 w 妈妈保护自己的孩子小 u,站在一起变成 wu;可怜的小 ü 没有人带,但它得到了大 y 妈妈的关爱,小 ü 擦掉脸上的泪珠,去掉两点,和大 y 永远不分开,变成 yu。"

故事 2:"小 i 的妈妈是大 y,大 y 小 i 挨一起(yi);小 u 的妈妈是大 w,大 w 和小 u 挨一起(wu);小 ü 爸妈不在家,大 y 阿姨照顾它,小 ü 非常有礼貌,见了大 y 就摘帽(yu)"。

故事 3:传说中,在遥远的地方有一个花果山水帘洞。那里住着世上本领最大的美猴王,你要是能够来到那个地方,也会变成非常厉害的人。大 y 哥哥和大 w 哥哥准备去花果山水帘洞,这时候小 i 弟弟和小 u 弟弟听说了,也要跟着去,两位哥哥没有办法只好带上各自的弟弟了,大 Y 带小 i,大 w 带小 u,他们分别组成一个小团队,那就是 yi 队和 wu 队。那得有个名字啊,哥哥果然是哥哥,他们说:"就以弟弟们的名字来定自己小队的名字吧。"准备出发了,突然边上传来一阵哭声,是谁呢?原来是小"ü"弟弟,哦,他没有人带了。这个时候大 y 哥哥走了过来,对小"ü"弟弟说:"小'ü'弟弟别哭了,我是声母里比较靠前的哥哥,我的力气比较大,我可以带上两个弟弟,你跟我组成一个小队,好吗?"小"ü"弟弟一听,立刻抱着大 y 哥哥,小"ü"把眼泪擦掉了,大 y 看看小"ü",小"ü"看看大 y,他们的小队也成立了——yu。当然了,名字也是以小"ü"弟弟的名字来命名。六个拼音宝宝,三个小队"yi"、"wu"、"yu"出发了。

方法1：老师讲故事，学生听故事，并举起故事提到的相应卡片。

方法2：学生当小老师讲故事，大家一起查找相应卡片，认读音节。

游戏九：诵读儿歌

目的：编儿歌帮助学生巩固所学音节的认记，使他们不断和音节见面，同时提高拼读能力。

准备：儿歌，"wū 云飞，下 yǔ 啦，ā yí 下班回不了家。来了 yí 个小 wá wa，他把 yǔ 衣送给她"。

方法：反复拼读音节、诵读儿歌。学生既巩固了音节，同时又积累了语言，提高了学习兴趣。

3. b p m f

游戏一：儿歌诵读

目的：帮助学生正确认读 b、p、m、f。

准备：儿歌、投影片。

儿歌1：听广播 b、b、b，用劲爬坡 p、p、p，两个门洞 m、m、m，一尊佛像 f、f、f。

儿歌2：爸爸带我爬山坡，爬上山坡看大佛，大喇叭里正广播，爱护大佛不要摸。

方法：诵读儿歌。

游戏二：帮你记忆

目的：帮助学生记忆字母的音、形。

准备：儿歌，"右下半圆 b、b、b，右上半圆 p、p、p，两个门洞 m、m、m，一根拐杖 f、f、f"。

方法：诵读儿歌。

游戏三：我猜，我猜，我猜猜猜

目的：巩固已学的 6 个声母和 6 个韵母的认记。

准备：学生各自准备好所学的 6 个声母和 6 个韵母的卡片。

方法:

老师:"同学们,我们来玩'我猜,我猜,我猜猜猜'的游戏,好吗?"学生(齐拍手):"我猜,我猜,我猜猜猜!"

老师做 b 的口形或做 b 形手势,请学生猜是什么声母,点名请学生举相应卡片,带领大家认读。

复习 p、m、f,方法同 b,可以让学生做口形或动作请其他同学猜谜语。在学习其他内容时,也可以利用"我猜,我猜,我猜猜猜"这样的游戏方法进行教学。

游戏四:画画我的家

目的: 帮助学生巩固生字"爸、妈"的认记,培养"我爱我家,爱爸爸妈妈"的感情。

准备: 一张白纸,生字卡片(上有"爸爸、妈妈"2 个词语)。

方法: 先请学生画一画自己的家人,然后把"爸爸、妈妈"等词语贴在图中相应的人物上,并向小伙伴们介绍自己爸爸、妈妈的工作、爱好。

游戏五:举卡片游戏

目的: 区分 b 和 p 的音、形。

准备: 请学生课前制作 b 和 p 拼音卡片。

方法 1: 听音举卡片。(师:"b,b,在哪里?"生:"b,b,在这里。")

方法 2: 叫号举卡片(先统一给卡片编号),读卡片。(师:"1 号 1 号是什么?"生:"1 号 1 号 b、b、b。")

方法 3: 请同学看手势举卡片(老师用手指分别做出 b 和 p 的形状),然后大家一起认读。

游戏六:找朋友

目的: 学会拼读音节 b—a—ba。

准备: 声母卡片 b,韵母卡片 a。

方法:

生 1 拿卡片 b 说:"我是 b,谁是我的好朋友?"

生 2 拿卡片 a 说:"我是 a,我是你的好朋友。"

生 1 生 2(齐)："b—a—ba。"

全班同学齐读："b—a—ba。"

游戏七：找伙伴，拼一拼

目的： 巩固 b、p、m、f 与单韵母相拼音节的认读。

准备： 字母卡片 b、p、m、f 及带调单韵母的卡片。

方法：

　　学生两人合作(可以是同桌合作，也可以自找小伙伴合作)开展游戏。一个同学手拿声母，一个同学手拿单韵母，相互找朋友，合在一起拼一拼。比如：

　　生 1："我是 p。"生 2："我是 á。"

　　生 1 生 2(齐)："合在一起，p—á—pá。"

游戏八：儿歌表演

目的： 巩固生字"爸、妈"的认记，积累语言。

准备： 结合本课的识字情境图，编排儿歌，"我爱爸爸，我爱妈妈，我有一个温暖的家，我们的心里乐开了花"。

方法： 师生一起诵读儿歌，然后进行儿歌表演。可由老师带头示范表演，也可由学生自行表演。这样，既巩固了识字成果，又积累了语言，还结合生活实际使学生受到了热爱父母的情感熏陶、感染。

4. d t n l

游戏一：儿歌诵读

目的： 帮助学生记忆 4 个声母的读音和字形。

准备： 儿歌。

　　儿歌 1：小鼓鼓槌 d、d、d，鱼尾右翘 t、t、t，一个门洞 n、n、n，一根小棒 l、l、l。

　　儿歌 2：小门小门 n、n、n，小棍小棍 l、l、l。今天学了 n 和 l，小伙伴们真快乐。

方法： 诵读儿歌。

游戏二：看谁接得又快又准

目的：巩固已学的、容易混淆的声母的认记。

准备：儿歌。

儿歌1：小鼓鼓槌 d、d、d，鱼尾右翘 t、t、t，一个门洞 n、n、n，一根小棒 l、l、l。

儿歌2：小门小门 n、n、n，小棍小棍 l、l、l。今天学了 n 和 l，小伙伴们真快乐。

方法：老师说儿歌的上半句，请学生接下半句，并且书空一遍相应的字母。比如，教师说"一个门洞"，学生接"n、n、n"；教师说"两个门洞"，学生接"m、m、m"。

游戏三：手势操

目的：在游戏手势操中，记忆易混淆的声母"b、d"。

准备：手势儿歌，"小朋友真能干，拇指朝上分 b、d。左手 b 来，右手 d"。

方法：手势儿歌表演。老师可以带领学生一起开展手势操，一边跺脚，一边伸出大拇指来做手势操。

游戏四：变魔术

目的：区分形近的声母、韵母——"b、d、f、t、n、m、u、ü"。

准备：学生自己准备 b、d、f、t、n、m、u、ü 的拼音卡片。

方法：

师出示卡片并说："'t'变变变，弯钩朝上——（生出示'f'）f、f、f。"

师出示卡片并说："'m'变变变，去掉一半——（生出示'n'）n、n、n。"

师出示卡片并说："'d'变变变，向右转——（生出示'b'）b、b、b。"

师出示卡片并说："'u'变变变，戴上墨镜——（生出示'ü'）ü、ü、ü。"

游戏五：课中操

目的：在游戏中学习拼音，做课中操，调节学习节奏。

准备：儿歌，"小鼓敲，d、d、d；马蹄响，da、da、da；汽车开，di、di、di；敲敲门，du、du、du"。

方法：儿歌表演。老师可以和学生一起开展游戏，一边读儿歌，一边加上动作进行表演。

游戏六：比比哪组苹果多

目的：巩固本课所学音节 mǎ、lù、ní、tǔ、bù 等的拼读。

准备：老师在黑板上画一棵苹果树，把本课要认的音节写在苹果形状的卡片上，并贴在树上。学生每 6 人为一小组，自制一棵苹果树，贴上写有音节的"苹果"。

方法：小组派代表上台摘果子，读拼音。如果读对了，则请他带着大家读一遍，并把摘下的果子作为奖品带回自己小组；如果读错了，则从本组的树上摘下一个果子贴到大树上。最后比一比哪组得到的苹果多，评出获胜的冠军组。比如：

　　师："秋天到，果子熟，谁来摘个大果子。"

　　生（齐）："我来摘个大果子。"

　　师："×××，你来摘。"（教师点名请学生上台摘果子。）

　　学生摘下果子，读"d—á—dá"，全班学生跟读一遍——"d—á—dá"。

游戏七：儿歌表演

目的：观察情境插图，发挥想象，进行语言拓展，同时引导学生表演儿歌。这样既使课堂动静交替，又利于发展学生的语言。

准备：儿歌，"一条马路，长又宽；天空白云，飘呀飘；小兔小狗，做游戏；蹦蹦跳跳，真可爱"。

方法：师生一起诵读儿歌，然后由老师带领学生一边读儿歌，一边加上动作进行表演。本游戏可以在下节课中做课中操使用。

游戏八：拔萝卜

目的：巩固本课所学生字"马、土、不"的认记，培养学生的说话能力。

准备：制作萝卜形状的图片，在图片后面写上生字，然后把萝卜图片用吸铁石固定在黑板上。

方法：生齐唱"哎哟哟，哎哟哟，快来快来拔萝卜！"然后举手准备上台拔萝卜（认读生字）。老师点名请学生上台拔萝卜，学生拔了以后要用这个字组词或说一句话。

5. g k h

游戏一：编儿歌

目的：根据课文中的情境插图编写儿歌,帮助识记新学声母 g、k、h,发展学生的语言表达能力。

准备：儿歌。

儿歌 1：鸽子送信 g、g、g,蝌蚪戏水 k、k、k,小孩喝水 h、h、h。

儿歌 2：小姐姐,爱白鸽。喂完鸽,把水喝。看着鸽,乐呵呵。

儿歌 3：哥哥有只小白鸽,小白鸽呀爱唱歌。咕咕咕,咕咕咕,哥哥听了笑呵呵。

方法：师生一起诵读儿歌。条件允许的话,引导学生自编儿歌。

游戏二：找朋友

目的：提高学生的拼读能力,促使学生互帮互学,激发学生学习拼音的兴趣。

准备：相关声母、带调韵母的卡片。

方法：

1. 请同学们把学过的声母和韵母卡片都放在桌子上,老师拿出一个声母,问："我的朋友在哪里?"请手拿能够和该声母组成音节的韵母卡片的同学举起相应卡片回答："你的朋友在这里。"然后带领大家拼读音节。一个声母的朋友可以有很多,请学生以此类推继续进行游戏。

2. 同学之间互相帮助,以小组为单位进行游戏。比如:

生 1 拿出 g,问："我的朋友在哪里?"

生 2："你的朋友在这里。"(出示 a,两人一起拼：g—a—ga。)

生 3："你的朋友在这里。"(出示 e,两人一起拼：g—e—ge。)

生 4："你的朋友在这里。"(出示 u,两人一起拼：g—u—gu。)

游戏三：谁笑到最后

目的：在擦笑脸的游戏中,强化 g、k、h 的认读和新学音节的拼读。

准备：在黑板上画两张笑脸简笔画,一张代表老师,一张代表学生。

方法 1：老师把本课新学声母写在黑板上，然后开始领读。如果教师读得声音响亮，学生则要读得声音低一些，如果学生反应错了，那么代表学生的笑脸就要被擦掉一笔。反之，老师的笑脸则被擦掉一笔。比如，师大声读："g、g、g。"生要轻读："g、g、g。"如果笑脸被擦掉了嘴巴，那么被擦掉嘴巴的同学或老师就要用手遮住嘴巴继续读下一个声母，以此类推。

方法 2：老师出示本课所要拼读的音节并领读，学生跟读。老师故意读错，学生如果也跟着读错，则将代表学生的笑脸擦掉一个部位。反之，则将代表老师的笑脸擦掉一个部位。比如，老师指着"gu"故意读"ku"，如果学生也跟读"ku"，则把代表学生的笑脸擦掉一个部位；如果学生读"gu"，则将代表老师的笑脸擦掉一个部位。笑脸被全部擦光后，一轮游戏也就结束了，这时还要比一比，谁的笑脸坚持到了最后。

游戏四：编儿歌

目的：帮助学生巩固三拼音节的认读，并促进语言积累。

准备：自编儿歌，"我的家乡 guā 儿 duō，冬 guā 胖，南 guā 黄。我的家乡 huā 儿美，月季 huā 开，牡丹 huā 香。家乡的 guā 和 huā，一天一夜 kuā 不完"。

方法：先让学生自主拼读，比一比谁拼得快。在读得比较熟练、准确的基础上，还可以请学生结合动作进行儿歌表演。

游戏五：看谁拼得多，拼得快

目的：巩固三拼音节的认读。

准备：写有 g、k、h、u、a、o 的头饰。

方法：每个学习小组推选几个小朋友，戴上头饰，进行三拼音节的拼读展示。然后由推选出来的小朋友回到组内，带领其他小朋友练习拼读。最后比一比哪组小朋友拼得又对又多。

游戏六：找蝌蚪

目的： 通过游戏，认记课本中的 2 个生字。

准备：

1. 几只小蝌蚪的剪贴画，上面书写拼音（可以是本课生字的拼音，也可以是前面课文中学过的拼音）。

2. 黑板上书写生字：画、打。

方法： 请学生上台找到小蝌蚪，读出上面的音节，并把它们贴在相应的生字上面。最后比较，看谁找小蝌蚪又快又准确。（此游戏可针对不同的生字反复进行。）

游戏七：儿歌表演《说话》

目的： 帮助学生感受儿歌的节奏和领会儿歌的内容，使课堂动静交替，让学生得到较好的休息，并有效地提高学生的学习兴趣，引导学生在玩中学、乐中学。

准备： 熟读课本中的《说话》儿歌。

方法： 可以由老师带着大家表演，也可以由学生自由表演，还可以将其作为下一堂课的课中操使用。

游戏八：美丽的眼睛亮起来

目的： 巩固本课及前面几课所学生字的认记，使学生集中注意力学习。

准备： 一张白纸（用于遮盖），本课的生字卡片。

方法： 老师把生字卡片置于白纸后面，说"美丽的眼睛亮起来"，学生则说"可爱的生字快出来"，然后教师快速出示生字，随即又将其置于白纸后面，让学生说说刚才出现在面前的是什么生字，并为之组词。

6. j q x

游戏一：儿歌诵读

目的： 帮助学生记忆 j、q、x 的读音与形状。

准备： 按照文中的示形表音图编写儿歌，"j、q、x，j、q、x，三个朋友在一起。蝴蝶飞来找小鸡，七个气球齐飞起。一刀两刀切西瓜，大家吃得甜蜜蜜"。

方法：老师带领学生一起诵读儿歌。

游戏二：编儿歌

目的：帮助学生区别形近字母"b—d—p—q"。

准备：小剪刀。

方法：

先请同桌的同学一起编、记儿歌，然后在四人小组内交流儿歌。儿歌能够帮助区别形近字母即可，方法不必强求一致。交流儿歌时，可以让学生边念儿歌边做动作，辅助记忆，增强兴趣。例如：

儿歌1：像个6字b、b、b，6字反写d、d、d；像个9字q、q、q，9字反写p、p、p。

儿歌2：左拳b来右拳d，两拳相对念b、d；左竖朝上就念b，右竖朝上就念d。左下读p右下q，两拳相对念p、q；左竖朝下就念p，右竖朝下就念q。

儿歌3：剪刀尖儿朝上，d、b永不忘；剪刀尖儿朝下，q、p永不差。

游戏三：儿歌诵读

目的：帮助学生了解 ü 和 j、q、x 相拼时要省去上面两点的拼音规则，巩固 j、q、x 与 i 相拼时组成音节的拼读。

准备：儿歌。

儿歌1：小 ü 碰见 j、q、x，去掉两点还读 ü。小 ü 有礼貌，碰见 j、q、x，摘帽就问好。

儿歌2：jī、jī、jī，地上有只小花鸡；jí、jí、jí，今年我上一年级；jǐ、jǐ、jǐ，车厢里面真拥挤；jì、jì、jì，弯腰来把鞋带系。

儿歌3：qī、qī、qī，一二三四五六七；qí、qí、qí，国旗国旗我爱你；qǐ、qǐ、qǐ，大家团结在一起；qì、qì、qì，小朋友之间要和气。xī、xī、xī，大家见面笑嘻嘻；xí、xí、xí，我们大家爱学习；xǐ、xǐ、xǐ，自己的手帕自己洗；xì、xì、xì，小朋友们一起做游戏。

方法：诵读儿歌。

游戏四：谁的动手能力强

目的：引导学生在游戏中认识、记忆 j、q、x 的音和形。

准备：毛线,橡皮泥。

方法：老师通过一些动手动脑的活动引导学生认记 j、q、x 的音、形。比如,老师启发学生:"你们怎样来模仿 j 的样子? 请在小组内交流一下自己的想法。"在一番热闹的讨论后,学生展示各式各样的"j"——有的用两只小手表示形体,右手将大拇指伸出,其余四指并拢直立呈 J 形,左手用食指的指甲盖来做".";有的用毛线在桌子上摆出 j 的形状;有的用弯曲的右胳膊做 J 形,用左拳做".";还有的用橡皮泥做成 j 的形状……

游戏五：拍手歌

目的：帮助学生区分"b—d、p—q"这两组声母。

准备：编写拍手歌,"你拍一,我拍一,咱俩一块儿做游戏。你拍二,我拍二,编个儿歌唱一遍儿。正 6'b',反 6'd',正 9'q',反 9'p',谁说错了谁唱歌儿"。

方法：老师带领学生一边读儿歌,一边加上动作进行表演。也可以由两名学生或者多名学生循环做此游戏。

游戏六：儿歌表演《在一起》

目的：将本课的儿歌改编成课中操,调节学习节奏,进行课中休息。

准备：熟读本课儿歌《在一起》。

方法：本游戏可以由老师一边带领大家读儿歌,一边结合动作进行表演,也可以由学生边读儿歌边自由表演,还可以作为下堂课的课中操使用。

游戏七：过小桥

目的：巩固本课的 2 个生字及前面几课所学的生字。

准备：板画独木桥;石头状的生字卡片、吸铁石。

独木桥板画

方法：老师将卡片用吸铁石贴在独木桥上，创设一个过小桥的情境。老师："手拉手，过小桥，桥上有几块小石头，你要过桥就搬走。"学生上台边"搬石头"（读生字并组一个词）边"过桥"。此游戏可重复进行，一个学生过桥后，下一个学生所组的词要与前一个学生不同。

游戏八：手势操

目的：在游戏手势操中，记忆易混淆的声母"p、q"。

准备：手势儿歌，"小朋友真能干，拇指朝下分 p、q。左手 p 来，右手 q"。

方法：手势儿歌的表演。老师可以带领学生一起开展手势操，一边跺脚，一边伸出大拇指来做手势操。

7. z c s

游戏一：儿歌诵读

目的：帮助学生记忆 z、c、s 的读音与形状。

准备：按照文中的示形表音图编写儿歌，"像个 2 字 z、z、z，像个刺猬 c、c、c，春蚕吐丝 s、s、s"。

方法：老师带领学生一起诵读儿歌。

游戏二：你猜我猜，大家猜

目的：帮助学生认记 z、c、s、zi、ci、si。

准备：熟读相关声母、音节。

方法：由老师、同学做手势或出示某种实物图形，请其他同学猜一猜它表示的是什么字母（或音节）。比如，老师（做动作表示"z"）："你猜，你猜，你猜猜猜！"学生："我猜，我猜，它是 z、z、z！"

游戏三：过桥

目的：通过本游戏引导学生学习互帮互助，熟练拼读声母 z、c、s 与单韵母组成的音节。

准备：要求学生以小组为单位，在桌上摆一座小桥，并把 z、c、s 与单韵母卡片分开放在桥的两头。

方法：以小组为单位开展游戏。在 z、c、s 一端的同学随机拿出一个声母，对面同学随机拿出一个韵母，请第三个同学快速拼读这个音节。如果他拼对了，就算安全地过了小桥；如果他不会拼，可以请其他同学帮助过桥。

游戏四：摘苹果

目的：巩固与 z、c、s 相关音节的拼读，复习新学的 5 个生字。

准备：老师在小黑板上画一棵苹果树，树上有许多纸剪的苹果（苹果背面是音节或生字），比如"词语、zuò xià、zì cí、jù zi、文字、语文"等。

方法：请学生摘苹果，认读音节或生字，并说出一个包含这个音节或生字的词语或一句话。比一比，谁读得准、说得好，优胜者可获得"苹果王"的称号。

8. zh ch sh r

游戏一：编儿歌

目的：帮助学生认记 zh、ch、sh、r 4 个声母。

准备：初读这 4 个声母。

方法：引导学生根据以前所学的编儿歌的方法，自编儿歌。比如，"猴子织毛衣，zh、zh、zh；刺猬吃苹果，ch、ch、ch；两只石狮子，sh、sh、sh；红日当头照，r、r、r"。

游戏二：魔力耳

目的：在游戏中巩固平舌音、翘舌音的不同拼读，同时认记相关的声母和整体认读音节，并培养孩子注意倾听的能力。

准备：每人自备本课的音节卡片。

方法：请学生听老师任意抽读 zh、ch、sh、r、zhi、chi、shi、ri、z、c、s、zi、ci、si 中的一个声母或整体认读音节，准确地找出相应的拼音卡片。比如，老师："请你仔细听，争当魔力耳！"然后抽读声母、音节，由学生找出相应拼音。学生每找对 1 个卡片，就在自己的"星星本"上记 1 颗"☆"。最后，请紧邻的前后四人小组比一比，谁得的"☆"多。

游戏三：绕口令

目的：区别 sì、shì、shí 等平翘舌音节。

准备：相关绕口令，"sì shì sì，shí shì shí，shí sì shì shí sì，sì shí shì sì shí，sì shí bú shì shí sì，shí sì bú shì sì shí"。

方法：老师带领学生学绕口令，正确诵读。

游戏四："智多星"

目的：巩固并提高拼读 zh、ch、sh、r 与相关韵母组成音节的能力。

准备：写有相关音节的卡片，如"shī zi、zhú zi、hē chá、chǐ zi"等。

方法：

1. 把全班同学分成 3 个组，分别是"智慧组"、"可爱组"、"趣味组"，每组分发 4 张图片。

2. 每组选两位小朋友上讲台拼读音节，看看哪组最先把 4 张图片上的音节拼读出来。

3. 再从各个小组里面选 3 位拼读速度最快的同学当"智多星"，上台接受另外两个组同学的挑战。

语文园地二

游戏一：连一连

目的：引导学生按顺序背诵声母表。

准备：由点组成的小花猫图案，每个点的边上书写声母。如下页图：

方法：教师把印有花猫图案的作业纸发给每个学生，同桌合作或自找小伙伴认读图

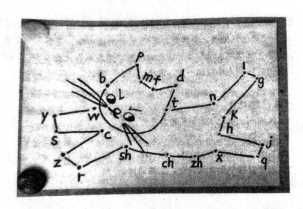

小花猫图案

案上的每个声母,然后按声母表的顺序连一连相关的声母,看看连成了什么。

游戏二：声母拍手歌

目的： 熟记 23 个声母,也可以当作课中操使用,调节学习节奏。

准备： 熟读声母;儿歌,"b、p、m、f 真淘气,去找 d、t、n、l 做游戏;g、k、h 和 j、q、x,吵着闹着也要去;z、c、s 听见了,背上椅子追上去;r 在后面大声喊:'zh、ch、sh,慢点走,翘舌音还有我小 r,我们叫上 y 和 w,声母成员都到齐。'"

方法： 老师带领学生边念儿歌边做拍手游戏。

游戏三：超级变变变

目的： 结合"用拼音"栏目中的"还能摆什么",复习本单元学过的所有声母。

准备： 小棒若干,线段一条。

方法：

　　1. 教师示范如何使用学具。通过上述道具演示相关字母,并请学生猜猜是哪个字母。

　　2. 同桌之间的两名同学按照老师的示范,做"超级变变变"的游戏。

游戏四：快乐大转盘

目的： 复习学过的声母和韵母,提高拼读能力。

准备： 制作一个转盘。

方法： 学生说"快乐转盘转起来"，教师开始转动转盘，声母、韵母随即组合成相关音节，由老师指名让学生拼读。根据学生的表现，老师可以奖励拼读认真的学生上台当小老师转动转盘，请其他学生拼读音节。

游戏五：黄牌，红牌

目的： 结合"用拼音"栏目中的"比一比，读一读"，在游戏中区别音近、形近音节"bá hé——dǎ bǎ、pù bù——gē qǔ、fǔ zi——dì tú"。

准备： 学生每人准备一套黄牌（黄色卡片）和红牌（红色卡片），并将每组音节分别写在上面。

方法： 请学生听老师或一名同学抽读"我会读"中的音节，大家一起玩举牌游戏。

老师："请你仔细听！pù bù。"

学生（纷纷举起相应牌子）："黄牌（或红牌）！黄牌（或红牌）！pù bù、pù bù、pù bù，黄牌（或红牌）举起来！"

游戏六：我来说，你来猜

目的： 结合"用拼音"栏目中的"读一读，做动作"，在口型游戏中可以区分音节词"hē chá、dú shū、chī xī guā、tuō dì、lǐ fà、cā zhuō zi"。

准备： 学生每人准备一套音节卡片。

方法1： 老师做口型，学生迅速找到音节词卡，连读两遍。

方法2： 老师请一位学生来猜老师口型，猜出后迅速读出。如果猜对了，下面的学生跟读两遍，并且伸出胳膊喊出："放个烟花，对对对。"如果猜错了，下面的学生举手抢读，并喊出："错错错，我来猜。"依次类推，读完6个音节词。

游戏七：认一认大家的姓氏

目的： 结合生活实际复习声母的认记，练习运用拼音。

准备： 板书 g、k、h、j、q、x、zh、ch、sh 等9个声母。

方法：

1. 老师引导："我们班里哪些小朋友的姓氏中有这些声母？这个声母出现在谁的姓氏里，它就是谁的好朋友。"

2. 大家一起来给班里小朋友的姓氏找朋友,如"g——葛、zh——赵、j——金"。

3. 找到一个朋友,就在这个声母下面写下相应的姓氏。

4. 没有找到朋友的同学,将自己的姓氏和相应的声母写在黑板的另一边,如"m——马、l——李"等。

9. ai ei ui

游戏一:编儿歌

目的:帮助学生认记 ai、ei、ui 的音和形。

准备:熟读 3 个韵母。

方法:引导学生根据以前所学的编儿歌的方法,自编儿歌。比如,"姐姐高,弟弟矮,ai、ai、ai;用力砍柴,ei、ei、ei;围上围巾,ui、ui、ui"。

游戏二:儿歌表演《小白兔》

目的:调节学习节奏,增强学生的情感体验。

准备:熟读《小白兔》;创作相应动作。

方法:老师带着大家一边读儿歌,一边结合动作进行表演;也可以由学生自由创编动作进行表演。

游戏三:小兔开门

目的:在有趣的游戏中,正确而迅速地读出 ai、ei、ui 的四声。

准备:老师在黑板上画三道门,在门上分别写上 ai、ei、ui 这 3 个复韵母。

三道门板画

方法：

1. 由学生任选一道门，按老师指定声调正确地读出带调韵母，敲开小兔的门。比如，学生说："小兔子乖乖，把门儿开开。"老师说："不开不开，你还没读韵母呢？"然后由教师在上格写上相关声调，请学生读出带调韵母。老师可以请学生按序读四声，也可以打乱顺序随便抽读，但后者要求更高。

2. 敲开了小兔的门，大家一起来表演儿歌《小白兔》。

游戏四：戴帽子

目的：小组合作领会"i、u 并列标在后"的标调规则。

准备：每个小组分别准备 ɑi、ei、ui 韵母卡片一式四份，并装在小信封里。

方法：

1. 教学 ui 的读音后，以四人小组为活动单位，对照课本，观察"ɑi、ei"与"ui"的声调位置有何不同。

2. 让学生在仔细观察的基础上发现 ui 的标调方式和 ɑi、ei 标调方式的不同之处。

3. 适时明确"i、u 并列标在后"的标调规则。

游戏五：标调歌

目的：了解标调规则。

准备：相关儿歌。

儿歌 1：标调号，有方法；有 ɑ 不放过，无 ɑ 找 o、e；i、u 并排列，声调往后戴。

儿歌 2：有 ɑ 找 ɑ，没 ɑ 找 o、e；i、u 并排标后边。

儿歌 3：有 ɑ 在，把帽戴；ɑ 不在，o、e 戴；要是 i、u 在一起，谁在后面给谁戴。

儿歌 4：老大（ɑ）在，老大戴；老大不在，老二（o）戴；老二不在，老三（e）戴；老三不在，老四（i）戴；老四不在，老五（u）戴；老五不在，老六（ü）戴；只有 i、u 在，谁在最后谁来戴。（选自《"幼儿园与小学衔接的研究"研究报告》，中国少年儿童出版社，1995 年 10 月版。）

方法：诵读儿歌。

10. ao ou iu

游戏一：编儿歌

目的： 帮助学生认记 ao、ou、iu 3 个韵母的音和形。

准备： 初步认记 ao、ou、iu。

方法： 引导学生根据以前所学的编儿歌的方法，自编相关儿歌。比如，"奥运标志，ao、ao、ao；一节莲藕，ou、ou、ou；游泳比赛，iu、iu、iu"。

游戏二：你猜我猜，大家猜

目的： 巩固已学 ai、ao、ei、ou、ui、iu 6 个复韵母的认记。

准备： 初读上述 6 个韵母。

方法： 请学生根据老师或某个同学的口型，猜一猜他所读的是什么韵母，看谁猜得又对又快。

游戏三：手拉手

目的： 帮助学生巩固 ao、ou、iu 3 个韵母的认记。

准备： a、o、e、i、u 的字母卡片。

方法： 老师引导："小朋友们，这些我们都熟悉的单韵母兄弟今天跟我们一起玩手拉手的游戏来了！你想请谁和谁手拉手，让'他们'变成什么呢?"点名请学生回答。比如：

　　学生："a 和 o 啊，手拉手，变成 ao，ao、ao、ao!"

　　学生（齐）："对对对，a 和 o 手拉手，变成 ao，ao、ao、ao!"

　　以此类推，继续进行游戏。

游戏四：走搭石过桥

目的： 巩固相关声母和复韵母的拼读，积累一些常见的词语。

准备： 板画一条浅河，河中散布着几块大石头，石头上写着一些双音节词。

方法： 请学生分组过河，每位学生读一个双音节词语。若小组的所有成员都读对了，整队就算安全过河了。如果有学生读错而本组无人"救助"（帮助该学生认读），那么本组同学就未能安全过河。最后，成员全部通过的小组将被评为优胜组。

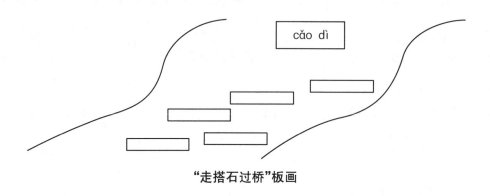

cǎo dì

"走搭石过桥"板画

游戏五：儿歌表演《欢迎台湾小朋友》

目的： 激发学习兴趣，并可以将其当成课中操调节学习节奏，让学生得到短暂休息。

准备： 熟读儿歌。

方法： 开展本游戏时，可以由有表演天赋的孩子带着全班学生表演，也可以由单个的孩子自由创作进行表演。

游戏六：走迷宫

目的： 巩固所识生字的认记。

准备： 板画一幅迷宫，在能走出迷宫的正确的路线上分散安排生字卡片。

方法： 老师引导："小白兔在森林里采了一大篮蘑菇，心里很高兴。它要回家了，可是一不小心，小白兔迷路啦！不过，在小白兔回家的路上有很多路标，要是能读出路标上的生字，就能带领小白兔走出森林。你能帮帮小白兔吗？"点名请学生玩走迷宫游戏。

游戏七：客人来了

目的： 借助小导游招待参观客人团的情景，认识课文中的 3 个生字和 4 个新词。

准备： 相关的景观图片（小桥、流水、垂柳、桃花），7 个生字、新词卡片。

方法：

　　1. 老师引导："今天我们要招待几位远道而来的台湾小朋友，他们对我们的城市十分感兴趣,老师这里有一些不错的景观可以给他们看一看,谁愿意来做做小导游?"
看图学习"小桥、流水、垂柳、桃花"4个词语(这4个词图文结合,贴在黑板上)。

　　2. 老师引导:"你们还记得小客人们来自哪里吗?"带领学生学习"台"这个词语
(出示有关台湾的图片,相机贴图到黑板上)。

　　3. 说话训练,再请几位小朋友来做做小小导游。

游戏八:打扑克游戏

目的:引导学生掌握相关声母与 ao、ai、ei、ou、ui、iu 组合成的音节的拼读。

准备:小组分别准备声母 z、s、sh、l、zh、n、y 的卡片,韵母 ao、ai、ei、ou、ui、iu 的卡片。

方法:以四人小组为单位开展游戏。其中两人持有声母卡片,另外两人持有韵母卡
片,双方交替出牌,比如"z—ao—zao、j—iu—jiu"等,接牌的人要进行拼读练习。如
果他拼读正确,将赢得对方出的牌。最后比一比,谁赢的牌最多。

游戏九:龟兔赛跑

目的:通过学生熟悉的"龟兔赛跑"的故事情境,复习、巩固复韵母 ai、ei、ui 的拼读,
积累语言。

准备:人手一份相关作业纸。如图:

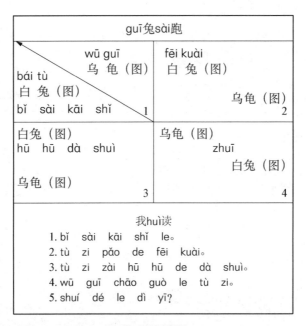

作业纸样例

方法：

1. 请学生边看图，边自主拼读。
2. 请学生将四幅图连起来讲一讲"龟兔赛跑"的故事。
3. 请学生与同桌一起拼读"我会读"，并说一说谁胜利了。

游戏十：手势操

目的： 在游戏手势操中，记忆易混淆的复韵母"iu、ui"。

准备： 手势儿歌，"i""u"并列到底是"iu"还是"ui"？"i"在前就是"iu"，"i"在后就是"ui"。

方法： 手势儿歌的表演。老师可以带领学生一起开展手势操，一边跺脚，一边伸出大拇指来做手势操。

11. ie üe er

游戏一：编儿歌

目的： 帮助学生认记 ie、üe、er 这 3 个韵母的音和形。

准备： 初读 3 个韵母。

方法： 引导学生根据以前所学的编儿歌的方法，自编相关儿歌。比如，"一棵椰树，ie、ie、ie；一轮弯月，üe、üe、üe；一只耳朵，er、er、er"。

游戏二：魔力耳

目的： 复习已经学过的 9 个复韵母。

准备： 学生自制相关 9 个复韵母卡片。

方法： 由老师或请一位同学任意抽读韵母，大家迅速找出相应复韵母卡片，并大声认读出来，看谁找得又快又准。

游戏三：手势操

目的： 在游戏手势操中，记忆易混淆的复韵母"ie、ei"。

准备：手势儿歌。"i""e"并列到底是"ie"还是"ei"？"i"在前就是"ie"，"i"在后就是"ei"。

方法：手势儿歌的表演。老师可以带领学生一起开展手势操，一边跺脚，一边伸出大拇指来做手势操。

游戏四：转转盘

目的：学习 üe 与 j、q、x 相拼时省略两点的拼写规则。

准备：用别针和纸板制作一个大转盘。

方法：

1. 围绕 üe，转动 j、q、x、n、l，组成相应音节，请学生反复拼读。

2. 请学生上台试着写出相关音节，再与书上的声韵简拼图对照，引导学生了解 j、q、x 与 üe 相拼时 ü 上两点也要去掉的拼写规则。

游戏五：诵读儿歌

目的：巩固所学音节词的认记，积累语言。

准备：包含音节词的儿歌，"shù dà yè yòu mào（树大叶又茂），xǐ què zhā zhā jiào（喜鹊喳喳叫），hú dié fēi ya fēi（蝴蝶飞呀飞），yé ye ěr jī nào（爷爷耳机闹）"。

方法：结合情境图诵读儿歌。

游戏六：击鼓传花

目的： 学习韵母"üe"和声母"j、q、x"拼读应省略两点的拼写规则和声调摆放的位置。

准备： 老师准备一只小鼓和一小枝花，并准备相应的磁铁拼音卡片和声调磁卡。

方法： 老师击鼓，学生传花，得到花的学生来到黑板前，抽取声母和韵母卡片。当学生抽到声母"j、q、x"和韵母"üe"时，全班学生都会全神贯注地选择声调的放置位置，这样，不用老师来赘述相遇的去点规则和标调规则，学生们都会成为彼此的老师和纠正者，难点在不知不觉中就突破了。

12. an en in un ün

游戏一：编儿歌

目的： 帮助学生认记 an、en、in、un、ün 五个前鼻音韵母。

准备： 初读相关韵母。

方法： 引导学生模仿以前所学儿歌，看插图自编儿歌。比如，"北京天安门，an、an、an；摁动遥控器，en、en、en；我们学拼音，in、in、in；奶奶包馄饨，un、un、un；天上白云飞，ün、ün、ün"。

游戏二：石头剪刀布

目的： 巩固声母和前鼻音韵母组成音节的拼读。

准备： 同桌的两名同学各准备一套已学的声母卡片和前鼻音韵母 an、en、in、un、ün 卡片。

方法：

1. 同桌合作开展游戏，一方拿声母卡片，一方拿前鼻音韵母卡片。

2. 两人各拿出一张卡片，组成一个音节。然后通过"石头剪刀布"分出输赢，赢了的同学当小老师带读该音节，另一学生跟着读。

游戏三：儿歌表演《家》

目的： 帮助学生诵读儿歌，也可以将其作为课中操使用，使课堂动静交替，合理搭配不同的学习环节。

准备： 熟读儿歌《家》。

方法： 教师带着全班学生一边诵读儿歌，一边加上动作进行表演。也可以由孩子自由创作动作，一边读儿歌，一边加上动作进行表演。

游戏四：组词夺冠游戏

目的： 巩固 3 个生字的认记，并学习运用这些词语。

准备： 本课生字卡片。

方法：

1. 以小组为单位进行游戏。每组用"草、家、是"等生字分别组词，尽量多组词语。

2. 组长用脑图识记的方法，记录本组所组的词语。不会写的生字可以用汉字夹拼音的方法写下来。

3. 全班比较。看哪组说得准确、说得多，哪组就成为冠军组。

4. 冠军组的每个组员在成长记录袋的"星星栏"里添上 1 颗星。

游戏五："登山"比赛

目的： 巩固 an、en、iu、un、ün 的认读，提高其拼读能力。

准备： 韵母卡片，音节词卡片，每组一面小旗；板画三座山，一座比一座高。

方法：

1. 登第一座山。各组抽读前鼻音韵母 an、en、in、un、ün 和整体认读音节 yuan、yun、yin。组员全部通过即登上第一座山，请组长上台，把本组小旗插在第一座山上。

2. 登第二座山。拼读部分课外的音节词，如"yuán yuè、zhēn zhū、huān lè、chūn tiān、rén mín"。组员全部通过即登上第二座山，请组长上台，把本组小旗插在第二座山上。

3. 登第三座山。所有组员一起拼读儿歌《家》。全部组员正确读完即登上第三座山，请组长上台，把本组小旗插在第三座山上。最后，比一比哪组的红旗最先插上第三座山。

游戏六：坐火车，过小河，摘果子

目的： 提高学生拼读声母和前鼻音韵母组成音节的能力。

准备： 板画火车、小河、果树，准备果子形状的音节卡片。

方法：

1. 老师引导："秋天到，秋天到，果园里面真热闹！果子香，果子甜，果园车子快出发。小朋友，你们坐好没坐好？我们要去果园了。不过，要读准火车厢上的音节，火车才可以出发哟。"要求学生读准火车车厢上的双拼音节。

一号车厢的音节有：d—an—dan、t—an—tan、n—an—nan。

二号车厢的音节有：zh—en—zhen、ch—en—chen、sh—en—shen。

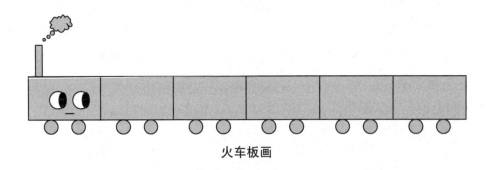

火车板画

三号车厢的音节有：b—in—bin、p—in—pin、m—in—min。

四号车厢的音节有：g—un—gun、c—un—cun、ch—un—chun。

五号车厢的音节有：j—ün—jun、q—ün—qun、x—ün—xun。

2. 老师引导："呜呜呜——小火车终于开到了果园，果园里到处是丰收的果子。小朋友，你们高兴吗？可是，有条小河拦住了去路。不过，我们可以走小桥，但是要先赶走桥上的两只'拦路虎'——三拼音节。你们有没有信心把'虎'赶走呢？"请学生认读三拼音节。

小河板画

拦路虎一：g—u—an—guan、k—u—an—kuan、h—u—an—huan。

拦路虎二：j—ü—an—juan、q—ü—an—quan、x—ü—an—xuan。

3. 老师引导："秋天到，秋天到，果园里面真热闹。果子香，果子甜，我来摘个尝尝鲜。"请学生上台摘果树上的果子(认读上面的音节)，会认读的果子就属于自己了。

图24　果树板画

游戏七：火眼金睛

目的：通过游戏，进一步巩固 ü 上两点需要省略的拼写规则。

准备：板画孙悟空或在黑板上粘贴孙悟空的图片；相应的音节词，如"yì qún、Xiǎo xué sheng、yuán quān、bái yún"。

方法：

1. 老师边出示标调有错误的音节，边引导："在这些音节中，有一些小小的错误。我们看谁的眼睛最亮，能把问题找出来。"

2. 学生一起说："小小孙悟空，眼睛亮晶晶。快来找一找，问题在哪里?"

3. 请几位学生到台前做孙悟空找一找错误。如果准确找到了错误，其他学生就说"小眼睛亮亮亮"；如果找错了，就要说"小马虎没分清"。

13. ang eng ing ong

游戏一：看谁找得又快又对

目的：帮助学生分辨前鼻音韵母和后鼻音韵母发音方法的不同，培养学生注意倾听的能力。

准备：an、en、in、un、ün 和 ang、eng、ing、ong 卡片。

方法：请学生听老师或一名学生任意读一个鼻韵母，其他学生快速地找到该韵母，并大声地读出来，最后比较谁找得又对又快。

游戏二：跳降落伞

目的：巩固声母和后鼻音韵母组成音节的拼读。

准备：板画有蓝天、白云、草地的情境图；降落伞形的声母、韵母卡片(zh、u、āng、c、ūn、l、ǎo、y、īng、t、ái、d、ēng、zh、ōng、g、u、ó)。

方法：

　　1. 老师指名请学生认读声母、韵母卡片，并把相应卡片粘贴在黑板上，组成相应音节。

　　2. 学生自主拼读音节。学生若有困难，可以在学习小组里向其他同学求助。

　　3. 请学生当跳伞运动员，乘坐降落伞(音节词语卡片)，正确降落在草坪上。

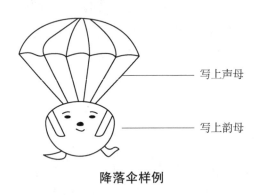

写上声母

写上韵母

降落伞样例

游戏三：小兔采蘑菇

目的：巩固本课 4 个生字的认记。

准备：树林的简笔画，蘑菇形状的生字卡片，小白兔或小灰兔的头饰。

方法：老师引导："春天到，春天到，小树林里真热闹。蘑菇大，蘑菇香，大家快来帮帮忙。"学生说："我来帮，我来帮！"老师点名请一名学生上台戴头饰，采黑板上的蘑菇。学生拼读准确，老师可以把蘑菇卡片奖给他，让他感受到成功的喜悦。依此类推，继续进行游戏。

游戏四：搬石造桥

目的：巩固生字(车、羊、走、也)的认记，积累词语。

准备：板画一条河；写上词语的石头卡片(上车、车上、小羊、牛羊、走了、也好)。

方法：

1. 请学生观察黑板上的小河（河上没有桥），准备造桥。

2. 老师引导："这里有一些'石头'，你们能把'石头'搬过去，造一座石头桥吗？只要你能读准一个词，便能搬走一块'石头'。"

3. 点名请学生搬石头（认读词语），共建石桥。按照学生认读词语的先后顺序，把"石头"贴进小河里，造成一座桥。

游戏五：放鞭炮

目的：巩固字母及相关音节的认读。

准备：把需要认读的相关卡片放入一个红色的"爆竹筒"内。

方法：

1. 老师引导："我这里有一个大鞭炮，如果你读对了鞭炮里的字母、音节，鞭炮就能点燃。谁想来试一试？"学生（齐）："节日到，放鞭炮。什么炮？"

2. 点名请一位学生上台抽出卡片，举起卡片认读，读完后去点燃爆竹。如果他认读正确，下面的学生就跟他一起拼读，并模拟发出爆竹爆炸的声音"嘭——啪"；如果他认读错误，大家就模拟发出哑炮的声音"嗤——"。

3. 为了节省游戏时间，老师可以请一组学生上台，进行组内学生的竞赛，比一比哪位同学点燃的爆竹最多；也可以进行小组之间的比赛，比一比哪组点燃的爆竹最多。

语文园地三

游戏一：黄牌，红牌

目的：结合"用拼音"栏目中"读一读，把音节读准"，在游戏中区别音近音节"yǎn——yuǎn、yīn——yīng、jiǎn——juǎn、zuān——zhuān、chán——chuán—chuáng"。

准备：学生每人准备一套黄牌（黄色卡片）和红牌（红色卡片），并将每组音节分别写在上面。

方法：

老师："请你仔细听！yīn"。

学生(纷纷举起相应牌子)："黄牌(或红牌)！黄牌(或红牌)！yīn、yīn、yīn，黄牌(或红牌)举起来！"

游戏二：手势操

目的：在游戏手势操中，记忆易混淆的复韵母"ie、ei"和复韵母"iu、ui"。

准备：手势儿歌。

儿歌1："i""e"并列到底是"ie"还是"ei"？"i"在前就是"ie"，"i"在后就是"ei"。

儿歌2："i""u"并列到底是"iu"还是"ui"？"i"在前就是"iu"，"i"在后就是"ui"。

方法：手势儿歌的表演。老师可以带领学生一起开展手势操，一边跺脚，一边伸出大拇指来做手势操。

游戏三：摘苹果

目的：结合"用拼音"栏目中"比一比，读一读"，让学生在摘苹果的游戏中巩固含有复韵母"ie、ei"和复韵母"iu、ui"的音节词语(xiě zì、dǎ léi、dǎ liè、dié bèi zi、hē shuǐ、chuī qì qiú、duī xuě rén、diū shǒu juàn)。

准备：板画一棵苹果树，苹果图片，正面写上包含复韵母"ie、ei"和复韵母"iu、ui"的音节词语。

方法：

老师："树上苹果香又甜，谁愿上来摘一摘！"请学生上台摘苹果，读准词语注音的小朋友，可以当小老师带领大家朗读，并摘走相应苹果。

同学下台后分享果子。可以把苹果卡片送给自己的同桌，或送给最要好的同学。

游戏四：闯关游戏

目的：结合"用拼音"栏目中"秋游的时候，你想带什么"，在游戏中设置关卡，既可以使学生轻松掌握难读的拼音词语，又可以发展学生的思维能力。

准备：创设"整理小书包"情景并设计"闯关游戏"。利用好实物图片，并绘制简易的书包简笔画。

方法：第一关，读一读，要求读准字音；第二关，分一分，引导学生自主发现 9 个词语的规律，把它们分成"食物"、"基本生活用品"、"户外用品"三类，分别装进"书包"，进行整理；第三关，说一说，要求学生自主选择一个或几个词语用它们说一句话或几句话。

游戏五：丢手绢

目的：在游戏中复习所学的 9 个复韵母的音、形。

准备：手帕一块，所学复韵母的头饰各一个。

方法：

1. 将全班同学分成若干个大组，每组 10 人左右。

2. 每个小组分别开展游戏。请头戴复韵母头饰的小朋友围成一圈，让一位小朋友拿着手帕开始游戏，大家一起唱《丢手绢》："丢、丢、丢手绢，轻轻地放在小朋友的后面，大家不要告诉他，快点儿、快点儿抓住他！"

3. 被抓住的小朋友要向大家介绍一下自己，然后读出自己头饰上的复韵母，说说该怎么记住它，最后大家跟着读 3 遍。

游戏六：过河

目的：巩固 18 个复韵母的认读。

准备：板画一条河，上面画有四座石拱桥，桥上写有 18 个复韵母。

方法：

1. 老师把全班同学分成 4 组，然后由小组内的同学相互合作，一起认读拱桥上的复韵母。

2. 小组之间展开过河竞赛。每组的同学相互帮助，认读拱桥上的复韵母，只有所有成员都会正确拼读，才算安全过河。最后比一比，哪组同学过河的速度最快。

游戏七：过三关

目的：结合"用拼音"栏目，进一步认记声母表、韵母表、整体认读音节表。

准备：板画三个门，第一个门写上声母，第二个门写上韵母，第三个门写上整体认读音节。

"三关"样例

方法：请学生正确背诵出门上的声母、韵母或音节来闯关，最后比较，看谁能最快闯过三关。

游戏八：送信

目的：帮助学生区分相关声母、韵母、整体认读音节。

准备：纸做的邮箱三个，上面分别粘贴声母、韵母、整体认读音节的标签；部分声母、韵母、整体认读音节卡片。

方法：

1. 老师引导："邮递员叔叔（阿姨）太忙了，他请大家来做邮递员，帮他把信投到相对应的信箱里，好吗？"学生齐："丁零零、丁零零，邮递员叔叔（阿姨）来送信，小小信封是谁的，请你赶快找一找。"

2. 在学生说儿歌的同时，老师本人或请一位学生来分发卡片。然后请拿到卡片的学生上台，举起卡片认读，然后把它投入相对应的邮箱里。

这样的送信过程可以多重复几次，让更多的学生在游戏中巩固已学内容，激发学生的学习兴趣，并体验成功的喜悦。

游戏九：抢卡片

目的：巩固声母、韵母、整体认读音节的认记。

准备：每个小组自备一套声母、韵母、整体认读音节的卡片。

方法：以小组为单位开展游戏。由小组长出示卡片，组内其他小朋友认读。最先正确认读该音节的小朋友可以得到这张卡片，抢到卡片最多的同学胜出。

游戏十：我来考考你

目的：巩固所学生字的认记。

准备：学生每人自制空白卡片若干张。

方法：老师引导："小老师们，到现在为止，我们已经学会了几十个生字了。那就请你在卡片上写出自己已经学会的生字和想要考考别人的生字，然后拿着你的生字卡片一边在教室里走动，一边念儿歌：'小小卡片在我手，朋友请你读一读；读对了，拍拍手；读错了，跟我读。'唱完儿歌后停下来，碰到哪位同学就对他说：'我来考考你，请你读！'"对方认读完生字后，也可以马上回考他："我也考考你，请你念！"依此进行游戏。

游戏十一：打"拼音牌"

目的：在趣味游戏中提高汉语拼音的拼读能力。

准备：学生自备"拼音牌"。

方法：可以四个人打，也可以两个人打。将"牌"分发到每个参与者手中后，一方先出一张"牌"，口中还要念"我出……（比如'我出 b'）"，然后由对方出牌，所出的"牌"要能与刚才出的"牌"相拼（比如"我出 an，b—an—ban，'斑马的斑'"），拼对的人可以赢得对方的牌，最后看谁赢的牌多。

游戏十二：人贴人

目的：巩固所学声母、韵母的认记，提高学生的拼读能力。

准备：把学生分成两组，一组学生当声母，一组学生当韵母，然后每个学生自选一个声母或韵母，制作卡片贴在胸前。

方法：

1. 几名同学面向外围成一个大圈，圈外两名同学甲和乙一追一跑，跑的同学应迅速贴到任意一个同学面前，组成音节。比如，生乙："我是声母 t。"生丙："我是韵母 ǎn。"生（齐）："请你拼一拼！"生乙："t—ǎn—tǎn。"

2. 乙如果说对了，大家鼓掌通过，然后乙和丙交换。丙出去追，甲跑，游戏依此继续进行。如果乙拼读有误，则要更正并表演一个节目，然后游戏继续进行。（本游戏参考了济南市燕山小学王蔚老师《拼音教学游戏三则》。）

游戏十三：课中操

目的：背诵声母表、韵母表、整体认读音节表；使学生动静交替，学习与休息得以更好结合。

准备：相关儿歌，"点点头，伸伸腰，我们来做拼音休息操。动动手，动动脚，我们来背声母表，b、p、m、f……扭扭脖子，扭扭腰，我们来背韵母表，a、o、e……站要直，坐要正，我们来背整体认读音节表，zhi、chi、shi……专心听，勤动脑，学好拼音基础牢"。

方法：本活动为全身操，可以根据实际情况选用部分内容，不一定每次都全部做完。

课文

1. 秋天

··

★ 　**识字游戏**　 ★

游戏一：魔法大变身

目的：对比之前学习的"田、日""口、目"及本课要学习的四个生字"了、子"和"人、大"，请学生发现不同，并准确记忆。

准备：本课的生字卡片。

方法：

师："同学们，今天老师要给我们的生字宝宝施加一个魔术，这个魔术会让它大变身，你们期待吗？"

教师贴出生字卡片"了"，随后"施加魔术"变身为"子"，请同学们发现教师是怎样施加魔术的。

同样的方法学习"人、大"两个生字。

游戏二：捡树叶

目的：巩固生字的认记。

准备：写有生字词语的树叶贴在黑板上，树叶。

方法：

1. 教师创设情境："秋天到了，金黄的树叶落得满地都是，一些小朋友在草地上欢快地捡起树叶来了，让我们也加入他们，一起捡树叶吧！"

2. 请一位学生上台，从黑板上取下会读的词语卡片。

3. 学生举起词语卡片，大声朗读，并请全班同学来评价读得准不准。如果该生认读正确,大家齐说:"棒棒棒!"再跟读一遍。如果该生认读出错,大家齐说:"错错错,再想想!"再请会认的小朋友帮助纠正,其他学生跟读。

游戏三：开火车读词语

目的：巩固已学生字的认读。

准备：相关生字卡片。

方法：

1. 开火车的形式多样,可以横着开,可以竖着开,也可以斜着开,还可以开双轨火车。当一列火车开动时,其他组的同学要充当火车修理员检查火车的运行情况(看是否有人认错生字,帮助更正错误)。

2. 老师引导:"小朋友们,我们一起来开小火车,看看哪列火车最先开到我们的首都北京。"然后学生模仿发出火车开动时的"呜——咔嚓、咔嚓"的声音。

老师问:"哪列火车先来开?"生(纷纷举手)答:"这列火车先来开!"

老师点名请某个小组开火车,提出学习要求。比如,"请第一列开双轨火车,注意读准字音"。如果有同学读错了,火车就要停下,老师点名请其他组的修理员进行修理,修理好火车后继续进行游戏。

★ 阅读游戏 ★

游戏一：坚持就是胜利

目的：读准字音,激发学生的阅读兴趣。

准备：初读课文。

方法：自由读课文,读错一处,举起右手,然后坚持往下读;读错第二处,举起左手,继续往下读;读错第三处,站起来读,一直坚持读到最后。本游戏可以重复进行,看看自己是不是一次比一次有进步。

游戏二：顺风耳

目的：巩固生字的认记,加深对课文的理解,培养仔细倾听的习惯。

准备：初读课文。

方法：

1. 教师激趣导入："你有一双顺风耳吗，你能听出老师读错的字吗？现在我们就来试一试。"老师开始读课文。

2. 老师故意把课文中难读字的字音读错，要求学生用笔画出来，最后反馈交流，强化难字读音的识记。

3. 同桌或小组内重复此游戏。

游戏三：小小朗诵家

目的： 正确、流利地朗读课文，培养学生良好的语感。

准备： 借助拼音熟读课文。

方法1： 朗读过三关：（1）加动作表演读。（2）分组赛读。（3）师生挑战读。

方法2： 全体学生赛读，最后大家一起评选出小小朗诵家。

2. 小小的船

★ 识字游戏 ★

游戏：摘星星

目的： 激发学习兴趣，巩固生字的认记。

准备： 将生字卡片剪成星星状，正面涂上各种颜色。

方法： 请学生到台前摘取黑板上自己喜欢的星星，并把后面的生字念给大家听。比如，学生摘了一颗黄星，便说："我喜欢黄星，'chuán'，'小船'的'船'。大家跟我一起念。"带领大家认读生字。

★ 阅读游戏 ★

游戏一：让心飞上蓝天

目的： 加深情感体验，感受文中蕴涵的情趣。

准备：最像美丽的星空的投影片,《小小的船》的歌曲磁带,课文朗读磁带。

方法：

1. 老师引导:"小朋友们想飞上蓝天看看吗? 老师有一个好办法让我们的心飞上蓝天,你们也想试试吗? 看着美丽的夜空,听着音乐,然后慢慢放飞收的想象,让你的心飞上蓝天去看看吧!"在老师引导下,学生充满个性地、自由地体验、想象。

2. 闭上眼睛,静听音乐,随着音乐轻摆身体。

3. 轻唱歌曲,边唱边做动作,进行表演。

4. 说说自己仿佛看到了什么。

游戏二：一问一答

目的：对应课文后面"读一读,照样子说一说"的练习,用同样的句式说一说生活中的事物。

准备：词卡"船"、"小小的"等。

方法：

1. 老师:课文中的"船"(贴出词卡)长什么样儿? 生:小小的(再贴词卡)。老师:所以(指着板书),我们就称它为"小小的船"。下面谁当小老师来贴一贴,问一问,大家一起答一答。生继续贴出"弯弯的月儿"、"闪闪的星星"、"蓝蓝的天"。

2. 生活中这样的词语,还有很多呢。"眼睛"、"亮亮的"——"亮亮的眼睛";"小河"、"弯弯的"——"弯弯的小河";"树叶"、"黄黄的"——"黄黄的树叶"……教师可依实际的时机而定。

3. 江南

识字游戏

游戏一：摘莲花

目的：巩固生字的认记。

准备：做一些莲花形状的卡片，卡片的背面写上生字。

方法：请学生上台摘莲花，谁能把卡片后面的生字读对，摘下的莲花就送给谁。

游戏二：猜谜语

目的：巩固生字的认记。

准备：老师和学生搜集一些字谜。

方法：师生齐说："我猜，我猜，我猜猜猜！"然后由老师给学生出字谜，比如"像四不是四，方位中有它——西"、"大丁遇小口——可"、"手抓木上头——采"等，请大家猜。

游戏三：词语大转盘

目的：巩固词语的认记，扩大积累。

准备：词语转盘。

方法：老师出示转盘："看，我们刚学的生字交上了新朋友，你们大家认识吗?"老师转动转盘，请学生读出指针所指的词语。

⭐ **阅读游戏** ⭐

游戏一：比比比谁的圈儿少

目的：读准字音，培养认真阅读的习惯。

准备：铅笔、课本。

方法：同桌合作进行游戏。甲读时，乙帮助甲圈出读错的拼音，甲读完书后，由乙读书，甲挑错，继续游戏。最后比一比谁的圈儿少。

游戏二：我的舞台我做主

目的：引导学生熟读古诗。

准备：与古诗《江南》相配的音乐（《江南·江南可采莲》演唱者：沈晓晨）。

方法：播放音乐，学生跟着音乐哼唱《江南》并加上自己的动作进行表演。根据学生

投影片（小鱼儿在池塘中游来游去的视频）

的不同表现，评选出班级里的"最佳表演者"。

4. 四季

★ 识字游戏 ★

游戏一：赏心悦目

目的：认读课文中的 10 个生字。

准备：四季不同的风景、景物图片。

方法：老师："小朋友们，你们想要欣赏美丽的四季吗？想要欣赏美丽的景象可要读准这个字的字音呦！答对了，老师就把美丽的风景送给你！"

学生上台读生字、欣赏美景，然后当小老师带领大家跟读生字。读对了，老师奖励景物图片。

游戏二：出偏旁，对生字

目的：巩固本课生字的认记。

准备：本课生字的偏旁卡片和生字卡片。

方法：师："我来出！"生（齐）："我来对！"

老师出示生字的偏旁,学生抢答出带有该偏旁的新学生字。

师:"我出'虫'字旁!"生:"我对'蛙',青蛙的'蛙'!"

师:"我说'言'字旁!"生:"我对'说',说话的'说'!"

游戏三:堆雪人

目的:巩固拼音和生字的认记。

准备:雪娃娃图片,身上写有本课生字的拼音。

方法:让学生把相关生字贴到拼音下面,如果贴错了,全班学生齐读该生字3遍。

★ 阅读游戏 ★

游戏一:招兵买马

目的:有感情地朗读课文,并进行适当的拓展训练。

准备:草芽、荷叶、谷穗、雪人的头饰;句式"_____是春天(夏天、秋天、冬天)"。

方法:

1. 第一次招兵买马。老师:"哪位小朋友读'春天'这段读得最有感情,他就会获得草芽的头饰!"请学生读书,根据表现发放草芽头饰。依此读"夏天、秋天、冬天"的相关段落,发放头饰。获得草芽、荷叶、谷穗、雪人头饰的同学分别组建"草芽队"、"荷叶队"、"谷穗队"、"雪人队",并且招兵买马扩大队伍(将喜欢读同一段落的同学吸收为本组队员)。然后由队长引导队员有感情地朗读相应段落,开展组际挑战。

2. 第二次招兵买马。出示拓展句式"_____,我是春天(夏天、秋天、冬天)",再由队长组织面向全体同学的招兵买马,将能补充同一句式的同学招入自己的小队。比如,生说:"桃花笑红了脸,我是春天。"该生可以进入"草芽队"。最后比较,招收兵马最多的小队获胜。

游戏二：课本剧表演

目的：增强对四季的体验。

准备：分配小草、小鸟、荷叶、青蛙、谷穗、雪人等角色，请他们各自做准备。

方法：选定角色的同学，加上合理的想象，同伙伴合作，进行表演。比如：

师："春天来了！"

生1（边演边说）："小草揉眼睛，伸伸懒腰，慢慢地摇晃着身子从土里钻出来了。"

生2（边演边说）："小鸟叽叽喳喳地叫着，拍着翅膀绕着小草飞来飞去。"

师："夏天来了……"

游戏三：课中操

目的：课中休息；对课文内容做适当的扩展学习。

准备：儿歌《四季花》，"一月水仙清水养，二月杏花伸出墙，三月桃花红艳艳，四月杜鹃满山冈，五月牡丹笑盈盈，六月栀子戴头上，七月荷花别样红，八月桂花甜又香，九月菊花傲秋风，十月芙蓉迎寒霜，十一月山茶初开放，十二月梅花雪里香"。

方法：学生可以一边做拍手操，一边读儿歌，也可以自由表演。

口语交际：我们做朋友

游戏：找啊，找啊，找朋友

目的：加深同学们对彼此的了解，学会介绍自己。

准备：《找朋友》歌曲；学生事先准备好的自我介绍。

方法：一起唱《找朋友》歌曲，教师创设交朋友情境。

师："小朋友们，我们已经认识了不少的同学，可是有些同学我们还不够熟悉，今天就请小朋友走出自己的位置去找朋友，看看哪位小朋友找到的好朋友最多！"

生离开位置走到同学当中，互相介绍自己的兴趣爱好。最后请小朋友们走上讲台，介绍自己交到的好朋友。

语文园地四

··

> ★ **识字游戏** ★

游戏一：反口令

目的： 通过做反口令的游戏，集中注意力，为学好接下来的反义词做好铺垫。

方法：

1. 老师说口令，小朋友们做跟口令要求完全相反的动作。比如，老师说"坐下"，大家马上"起立"。

2. 出示几对反义词，请学生记忆。

3. 教师随机说出一个词，请学生对答它对应的反义词。如，老师："我说——男。"学生："我对——女。"依此类推。

游戏二：摆一摆

目的： 巩固识记加油站中生字的认记。

准备： 人手一份的生字卡片。

方法： 老师在黑板上随机摆出几个生字，请学生按照顺序在课桌上摆放与黑板上的生字相对应的反义词。

游戏三：开火车

目的： 巩固本单元一些词语的认读。

准备： "字词句运用"中的词语卡片。

方法：

师："小小火车开起来，哪列火车先来开?"

生："这列火车先来开。"

师："第×列?"

生："开双轨列车，按顺序念(学生按顺序认读生字)。"

师："这列火车怎么样？"

生："这列火车开得棒（即学生全部读对）！"

生："这列火车要加油（即认字中间有卡住的情况）！"

游戏四：连词成句擂台赛

目的： 结合"字词句运用"，促进词语的运用。

准备： 认读"字词句运用"中的词语。

方法： 选择"字词句运用"中的词语进行说话练习（可以用上1个词语，也可以用上几个词语），看谁说得完整、编得具体，看谁能当擂台主。学生自己说，小组说，激发说话的兴趣。

⋆ **口语交际游戏** ⋆

游戏：记者采访

目的： 激发交流的兴趣，培养大方地说话、认真地听话的习惯，提高口语交际水平。

准备： 话筒。

方法：

1. 老师示范采访："请问你都认识了哪些名字？这些名字都是从哪里学会认识的？"

2. 学生自由组合，互相介绍。

3. 指定5名小记者进行现场采访，最后评出表现最佳的小记者和班级认字大王。

⋆ **阅读游戏** ⋆

游戏一：考考你

目的： 诵读"日积月累"部分的名句。

方法： 教师在教室随便走动，遇到同学就提问，教师说前半句（后半句），请学生对答后半句（前半句）。如，师："一寸光阴一寸金。"生："寸金难买寸光阴。"

游戏二：最强大脑

目的：背诵"日积月累"部分的名句。

准备：计时器、小红花。

方法：

1. 老师创造情境："同学们,今天我们要选出班级里的'最强大脑',看看哪位小朋友能够在最短的时间背出这些名句。"

2. 计时开始,学生自由背诵,记录学生的时间。

3. 考一考在最短时间背出的学生,全部背对,奖励一朵小红花,并评选出班级里的"最强大脑"。

识字

6. 画

··

★ 识字游戏 ★

游戏一：找朋友游戏

目的：巩固10个生字的认记，复习课文中出现的几组反义词。

准备：生字卡片，音节卡片。

方法1：学生齐唱《找朋友》歌；老师把生字卡片与音节卡片随意发给小朋友；拿到卡片的学生出来边唱边跳，伴着歌声，拿着生字卡片或拼音卡片的同学跳到一起；大家齐读生字，并组词。

方法2：老师出示卡片"远、近"，说"你发现了什么？"请学生探究这一组词语的特点，然后把生字卡片"远、近、有、无、来、去、东、西、开、关、正、反、南、北"等发给学生，请他们继续做找朋友（找反义词）的游戏。

游戏二：敲敲门，认一认

目的：巩固本课"色、听、声、还、远、近"等生字的认记。

准备：教师事先在小黑板上画好房屋，用纸剪几扇小门贴在房子上，门后写要认的生字；若干小红星。

方法：先请一位学生上前开门认生字。生齐（做敲门动作）："咚咚咚，咚咚咚，里面是个啥？"生1（打开一扇门）答："里面是个'色'。"全体同学齐读："'色'，'色'，'颜色'的'色'！"（如果条件不允许，可以不给生字组词。）学生认完所有的生字，奖给他1颗小红星，然后换一个学生继续游戏，但开门的顺序必须与前面的同学不一样。

游戏：小组朗读对抗赛

目的：培养朗读能力。

准备：初读课文。

方法：老师把全班同学分为甲乙两队，两队同学相向而坐，形成两军对垒的阵势。活动开始，甲乙两队队长石头剪刀布，决定谁先开始挑战。先由×队第一名队员和队长打招呼，然后站起来："我请你队×××来对答！"对方队被叫到的同学则与他进行接读比赛。再由对方队的第一名队员和队长打招呼，站起来："我来挑战你队的×××同学。"对方队被叫到的同学同他进行接读比赛。如此按顺序进行游戏。挑战成功的小组（出错较少的小组）获得"勇敢星"。

7. 大小多少

······

★ 识字游戏 ★

游戏一：排好队，吃果果

目的：调动学生学习的积极性，归类识字。

准备：小动物名称和水果名称的生字卡片（"鸭子、小猫、苹果"等）。

方法：

1. 老师导入："鸭子和小猫等一群小动物在一起聚会。它们要排队吃水果，不过，只有念准自己身上的生字，它们才能排到队伍里。"请学生读准手里的写有动物名字的生字卡片，排好队伍。

2. 老师引导："小动物们排队吃水果的时候，见了每种水果都想吃，不过，它们要读出水果的名字才能吃到哟！"请学生读水果卡片吃水果，直到轮完为止。

游戏二：找朋友

目的：通过实物图片和相应词语之间的搭配练习,帮助学生巩固生字的认记,积累数量词语。

准备：黄牛、花猫、鸭子、小鸟、杏子、桃子、苹果、红枣的图片;每个学生准备一套相应的词语卡片。

方法：教师出示一张图片(或者把图片贴在黑板上),比如,出示黄牛图片,问："我的朋友在哪里?"学生找出相应的词语卡片,说："你的朋友在这里,'黄牛,黄牛,一头黄牛'。"一边说一边把卡片亮给同学、老师看。依此继续游戏。

★　**阅读游戏**　★

游戏一：小诗人

目的：培养学生的观察能力、思考能力。

准备：本课教学挂图。

方法：请学生观察挂图,模仿文中的句子写几句话(不会写的字,可以用拼音代替,也可以请教老师),写好之后由教师展示学生作品并讲评。(比如,一个胖,一个瘦,一头大象一只猴。)

游戏二：对口令

目的：熟读课文,背诵儿歌片段。

准备：初读课文。

方法：老师读上半句,学生接下半句。(比如,师："一个大,一个小。"生："一头黄牛,一只猫。")本活动也可以在学生与学生之间进行。

综合性游戏

游戏：接力赛

目的：学习量词的使用。

准备：实物图片或实物(一朵花、一把扇子、一双鞋、一块西瓜、一辆车)。

方法：请学生看图片（或实物），开火车说数量词。如果学生说错了，可以请同桌或其他同学帮忙，继续接力游戏。

8. 小书包

★ 识字游戏 ★

游戏一：猜谜语

目的： 导入新课，激发学生的学习兴趣。

准备： 教师事先设计好的谜语。

方法： 老师："同学们，你们喜欢猜谜语吗？这节课我们先来猜几个谜语。"（课件出示谜语）

1. 小黑人儿细又长，穿着木头花衣裳。画画写字它全会，就是不会把歌唱。（铅笔）

2. 像糖不是糖，有长也有方，帮你改错字，它可不怕脏。（橡皮）

3. 小方盒，薄又薄，里面知识可真多！（书）

4. 有方有圆，有高有矮，肚里有笔，书包中藏。（笔袋）

学生猜谜语。

游戏二：它的名字叫什么

目的： 将文具和汉字一一对应起来，巩固生字词语的识记。

准备： 一些学习用品，人手一份的生字卡片。

方法： 老师逐次出示一些学习用品，请学生拿出其对应的词语卡片。如教师出示铅笔，问："它的名字叫什么？"学生答："铅笔。"边回答边从词语卡片中找出"铅笔"并将它高举。

游戏三：画星星

目的： 巩固本课生字的认记。

准备： 初读生字。

方法： 同桌互读生字条上的生字，每读对一个就给同桌画一颗星星。读完后比一比谁得的星星多。

★　　阅读游戏　　★

游戏一：儿歌朗诵挑战赛

目的： 培养学生的语感，提高朗读水平。

准备： 老师范读《小书包》。

方法： 先请学生自由练习朗诵《小书包》，再互相挑战朗读，比比谁朗诵得好。

游戏二：课中操

目的： 在动静结合中熟读《小书包》。

准备： 轻松活泼的音乐。

方法： 教师播放音乐，先示范配乐加动作朗读表演，再让学生跟着音乐的节奏，自己尝试边做动作边朗读，比比谁的动作美，谁的朗读最有节奏。

9. 日月明

★　　识字游戏　　★

游戏一：摸纸板，猜生字

目的： 通过活动巩固生字的认记。

准备： 在纸板上写上若干偏旁（如"日 + 月、田 + 力、人 + 人、小 + 大"等）。

方法： 学生摸出一张纸板，并根据上面的偏旁猜出相关的汉字（如"明、男、从、尖"等）。

游戏二：手拉手，做朋友

目的：巩固生字的认记。

准备："日、月、小、大、田、力、人、木、木、木、人、人、明、鲜、尘、尖、男、林、从、众"的生字卡片。

方法：老师把生字卡片发给学生，请学生帮忙找找那些失散的朋友，使它们合起来变成一个新的生字。比如，一生举卡片说："我是'日'。"另一生举卡片说："我是'月'。"然后两人齐说："手拉手，变成'明'。"最后齐说："日——月——明。"

游戏三：知识抢答

目的：进行会意字的拓展学习。

准备：课前收集一些常见的会意字。

方法：

1. 请同学观察构字部件，看看能组成什么字，然后出示抢答题，比一比谁答得又快又准！（比如：不正——、女子——、日光——、竹毛——、门人——、门口——。）

2. 读读记记。（不正——歪、女子——好、日光——晃、竹毛——笔、门人——闪、门口——问。）

10. 升国旗

★ 　识字游戏　 ★

游戏一：夺红旗

目的：巩固本课 11 个生字的认记。

准备：板画台阶型的山坡；把生字的顺序打乱，分别写在每面山坡上；山顶上画一面红旗。

方法：此游戏中的竞争对手可以是同桌，也可以是自由选择的伙伴。一次游戏结束后，可再换两名同学，进行下一次游戏。有两种玩法：

1. 读生字游戏。两名同学分别认读一面山坡上的生字，每个生字读 3 遍（如

"国、国、国"),读得又准又快的同学顺利地夺得红旗。

2. 生字组词游戏。词语可以是书上的,也可以是课外的,组词又好又快的同学顺利地夺得红旗。

游戏二：考考你

目的：巩固字音、字形的认记。

准备：在小黑板上书写本课带拼音的生字,但生字须缺少1个部件。

方法：

1. 参照课后生字表,同桌合作认读生字,全读对的同学在生字表边上画1颗五角星。

2. 教师出示准备好的小黑板,请部分学生上台为生字补上缺少的部件,然后一起认读两遍。

游戏三：词语开花

目的：增加学生的词汇量。

准备：小红花;人手一份作业纸,上面画上以"国、升"等为花蕊的小花,花瓣空白。

方法：

1. 学生以小组为单位,口头补充花瓣上的文字(组词)。

2. 哪一组完成得最快,哪一组就得到"红花组"称号,组员每人得到一朵红花。

★　阅读游戏　★

游戏一：朗读擂台赛

目的：把课文读正确、通顺、流利，培养良好的语感。

准备：初读课文。

方法：

1. 各自练习朗读。如果自己读准、读通了，就可以站起来读，争取读得有感情。

2. 老师边看边听，选择读得最投入的三四位小朋友上台举行朗读擂台赛。台下的小朋友可以向台上的同学挑战。

3. 最后评出最通顺、流利奖、朗读最投入奖、朗读进步奖。

游戏二：课中操

目的：激发学生对国旗、祖国的热爱之情。

准备：歌曲《国旗、国旗真美丽》。

方法：老师带领学生结合动作表演歌曲《国旗、国旗真美丽》。本游戏可以在课中进行，调节情绪，使学生得到休息；也可以在课末渲染，升华情感。

游戏三：唱一唱，演一演。

准备：歌曲《我爱北京天安门》。

方法：老师带领学生一起做动作，一边演唱《我爱北京天安门》。本游戏可以做课中操，还可以作为课外拓展的实践活动。

语文园地五

★　识字游戏　★

游戏一：我来当当小老师

目的：巩固生字词语的认记。

准备：词语卡片。

方法：老师随机选取一名学生来当小老师,小老师带领小朋友们去读词语。如小老师读:"今天。"学生跟读"今天"。依此类推。

游戏二：抢答

目的：帮助学生理解并记忆时间的先后顺序。

方法：

　　1. 教师首先介绍年月日的先后顺序。

　　2. 师:"抢答环节正式开始。今天的前一天叫什么?""昨天的前一天叫什么?"等。依此类推。

游戏三：摆一摆

目的：巩固学生对词语的认记以及对时间先后顺序的排列。

准备："识字加油站"中的词语卡片;小红花。

方法：老师首先在黑板上按照乱序的方式粘贴一些词语卡片,请学生按照年月日的先后顺序重新粘贴词语卡片。贴对的小朋友得一朵红花。

游戏四：火眼金睛

目的：引导学生发现一些生字的相同点,学会按照偏旁给生字进行归类。

准备："我的发现"中的生字卡片。

方法：教师在黑板上乱序粘贴生字卡片,请学生对其进行观察并归类,最后邀请一些学生按照归类方法进行重新粘贴。

游戏五：连词成句

目的：结合"字词句运用",促进词语的运用。

准备：认读"字词句运用"中的词语。

方法：选择"字词句运用"中的词语进行说话练习(可以用上 1 个词语,也可以用上几个词语),看谁说得完整、具体。对于表现好的学生予以适当奖励,以激发学生的游戏兴趣。

★　阅读游戏　★

游戏：图文对照讲故事

目的：加深对诗意的理解。

准备：学生熟练朗读故事。

方法：看插图，讲故事，比比谁的想象力最丰富，故事讲得最生动有趣。

综合性游戏

游戏：小小背诗会

目的：积累古诗佳句。

准备：课外复习自己会背的古诗。

方法：找好伙伴，背诗给他们听，或者由老师将全班小朋友分为两队，在两队之间开展对诗活动。

课文

5. 影子

游戏一：从你的房里走出来

目的：激发学生学习生字的兴趣，并认读课文中的 11 个生字。

准备：小纸箱（上课时把它当作"红房子"）。

方法：

　　1. 学生齐唱："生字宝宝，从你的房里走出来。"

　　2. 教师指名由学生从房里请出生字，并带领大家认读生字，然后将其粘贴在黑板上。

游戏二：魔力耳

目的：提高学生听辨生字的能力，培养"学会倾听"的习惯。

准备：学生熟读课文。

方法：

　　1. 请同学听老师朗读课文，注意分辨哪里读错了，帮老师改正。

　　2. 请同学们把课文读给老师听，帮助老师正确朗读课文。

游戏一：踩影子

目的：知道影子和自己身体的相对位置关系，促进对课文的理解。

准备：阳光充足的上午或下午。

方法：师生在操场上一起玩踩影子的游戏,感受影子在自己身体前、后、左、右等不同的位置。在游戏中要注意提醒学生,观察影子的位置变化,回教室后充分交流玩游戏的感受。

游戏二：我来当影子

目的：激发学习兴趣,在熟练朗读的基础上,背诵全文,加深对课文的理解。

准备：课文朗诵录音。

方法：

1. 边听录音,边进行表演。同桌两人,一个人演另外一个人的影子。

2. 同桌两人游戏,一人读课文,一人表演。

3. 背诵全文。

6. 比尾巴

★　识字游戏　★

游戏一：考考你

目的：主动认记生字。

准备：人手一份生字卡片。

方法：每个人拿着一张生字卡,在教室里随便走动,遇到同学就考考他字卡上的是什么字,然后再读出对方字卡上的生字。

游戏二：我当小老师

目的：放手让学生按照自己习惯的学习方法认记生字,逐步培养独立识字的能力。

准备：课前留给学生一段准备时间,思考如何认记本课的生字。

方法：小组合作,在组内交流如何认记生字,然后主动上台,与其他同学互动交流,并互相补充、完善。

★ **阅读游戏** ★

游戏一：快板读课文

目的：提高学习兴趣，熟读直至背诵课文。

准备：快板；初读课文。

方法：老师导入："前阵子我学了一段快板，今天想在同学们面前露一手，请大家给点掌声，鼓励鼓励好吗？"老师一边打快板，一边读书。快板的节奏可以是：谁的尾巴/长？谁的尾巴/短？谁的尾巴/好像/一把伞？学生模仿老师跟着快板节奏读课文，直至能够背诵。

游戏二：角色扮演

目的：在游戏中巩固文中小动物尾巴的知识。

准备：以小组为单位，准备六种小动物的头饰。

方法：

1. 不同的小组扮演不同的动物，戴上头饰。

2. 老师提问，学生起立并应对，背诵课文相关内容。例如：老师问"谁的尾巴长"，则戴猴子头饰的小组迅速起立回答"猴子的尾巴长"。熟练后可由学生来提问。

游戏三：打牌游戏

目的：在游戏中巩固文中小动物尾巴的知识。

准备：同桌为单位；动物图片；以及"尾巴长？"、"尾巴短？"、"像把伞？"、"尾巴弯？"、"尾巴扁？"、"最好看？"六张词卡。

方法：

1. 根据教学板书，复习各小动物尾巴的特征。可以老师问，学生答；男生问，女生答。

2. 同桌两人分别列出动物图片和词卡。一人发牌，一人找动物图片。答对后，两张图片重叠放置，出完牌为止。一轮结束，同桌对换游戏任务。可重复进行。（有视频）

游戏四：你问我答

目的：开阔学生视野，进行适当的语言拓展训练。

准备：儿歌，"什么开花步步高？芝麻开花步步高。什么开花像喇叭？百合开花像喇叭。什么开花不结籽？杨柳开花不结籽。什么结籽不开花？无花果结籽不开花"。

方法：读儿歌。师问生答或生问师答，也可以是同桌之间边击掌边互问互答。

游戏五：给动物画尾巴

目的：拓展课文知识，提高学生的学习兴趣。

准备：画有相关动物的图片（这些动物的尾巴不要画出来）。

猴子　　　　　　兔子　　　　　　公鸡

牛　　　　　　马　　　　　　鱼

方法：学生自由地为缺少尾巴的动物画尾巴，然后比一比，谁画的尾巴最像，最后仿照课文表达形式编一首儿歌。

7. 青蛙写诗

识字游戏

游戏一：采荷叶

目的：认读课文中的 11 个生字

准备：将荷叶形的卡片粘贴在黑板上。

方法：老师："你们想得到这些美丽的荷叶吗？要得到荷叶，可得读出荷叶下躲着的生字宝宝哟！"学生采荷叶，读生字，大家跟读。

游戏二：敲敲门，认一认

目的：巩固本课生字的认记。

准备：教师事先在小黑板上画好房屋，用纸剪几扇小门贴在房子上，门后写要认的生字；若干小红星。

方法：先请一位学生上前开门认生字。生齐（做敲门动作）："咚咚咚，咚咚咚，里面是个啥？"生 1（打开一扇门）答："里面是个'诗'。"全体同学齐读："'诗'，'诗'，'写诗'的'诗'！"（如果条件不允许，可以不给生字组词。）学生认完所有的生字，奖给他 1 颗小红星，然后换一个学生继续游戏，但开门的顺序必须与前面的同学不一样。

★　　**阅读游戏**　　★

游戏：小组朗读对抗赛

目的：提高朗读能力。

准备：初读课文。

方法：老师把全班同学分为甲乙两队，两队同学相向而坐，形成两军对垒的阵势。活动开始，先由甲队第一名队员和队长打招呼，然后站起来："我请乙队×××来对答！"乙队被叫到的同学则与他进行接读比赛。再由乙队的第一名队员和队长打招呼，站起来："我来挑战甲队的×××同学。"甲队被叫到的同学同他进行接读比赛。如此按顺序进行游戏，挑战成功的小组（出错较少的小组）获得"勇敢星"。

8. 雨点儿

★　　**识字游戏**　　★

游戏：接雨点儿

目的：巩固生字的认记。

准备：剪一些小雨点儿形状的卡片，在卡片的背后写上本课要认的生字。

方法：

老师导入："下雨了，空中落下好多小雨点儿，你们谁能接住它？只要把雨点儿背后的字读对了，就可以接住了！咱们比一比，看谁接得多。"

生（齐）："滴答滴答，下雨啦！"

学生自由接小雨点儿，上台摘下一张字卡，认读生字并说说自己准备怎么记住它。

★　　阅读游戏　　★

游戏一：分角色朗读

目的： 激发学习兴趣，增强对文本的体验，练习有感情地朗读。

准备： 大雨点儿和小雨点儿头饰；熟读课文，扫清文字障碍。

方法：

1. 老师分配角色（"你喜欢小雨点儿还是大雨点儿，为什么？"），选定学生分别扮演大雨点儿和小雨点儿

2. 开始分角色表演。一个大雨点儿找到一个小雨点儿进行对话，注意根据自己的理解，读出不同的语气，其他同学一起作旁白。

3. 全班学生分角色朗读，老师读旁白。

游戏二：课中操

目的： 激发学生对小雨点儿的喜爱之情。

准备： 歌曲《小雨沙沙》，儿歌《雨妈妈》。

方法1： 结合动作演唱《小雨沙沙》。本游戏可以作为导入新课的方式，也可以作为课中操使用。

方法2： 结合动作表演，诵读儿歌《雨妈妈》，"雨妈妈，雨妈妈，提着水壶跑来啦。跑来了，要干啥？花儿渴了，我来给它送点儿茶"。

综合性游戏

游戏：雨点儿飞来飞去

目的：巩固生字的认记。

准备：板画云、花、草和写着拼音的雨点儿；雨点儿形状的卡片，正面是可爱的笑脸，反面写上生字。

方法：

　　1. 教师引导："如果你是雨点儿，你最想落到哪里去呢？"请学生交流然后把反面带有生字的雨点儿送给他。

　　2. 老师引导："老师手里的雨点儿都送完了，可是很多小朋友都没得到，怎么办呢？得到雨点儿的小朋友，你们愿意让手中的雨点儿回到黑板上，让全班小朋友都能与它们做朋友吗？"请得到雨点儿的小朋友上台，把卡片贴到对应的拼音下面。

口语交际：用多大的声音

游戏：我能演一演

目的：通过不同的情境，引导学生学会用不同的音量。

准备：不同场景的环境图片，场景中的预设对话。

方法：

　　1. PPT 出示场景图片，邀请两位小演员来表演在此情境中的对话。

　　2. 其余同学观看表演，在表演结束后说一说演员的音量使用是否恰当。

　　3. 同桌之间选择一个情境演一演。

语文园地六

游戏一：分苹果

目的：学会区分上下结构和左右结构的生字。

准备：两张花篮图片，一个贴上"花"字代表上下结构，一个贴上"清"字代表左右结构。再准备若干苹果图片,中间贴上若干上下结构和左右结构的字。

方法: 请学生上台,抽取一个苹果,将它贴到对应的花篮中。

游戏二: 指南针

目的: 能根据太阳的方位,辨别基本方向。

准备: 太阳图片一张,时钟一面,纸质指针。

方法: 教师拨动时钟,给出时间,请一位学生举起太阳表示当时的方位,一位学生用指针指出南方,然后全体学生进行儿歌表演,边背诵边指明"前后左右"、"东西南北"四个方位。

游戏三: 我当小老师

目的: 引导学生在生活中识字。

准备: 课前观察街道两旁的车站牌及建筑物上挂的有字牌匾,在家长的帮助下将上面的字抄在识字卡片上。

方法: 老师导入:"今天我们一起坐上公共汽车,到市区去游一趟吧!途中要碰到许多车站,都是哪些站呢?""我们在路上认识了哪些字呢?"由学生轮流展示课前准备好的小卡片,带领大家认读生字,交流识字成果。

9. 明天要远足

★　识字游戏　★

游戏一：考考你

目的：巩固字音、字形的认记。

准备：在小黑板上书写本课带拼音的生字，但生字须缺少 1 个部件。

方法：

　　1. 参照课后生字表，同桌合作认读生字，全读对的同学在生字表边上画 1 颗五角星。

　　2. 教师出示准备好的小黑板，请部分学生上台为生字补上缺少的部件然后一起认读两遍。

游戏二：我要去远足

目的：用拼图形式出示生字来认读，同时可拼出远足的场景，结合课文的整体感知。

准备：PPT 课件。

方法：

　　1. 将需要认识的生字与已学生字组成词语，依次出示，请学生轮流认读。

　　2. 如果学生读对，就点击词语，变成图片。一部分词语翻转后拼出蓝天白云图，另一部分词语翻转后拼出大海沙滩图。

★　阅读游戏　★

游戏：坚持就是胜利

目的：激发学生的阅读兴趣。

准备：初读课文。

方法：自由读课文，读错一处，举起左手，然后坚持往下读；读错第二处，举起右手，继续往下读;读错第三处,站起来读,一直坚持读到最后。本游戏可以重复进行,看看自己是不是一次比一次有进步。

10. 大还是小

★   识字游戏   ★

游戏一:看谁找的朋友多

目的: 巩固生字、词语的认记,丰富词语积累

准备: 每组制作 11 张生字卡片,每张卡片上写有一个生字(时、候、觉、得、自、己、很、穿、衣、服、快)。

方法: 分小组进行游戏。每位组员抽两张卡片,当场给字宝宝找朋友(组词)。组长通过画圈或写"正"字计数,看谁找的朋友多。

游戏二:扩词游戏

目的: 增加学生词汇量。

准备: 板画两列火车

方法: 老师出示"衣、快"两个生字卡并引导:"这是两列火车,分别代表男、女生的火车,大家比一比,看哪组拉动的车厢多?"请学生为"衣、快"口头组词。

★   阅读游戏   ★

游戏:我想长大

目的: 通过情境的创设,激发学生的朗读兴趣,加深对课文内容的理解,落实独立自强、不畏艰险的"情感、态度、价值观"维度的目标,进一步提高朗读水平和口语交际能力。

准备: 熟读课文。

方法：

1. 老师读课文中提到的事件"自己穿衣服"、"自己系鞋带"，学生跟着说，并加上动作，做完后大声说"我长大了!"老师读课文中做不到的事件"够不到按钮"、"听到雷声"，请学生说说有什么办法可以解决难题。解决后学生大声说："我长大了!"

2. 学生说一说生活中自己能做到的事件"自己整理书包"、"自己完成作业"等，其余学生跟着说，并加上动作，做完后大声说："我长大了!"

11. 项链

★ 识字游戏 ★

游戏一：贝壳大丰收

目的：以收贝壳的形式巩固本课 11 个生字的认记。

准备：贝壳形状的卡片，上面写着本课的生字或带生字的词语;沙滩背景图。

方法：将"贝壳"用吸铁石粘在"沙滩"上，教师点名请学生来捡贝壳。学生读对了，带着大家再读一遍，老师把捡到的贝壳作为奖品送给这名学生;读错了，贝壳仍要放回沙滩上。

游戏二：小贝壳跟我回家

目的：识记生字。

准备：白粉笔勾勒出的沙滩图;小贝壳卡片，背面写上生字，正面写上拼音。

方法：生(齐)："小小贝壳海里来，谁来把我带回家?"生 1："我来把你带回家。"然后上台捡一个小贝壳，带大家读一读上面的生字。如果读得正确，他就可以得到小贝壳。

★ 阅读游戏 ★

游戏一：开火车，读课文

目的：激发学生朗读课文的兴趣，熟读课文。

准备：初读课文。

方法：

1. "呜呜呜，小火车，开开开。"学生："呜呜呜，火车开到哪一组?"老师："火车开到第×组。"由×组学生读课文。本组学生轮流读课文，大家要认真听。如果某个学生读错了，大家就说："小火车，停停停!"全组同学帮他朗读，一直到全组把课文读完为止。这个游戏也可以在四人小组内进行，由组长安排好朗读的次序，组员开小火车读。

游戏二：我是小画家

目的：积累描写具体的词语，并用画笔把美好的场景画下来。

准备：词条，吸铁石，彩笔，画纸

方法：

1. 请学生上台随机出示词条，如"阳光"、"项链"、"浪花"等，再请学生上讲台找到对应的描写具体的词，如"金色的"、"彩色的"、"雪白的"等。

2. 贴在一起，变成词组，如"金色的阳光"等。

3. 选择自己喜欢的颜色，画一画词组所表达的美好场景，并用上颜色词，组成短语，如"金黄的圆月"。

综合性游戏

游戏：接力拼项链

目的：巩固生字、词语的认记，同时进行说句子的练习。

准备：语文书中的生字条，按学生数做成小贝壳，读对就贴上黑板，一个接一个连起来。

方法：

1. 自由拼项链，做"字——词——句"扩展练习。

2. 在四人小组中接力拼项链，第一个学生读准字音，第二、三个学生组词，第四个学生用词语说一句话。

3. 全班接力拼项链。

语文园地七

游戏一：我的全家福

目的： 结合生活，认识称呼中的生字。

准备： 学生准备一张全家福，老师准备称呼词卡。

方法：

1. 同桌间相互介绍自己的家庭成员，随机选择1—2位学生向全班介绍。

2. 根据学生的介绍，把提到的称呼词卡贴在黑板上，中间用"我"字串联。

3. 请学生上台，将黑板上的称呼词卡根据辈分排成树状图。

4. 开火车抽读词卡。

游戏二：找朋友

目的： 结合"我的发现"，偏旁归类生字。

准备： 偏旁卡片（包括：日字旁、女字旁）；生字卡片（明、晚、昨、时、妈、奶、姐、妹）。

方法：

1. 教师事先将卡片发给学生，然后导入："小朋友们，今天我们来做一个找朋友的游戏。大家刚才拿到了生字卡片，你们能从里面找到偏旁相同的字做你的好朋友吗？"

2. 全班同学一齐拍手开始游戏。一位学生拿出一张日字旁卡片，唱："找呀找，找呀找，谁是我的好朋友？"拿卡片"明、晚、昨、时"的同学可以上前说："我是'明、晚、昨、时'，我是你的好朋友。"其他同学则说："对对对，'明、晚、昨、时'是'日字旁'的好朋友。"最后大家一起读一读日字旁的字。

3. 按照同样的规则为其他偏旁找朋友。

游戏三：看图说话

目的： 学会观察图片，并能用学过的生字组成词语写下来，并把这些内容连成一两句话。

准备： 情境图。

方法：出示情境图,请学生自由地说说看到了什么,并把它们写下来,同桌间说话练习,把写下来的词语连成句子说一说。

12. 雪地里的小画家

识字游戏

游戏：小雪花飘到我的家

目的：识记生字。

准备：白粉笔勾勒出的雪景图;小雪花卡片,背面写上生字,正面写上拼音。

方法：生(齐):"雪花飘,雪花飘,你要飘到谁的家?"生 1:"请你飘到我的家。"然后上台摘一朵小雪花,带大家读一读上面的生字。如果读得正确,他就可以得到小雪花。

阅读游戏

游戏一：朗读接力赛

目的：有感情地朗读课文、背诵课文。

准备：熟读课文;小红花或者小笑脸奖励品。

方法：将全班学生分成 4 个小组,每组选出 6 名队员,一人读句,开展组内朗读接力游戏。然后组际之间进行朗读接力赛,比一比哪组读得最流利、最有感情。最后,评选出最佳朗读接力组,每人奖励小红花或者小笑脸。

游戏二：朗读擂台赛

目的：把课文读正确、流利,培养良好的语感。

准备：初读课文。

方法：

1. 各自练习朗读。如果自己读准、读通了,就可以站起来读,争取读得有感情。

2. 老师边看边听，选择读得最投入的三四位小朋友上台举行朗读擂台赛。台下的同学可以向台上的同学挑战。

3. 最后评出最通顺、流利奖，朗读最投入奖，朗读进步奖等。

综合性游戏

游戏一：我也是个小画家

目的：进行语言拓展训练。

准备：用白粉笔在黑板上勾勒出大片雪地。

方法：

1. 请部分学生用手指蘸水在黑板上的"雪地"里画自己喜欢的图案。

2. 请同学向大家介绍自己画了什么。

3. 编一首有趣的儿歌。比如，"下雪啦！下雪啦！雪地里来了一群小画家。（　　）画（　　），（　　）画（　　）；（　　）画（　　），（　　）画（　　）。不用颜料不用笔，（　　）就成一幅画。（　　）为什么没参加？他在（　　）"。

游戏二：齐心协力争第一

目的：拓展学习，了解冬眠动物的有关知识。

准备：课前让学生去查找有关冬眠动物的资料

方法：四人小组合作，把所了解的冬眠动物的名称以及怎样冬眠的情况记下来或画下来，然后在全班展示、交流。时间根据班级情况而定。

---

13. 乌鸦喝水

★　识字游戏　★

游戏一：编序号

目的：认记生字。

准备：给生字编上序号，然后让学生自由识记2分钟，再进行游戏。

方法：老师引导："1号是谁？"生："1号是'乌'，'乌鸦'的'乌'。"然后学生一起："对对对，'乌鸦'的'乌'。"以此类推。

游戏二：过彩虹桥

目的：联系生活实际，学习生字的运用

准备：板画一座彩虹桥。

方法：自找小伙伴组成三人小组。小组同学一起站在彩虹桥的左边，第一位学生说一个今天刚学的生字，第二位学生根据这个字组词，第三位学生再根据这个词语说一句话。全部正确则通过彩虹桥，然后站到桥的另一边。最后比较，哪一组过桥时间最短。比如，生1："乌。"生2："乌鸦。"生3："乌鸦到处找水喝。"

游戏三：猜字谜

目的：通过编、猜字谜，掌握不同的识字方法

准备：教师编字谜

方法：教师说谜面，学生猜字；也可请学生说字谜，学生猜字。比如，水边去一去（法），瓦片层层并一起（瓶），用上两点力（办），水车千斤重（渐），鸟儿闭眼睛（乌）。

游戏四：点兵点将，生字变画

目的：引导学生积极思考，提高识字的兴趣。

准备：准备一张乌鸦图片，并将其剪成若干小块，在小块的正面写上本文的新词。

方法：先组成四人小组。然后给学生两分钟时间，一边认读一边拼图片，最后比较哪个小组以最快的速度拼成整张乌鸦图片，并准确地读出上面的词语。

★　　**阅读游戏**　　★

游戏：小实验

目的：帮助学生理解课文，促进语言积累。

准备：小口瓶子一个，里面装少量水；小石子多枚。

方法：演示小实验。请同学把小石子一个一个地放进瓶子里，其他同学注意观察瓶子里的水渐渐升高、瓶子里的水满了的过程。然后体会"一个个"、"渐渐"等词语的精妙准确。最后大家找出课文第三段，朗读感悟。

综合性游戏

游戏：新编乌鸦喝水

目的：培养学生创新思维能力，练习说话。

准备：小口瓶子一个，里面装少量水。

方法：

　　1. 请学生思考，要是没有小石子，该怎么办才能喝到水呢，并展示想到的方法。

　　2. 选一个你最喜欢的办法，模仿课文的故事情节，编一个故事——《新编乌鸦喝水》。

　　3. 把新编的故事说给同学听。

---

14. 小蜗牛

★　识字游戏　★

游戏一：小蜗牛送信

目的：巩固生字的认记。

准备：大信封，本课词语的卡片。

方法：由一名学生扮小蜗牛送信。当其他学生拿到信后，正确拼读信封上的生字，然后将信封打开，带领大家认读信封里的词语。

游戏二：看谁先找到它

目的：在圈圈画画之中读准生字的音，认清生字的形。

准备：生字卡片，铅笔

方法：教师出示生字卡片，请学生迅速读一读，并到课文中找出生字圈一圈，比一比谁最先把这些字找到。最后同桌一起读一读、认一认本课的生字。

★　　阅读游戏　　★

游戏一：小蜗牛送信

目的：正确、流利地朗读课文。

准备：教师把课文中每幅图下面的语句打印在纸上，装在信封里。

方法：老师引导："小蜗牛还有一些信没有送出去呢！它说要送给能把课文读得最通顺的小朋友。"然后出示插图，选择练得最认真的小朋友来拆信读课文。如果学生读不出来，他可以请教旁边的小朋友。如果他读得通顺，老师就把信封送给他。

游戏二：你说，我说，大家说

目的：理解课文内容，培养学生的口语表达能力。

准备：与课文插图匹配的挂图

方法：先让学生看挂图自由讲故事，再与同桌开展讲故事接力赛，然后按学号抽出 6 名"幸运星"在班里开展讲故事接力赛。

综合性游戏

游戏：课本剧表演

目的：加深对课文的理解，提高学习兴趣。

准备：小蜗牛、蜗牛妈妈的头饰，以及四季植物的图片。

方法：

1. 分小组，各自想好台词，组内开始演练。
2. 老师随机出示四季植物图片，请准备对应季节的小组上台表演。
3. 请其他同学根据表演的内容，说说这是哪个季节。

口语交际：小兔运南瓜

游戏一：助人为乐

目的：鼓励学生拓宽思路。

准备：小兔头饰，大南瓜道具，小南瓜奖励。

方法：请一位学生饰演对着大南瓜发愁的小兔，请其他同学开动脑筋想办法帮帮忙。帮忙可以口述也可以上台操作，成功后小兔子会赠送一个小南瓜作为谢礼。

游戏二：我是小小故事家

目的：引导学生将想到的办法串句成文，能够用比较完整流利的语言讲述故事。

准备：分小组的"星星墙"。

方法：以四人小组为单位，接龙说故事，进行比拼。利用投票器为同学打分，根据得分在"星星墙"上打星（从低到高依次为 1—5 颗星），得星最多的小组被评为本次故事大会的"故事大王"。

语文园地八

游戏一：考考你

目的：这个游戏适用于每课的复习、阶段性复习和期末复习，检测学生拼音、字词的认记情况。

准备：学生每人自制卡片若干张（内容可以灵活处理）。

方法：本游戏适用以认读为主的内容，它可以是单个的声韵母、完整的音节，也可以是汉字的笔画、偏旁或者生字、词语等。游戏时可以让学生拿着自己写的生字卡片，在教室里自由活动，遇到谁就考考他卡片上写的是什么，同时读读对方同学手里卡片上的内容；也可以由教师先指定一半学生当考生，另一半学生当小老师来考试，然后交换角色。比如：老师引导："小老师们，我们已经学完了整册书的内容，现在请你拿着卡片去考考小伙伴。"

游戏二：欢乐对对碰

目的：本游戏适用于阶段性复习或期末复习，通过偏旁与独体字组成生字、拼音或音节词与生字或词语配对、生字与生字组成新词等不同的"对对碰"形式，促进对字、词的认记、巩固。

准备：

1. 3根长绳；若干张由3种不同颜色制成的水果形状的小卡片（红色卡片做草莓，黄色卡片做香蕉，绿色卡片做雪梨）；在教室的3面墙上，各拉1条绳子，用来系挂这些小卡片。

2. 将同颜色的卡片等分，分别写上两组内容。如，红色卡片，一半写偏旁、一半写独体字或部件；绿色卡片，一半写音节或音节词，另一半写生字或词语；黄色卡片，写上不同的生字。

方法：

1. 老师导入："期末到了！瞧，我们果园里的果子也快丰收了（师手指绳子上挂着的小卡片），让我们一起去果园摘果子吧！不过，摘这些果子有个要求，不能一个一个地摘，而要给它们找到合适的同类朋友配成一对后，一起从树上摘下来。"

生（齐）："果子高高挂，欢乐对对碰！"然后请学生摘果子。

2. 学生可以自由选择1组水果进行配对游戏。

3. 学生从"树上"摘下两个果子，拿到"领奖处"，说明配对理由。红色卡片组（偏旁加独体字或部件）的同学，可以说："'反犬旁'和'句'组成'狗'，'小狗'的'狗'。"绿色卡片组（音节或音节词配生字或词语）的同学可以分别读一读拼音和词语。黄色卡片组（不同的生字）的同学，可以说："'美'和'丽'组成词语'美丽'。"

4. 学生若配对、朗读都正确，即得到1枚印章奖励，然后继续游戏。

5. 若配对不正确，则请学生把果子送还原位。他得不到奖章，但可以继续参赛。

6. 比比在规定时间里谁获得的奖章多，按奖章多少设一、二、三等奖然后分发相应奖品。

一年级下册

识字

1. 春夏秋冬

★　　识字游戏　　★

游戏一：过桥游戏

目的： 认识生字、词语。

准备： 本课的词语卡片。

方法：

1. 老师指名请学生读词语卡片，每读对一个词语，老师就把相应的卡片贴到黑板上，并使所有卡片构成一座桥的形状。

2. 老师说："生字桥，摇、摇、摇，小朋友们来过桥。谁先来？"

学生举手说："我先来，我先来。"

学生接着上台读生字，读得准、过得快的同学顺利"过桥"。

游戏二：我说你做

目的： 巩固本课四个动词。

准备： "吹、落、降、飘"四个生字卡片以及"春风吹、夏雨落、秋霜降、冬雪飘"四个短语卡片。

方法：

1. 老师出示"吹、落、降、飘"生字卡片。师按时间顺序问，生一边答一边认记生字。

师：什么吹？　　生：春风吹。

师：什么落？　　生：夏雨落。

师：什么降？　　生：秋霜降。

师：什么飘？　　生：冬雪飘。

2. 老师出示"春风吹、夏雨落、秋霜降、冬雪飘"四个短语卡片，引导学生带着自己的体验一边读词语一边做动作。

★ 综合性游戏 ★

四季小使者

目的： 引导学生根据图片，结合生活经验说说自己最喜欢的季节特征，进一步了解四季。

准备： 四季课件。

方法：

1. 出示文中的四幅图，老师问："谁是我们春天的小使者？"学生答："（　　）是我们春天的小使者。"依次类推。

2. 学生根据图片说说自己最喜欢的季节都有哪些特征。

3. 四季歌。在学生说的基础上,编成儿歌一边拍手一边念。

春：草发芽　花吐蕊　天气暖　冰雪化

夏：太阳晒　树成荫　荷花开　知了叫

秋：枫叶红　落叶飘　水果香　动物忙

冬：北风吹　寒霜降　雪花飘　水结冰

2. 姓氏歌

★　识字游戏　★

游戏一：对答游戏

目的： 认识生字,激发兴趣,能运用加一加的方法介绍自己的姓。

准备： 自己姓氏的生字卡片

方法：

1. 老师点名姓张、姓李的同学,学生回答并同时举生字卡片。比如：

师："你姓什么?"生："我姓李。"师："什么李?"生："木子李。"

2. 其他同学与姓李、姓张的同学对答。

3. 其他姓氏对答歌。老师说提示,还有很多姓氏也可以玩这样的对答游戏,让学生来提问对答,并把卡片贴到黑板上。比如：立早章、古月胡、口天吴、立里童等。

游戏二：偏旁姓氏歌

目的： 认识生字,激发兴趣,能运用说偏旁的方法介绍自己的姓氏。

准备： 自己姓氏的生字卡片。

方法：

1. 老师出示双人徐、言午许,引导学生发现是说偏旁介绍姓氏,让学生也来找一找,试一试。

2. 师生共同完成班级偏旁姓氏歌,和着节拍,一边拍手一边读,一边把卡片贴在黑板上，成为一个大爱心。

草头黄、草头董、双耳陈、

立刀刘、单人何、提手扶、

宝盖宋、单人倪、

草头莫、双耳郑

$$× × × 0 \mid × × × 0 \mid × × × 0 \mid × × × 0 \parallel$$

草 头 黄，　双 耳 陈，　提 手 扶，　宝 盖 宋。

单 人 何，　草 头 莫，　立 刀 刘，　双 耳 郑。

★　阅读游戏　★

游戏：师生对诵游戏

目的： 琅琅上口背课文，激发对中国传统文化的热爱之情。

准备： 熟读成诵。

方法：

师："你姓什么?"生："我姓李。"师："什么李?"生："木子李。"

师："他姓什么?"生："他姓张。"师："什么张?"生："弓长张。"

齐："古月胡，口天吴，双人徐，言午许。"

师："中国姓氏有很多。"

男生(齐)："赵、钱、孙、李。"

女生(齐)："周、吴、郑、王。"

生(齐)："诸葛、东方、上官、欧阳……"

3. 小青蛙

★　识字游戏　★

游戏一：翻牌游戏

目的： 激发学生的学习兴趣，检查学生预习生字的情况。

准备：学生课前预习课文，老师做好生字可翻卡片

方法：

  1. 老师手拿生字牌，先出现"青"，再依次翻出"三点水"、"日字旁"、"目字旁"、"竖心旁"、"言字旁"，指名学生来挑战。

  2. 老师手拿生字牌，随意翻牌，邀请学生自主来挑战。或者由学生来翻牌，其他学生来挑战。

游戏二：我送小青蛙回家

目的：激发学生识字的兴趣，巩固生字认读。

准备：设计课堂学习单。

方法：

  1. 老师把学习单发给学生，让学生连一连。如图：

眼（　　）	（　　）问	（　　）水	（　　）天	心（　　）

  2. 学生连对后，课件出现青蛙图片，说："谢谢小朋友。"

★　　**阅读游戏**　　★

游戏一：拍手歌

目的：帮助学生掌握儿歌的节奏。

准备：设计儿歌节奏

方法：

  1. 老师将节奏出示，和孩子们一起来拍一拍。

X X X X ｜ X X X 0 ｜ X X X X ｜ X X X 0 ‖

2. 老师带着学生把儿歌填进儿歌，一边拍手，一边诵读。

X X X X ｜ X X X 0 ｜ X X X X ｜ X X X 0 ‖

河 水清 清 天 气晴，　小 小青 蛙 大 眼睛。

保 护禾 苗 吃 害虫，　做 了不 少 好 事情。

请 你爱 护 小 青蛙，　好 让禾 苗 不 生病。

游戏二：青蛙种豆

目的：进一步了解青蛙，激发学生对青蛙的喜爱之情。

准备：老师准备好《青蛙种豆》儿歌。

方法：

　　1. 让学生自己诵读，说说青蛙种的豆子是什么？

　　2. 学生诵读《青蛙种豆》

青蛙种豆

张铁苏

清水塘，亮悠悠，青蛙妈妈来种豆。

扑通一声跳下水，种了颗颗黑豆豆。

黑豆豆，发了芽，水塘里面游呀游。

青蛙妈妈种的啥，原是一群蝌蚪呀！

4. 猜字谜

识字游戏

游戏一：猜字谜

目的：激发学生的学习兴趣，检查学生预习生字的情况并引入课题。

准备：课前预习课文。

方法：

老师根据生字编谜，学生猜生字。比如：今字多一点（令）。两个 mù 字不是林（相）。人无信不立（言）。

猜字谜后引题：这节课，我们继续来猜字谜。

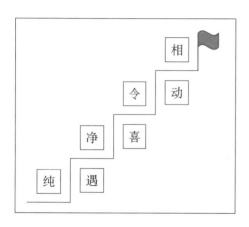

游戏二：爬梯游戏

目的：巩固本课生字的认记。

准备：楼梯简笔画，楼梯顶画一面小旗，沿着"楼梯"形贴生字卡片。

方法：教师简笔画楼梯，在楼梯顶画一面小旗，然后将学生分为男女两组参加游戏，并为每组取好队名。每组学生轮流认生字，每认对一个字，就爬一级楼梯，最后比哪一组先爬到楼梯顶，拿到旗子，哪组就获胜。

综合性游戏

游戏：猜谜大会

目的：在猜谜活动中，活跃学生的思维，感受祖国语言文字的魅力。

准备：学生在课外收集谜语并做成各种漂亮的谜语卡片，并准备好小礼物。

方法：离开座位邀请好朋友来猜字谜，猜对了就奖他一件小礼物。猜完后，把卡片贴到班级展示墙上，让大家都来猜一猜谜语。

备用字谜：

1. 一家十一口，一家二十口，两家合一起，万事都不愁（喜）

2. 白头依旧悬双泪　　　　　　　　　　（怕）

3. 上下平行，左右勾结　　　　　　　　（互）

4. 无雨零点起飞　　　　　　　　　　　（令）

5. 一加一　　　　　　　　　　　　　　（王）

6. 四面都是山，山山都相连　　　　　（田）

7. 猜着一半　　　　　　　　　　　　（睛）

8. 一字两个月，不可猜作朋　　　　　（用）

口语交际：听故事，讲故事

综合性游戏

游戏一：排排队

目的：理清故事中每一次反复的逻辑关系，为讲故事做好准备。

准备：八张图片。

方法：学生听完故事后，老师把图片打乱贴在黑板上，让学生根据听到的故事，给图片排排队。

游戏二：故事会

目的：借助图片讲故事，训练表达力，培养聆听力，训练评判思维。

准备：故事图片。

方法：

1. 四人小组里轮流讲故事，每人讲两幅图。

2. 班级故事会，四人小组合作讲故事给大家听。

3. 我来评一评。

四人小组讲故事重点，大家趴桌上，闭眼举手指头评分。教师根据大家的评分情况，评选出最佳讲故事小组。

内容（1—5 分）

流畅（1—5 分）

音量（1—5 分）

语文园地一

··

★　　**识字游戏**　　★

游戏一：我是天气播报员

目的： 巩固"识字加油站"中的 7 个生字，积累与天气相关的词语。

准备： 制作与天气相关的词语卡片。

方法：

1. 学生出示手中的卡片，播报天气。

比如：我是天气播报员，今天的天气是阴，阴天的阴。

再如：我是天气播报员，今天有暴雨，大家出门要小心，暴雨的暴。

2. 大家一起读与天气相关的词语。

综合性游戏

游戏：唱字母歌

目的： 通过学唱字母歌，背诵字母表，使课堂动静交替，提高学习效率。

准备： 熟背字母表。

方法： 在学生熟练背诵字母表的基础上，老师带大家学唱字母歌。

3 23 1	5 6 5	6 53 5	2 3 2 ‖
a b c d	e f g	h i j k	l m n

5 3 5	i 5 6	5 63	2 3 1 ‖
o p q	r s t	u v w	x y z

游戏二：找朋友

目的： 更好地掌握大、小字母的认读。

准备： 大写和小写字母卡片。

方法：

　　1. 学生准备好大写和小写的字母卡片，走上讲台，随意摸出一张卡片，读出卡片上的大写或小写字母，问："我的朋友在哪里？"手拿与卡片字母对应的大写或小写字母卡片的学生回答："你的朋友在这里。"然后两人一起读字母两遍。

　　2. 老师引导，请学生回答：

有哪些字母大小写长得一样：Cc　Kk　Oo　Pp　Ss　Uu　Vv　Ww　Xx　Zz

有哪些字母大小写长得很像：Bb　Dd　Ff　Hh　Ii　Jj　Ll　Mm　Nn　Yy

有哪些字母大小写差别很大：Aa　Ee　Gg　Qq　Rr　Tt

游戏三：制作"春天的词语"卡

目的： 积累更多描写春天的词语，培养学生在课外主动收集信息的能力。

准备： 每人一张词语卡。

方法：

　　1. 请学生在词语卡上填写课外和春天有关的词语。学生可以回家请教爸爸妈妈，也可以从课外书上找词语。

　　2. 完成上述任务后，请爸爸妈妈或老师评一评。

　　3. 在卡片上写上自己的名字，画上春天景物插图，把它张贴在教室的展示台里，互相交流学习。

"春天的词语"卡片 作者：_____　时间：_____		
我认识了许多春天的新词语朋友	爸爸、妈妈的话	老师的话

课文

1. 吃水不忘挖井人

★ 识字游戏 ★

游戏一：吹泡泡

目的： 认记生字。

准备： 写着音节的泡泡，生字卡片。

方法： 请学生把生字卡片贴在相应的泡泡下面，并带领大家读出生字，说说应怎么记住这个生字。

游戏二：送信游戏

目的： 在趣味游戏中巩固生字的认记，使音节与汉字一一对应，并读准字音、记住字形。

准备： 板书 12 个本节课要认的音节；生字卡片。

方法： 老师引导："这一天，邮递员收到的信很多，时间太紧，他忙不过来了。你们能帮帮忙，把这些信送出去吗？"然后请一些学生上台，老师把生字卡片发给他们。由这些小老师念生字的读音，请下边的同学送信（拿来相应字卡）。生（齐）："叮铃铃，邮递员阿姨（叔叔）来送信。"然后小老师念生字的读音。有该生字卡片的学生上台，把生字卡片放在对应的音节下面。若放对了，生（齐）："对！对！对！'×、×、×'。"若放错了，生齐："错！错！错！"（此游戏可重复进行。）

游戏三：一字开花

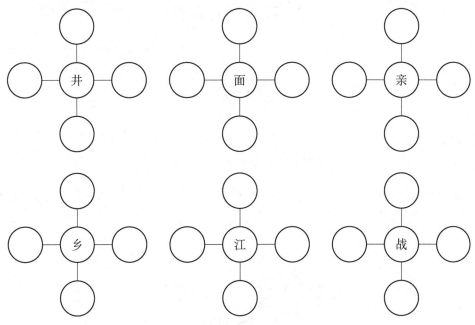

"一字开花"作业纸样例

目的：为一些常见的生字多组几个词语，加强生字的运用，并培养良好的协作意识。

准备：一字开花作业纸。

方法：以四人小组为单位进行本游戏。要求在 3 分钟的时间内，比较哪一组开的花（组词）又对又快。教师要引导大家互相协作，共同进步。

综合性游戏

游戏：欣赏歌曲《东方红》

目的：渲染学习气氛，加深对毛主席的认识，并在课中休息，调节学习节奏。

准备：《东方红》歌曲音频。

方法：静静地欣赏歌曲，并在欣赏之后说说歌曲内容和自己的感受。

2. 我多想去看看

★   识字游戏   ★

游戏一：夺红旗

目的：巩固本课 12 个生字的认记。

准备：板画台阶形的山坡；把生字的顺序打乱，分别写在每面山坡上；山顶上画一面红旗。

山坡板画

方法：

此游戏中的竞争对手可以是同桌，也可以是自由选择的伙伴。一次游戏结束后，可再换两名同学，进行下一次游戏。有两种玩法：

1. 读生字游戏。两名同学分别认读一面山坡上的生字，每个生字读 3 遍（如"想，想，想"），读得又准又快的同学顺利地夺得红旗。

2. 生字组词游戏。词语可以是书上的，也可以是课外的，组词又好又快的同学顺利地夺得红旗。

游戏二：开火车到北京

目的：巩固生字的认记。

准备： 初读生字。

方法：

　　老师导入："北京，是一个多么令人向往的地方，就让我们一起来开小火车到那里去看看，比比哪一列火车最先开到我们的首都北京。"

　　师："小火车呀，开起来。"生："小火车呀，怎么开?"师："带着拼音读出来。"生："小火车呀，谁先开?"师："第一组呀，开起来。"

　　先请学生读带拼音的生字卡片，然后读不带拼音的生字卡片并组词。

游戏三：走出大山

目的： 巩固生字的认记。

准备： 板画连绵起伏的群山，山路上散布着一些生字或词语（"想、能、路、走、告诉、北京城、广大、升旗、天安门"），山外画着（或贴着）天安门。

方法： 指名读生字。比一比谁能走出大山，看到天安门。

游戏四：词语大转盘

目的： 巩固词语的认记，扩大积累。

准备： 词语转盘。

方法： 老师出示转盘："看，我们刚学的生字交上了新朋友，你们大家认识吗?"老师转动转盘，请学生读出指针所指的词语。

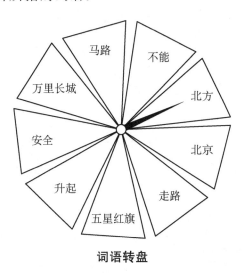

词语转盘

游戏五：我的词语库

目的：积累语言，积累文中表达得当的词语。

准备：彩色蜡笔，词语库简笔画（一所大房子），可以用白纸打印，人手一份。

方法：

1. 拿起铅笔圈一圈。引导学生沿着课文的表达顺序，用铅笔划出偏正词组，比如"弯弯的小路"、"遥远的北京城"、"雄伟的天安门"、"宽宽的公路"、"遥远的新疆"、"美丽的天山"、"洁白的雪莲"等。

2. 请学生拿出词语库，用蜡笔圈画表达得当的词语，可以是课后"读一读，记一记"里的词语，也可以做适当拓展。

★   **阅读游戏**   ★

游戏一：分角色朗读课文

目的：增强情感体验，有感情地朗读课文。

准备：初读课文。

方法：根据课文内容，请学生分别读"我"与"妈妈"、"爸爸"的话，并适当地进行拓展交流。比如，妈妈说"孩子，只要有机会，妈妈一定带你到北京，我们一起去看看！"或者说"孩子，只要你努力学习，长大了就一定能去北京。到那时，你带着妈妈去雄伟的天安门，我们全家去看看！"

游戏二：唱一唱，演一演

目的：通过表演激发学生对祖国、对北京的热爱之情。

准备：歌曲《我爱北京天安门》。

方法：老师带领学生一边做动作，一边演唱《我爱北京天安门》。本游戏可以作为导入新课的一种方式，也可以当作课中操，还可以作为课外拓展的实践活动。

游戏三：课中操

目的：激发学生对国旗、祖国的热爱之情。

准备：歌曲《国旗、国旗真美丽》。

方法：老师带领学生结合动作表演歌曲《国旗、国旗真美丽》。本游戏可以在课中进行，调节情绪，使学生得到休息；也可以放在课末渲染、升华情感。

3. 一个接一个

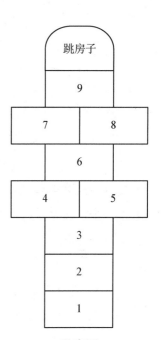

★ ## 识字游戏 ★

游戏一：跳房子

目的：在游戏中巩固本课生字的识记。

准备：在黑板上画上"跳房子"的格子图。

方法：在格子里贴上生字卡片。一生上台读生字，其余学生跟读并快速找出生字，同时将生字所在格子的数字用手势表示出来。

游戏二：花儿朵朵开

目的：丰富并积累词语。

准备：课件上出示六朵花，花心分别为"接""再""做""趣""这""各"，四片花瓣，其中两片已经带有课后"读一读，记一记"中的词语，另外两片花瓣为空。

方法：学生自由选择一朵花，认读花瓣上已有的两个词语，再给另外两片空花瓣组词。完成一组，一朵花就盛开了。

跳房子

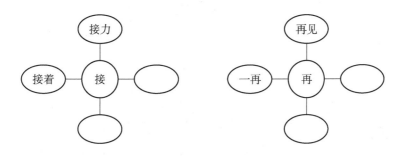

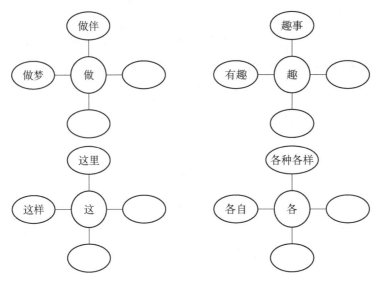

"花儿朵朵开"样例

★　**阅读游戏**　★

游戏：小小朗读家

目的： 加深对课文内容的理解，提高朗读水平。

准备： 熟读课文。

方法：

1. 以小组为单位，合作朗读。如果小组准备好了，就可以站起来练习。

2. 每一节诗歌请一组同学，通力合作完成整首诗歌的朗读。

3. 最后评出最通顺奖、朗读最投入奖、最佳小组合作奖。

4. 四个太阳

★　**识字游戏**　★

游戏一：摘太阳

目的： 巩固识字。

准备：板画一片蓝天，上面贴有各种太阳卡片，卡片上写着生字；人手自备 13 张太阳形状的生字卡片。

方法：老师引导："五彩大阳谁来摘?"学生回答："我来摘，我来摘!"点名请学生上台摘下太阳卡片，带领大家读上面的生字。如果读对了，相应的太阳卡片就属于学生，其手上就多了一个太阳。如果读错了，就得拿出一张自己的卡片粘到黑板上，学生手头就少了一张。最后比较谁手上的卡片多。

游戏二：水果王国

目的：巩固本课新词的认记。

准备：每人一张作业纸，上面画着一棵大树，大树上写有今天刚学的词语。

方法：先听同桌认读词语，同桌读完后，在对方读正确的词语上画上自己喜欢的水果。双方都认读完后，各自欣赏对方送给自己的水果。

大树样例

游戏三：送生字宝宝回家

目的：巩固生字的认记。

准备：人手一份生字卡片。

方法：老师一边出示打乱顺序的本课的生字拼音，一边说"一二三四五六七"；学生一边应答"生字宝宝出门去"，一边按照拼音找到对应的生字，并按老师所给的顺序在课桌上摆放好。在认完生字后老师再次打乱生字顺序，出示拼音，并说"二三四五六七八"；学生一边应答"我把生字送回家"，一边读出生字、收拾卡片。

★　阅读游戏　★

游戏：小小朗诵家

目的：练习有感情地朗读课文，加深对文本的体验。

准备：学生自制绿绿的、金黄的、红红的、色彩混合的太阳头饰。

方法：

1. 学生自由练习朗读课文。自己喜欢读哪段，就戴上什么颜色的头饰来读。

2. 戴同种颜色头饰的同学生生互动，开展朗读竞赛。

3. 在挑战朗读的基础上，拿下头饰，赛读全文，并评比谁读得最好。

综合性游戏

游戏一：表演唱《种太阳》

目的：引出课题；也可作为课中操使用，调节学习节奏，适当休息。

准备：《种太阳》音频。

方法：大家跟着音频进行演唱。还可以加上动作进行歌表演。

游戏二："四季"词语大比拼

目的：通过活动，培养学生搜集词语的兴趣和能力。

准备：收集和"四季"有关的词语并做成不同的、漂亮的词语卡片。

方法：

1. 拿出搜集的词语和同学进行交流。

2. 把卡片贴在展示台上交流。

3. 评出优胜者（优胜者条件：可以是说出的词语数量多，也可以是能说出词语的意思。）

语文园地二

☆ 识字游戏 ☆

游戏一：手拉手

目的： 结合"识字加油站"这一练习，在游戏中识记生字，掌握数量词的搭配。

准备： 写有"一辆、一匹、一册、一支、一棵、一架"等数量词的卡片和写有"车、马、书、铅笔、树、飞机"等词语的卡片。

方法： 一生持数量词的卡片（如"一辆"），说："'一辆'，我该和谁手拉手？"另一位学生举起卡片（如"车"），说："'一辆车'，我来和你手拉手。"然后大家齐读："一辆车。"

游戏二：找兄弟

目的： 巩固大小写字母的一一配对。

准备： 熟练背诵《字母表》、课件。

方法：

1. 课件出示"找一找，连一连"中的 11 对字母，请小朋友们找一找对应的"兄弟"。

2. 讨论：为什么说它们是"兄弟"？

3. 课件出示变化较大的大写字母和小写字母，让学生一一配对，并把兄弟俩写在同一个拼音格里。

游戏三：找朋友

目的： 结合"读一读，想一想"这一练习，在游戏中尝试用"换一换"的方法识记生字。

准备： 字族卡片（日、寸等）、生字卡片（明、星、早、阳、过、时、对、村等）。

方法：

1. 教师事先将卡片发给学生，然后导入："小朋友们，今天我们来做一个找朋友的游戏。大家刚才拿到了生字卡片，你们能从里面找到有相同部件的字做你的好朋友吗?"

　　2.全班同学一齐拍手开始游戏。一位学生拿出一张字族卡片"日",唱:"找呀找,找呀找,我是"日",谁是我的好朋友?"拿卡片"明"(星、早、阳)的同学可以上前说:"我是'明'(星、早、阳),我是你的好朋友。"最后大家一起读一读带有"日"这一部件的字族。

　　3.按照同样的规则为其他字族找朋友。

★　　**阅读游戏**　　★

游戏：古诗背诵大闯关

目的： 在游戏中背诵古诗,积累古诗。

准备： 熟读古诗《春晓》。

方法：

　　1.第一关:教师引读,学生接龙。

　　2.第二关:古诗填空。

　　3.第三关:想象画面,背诵古诗。

　　4.古诗新唱《春晓》(谷建芬作曲)。

5. 小公鸡和小鸭子

★　　**识字游戏**　　★

游戏：小鸡吃虫子

目的： 在轻松的氛围中识记 12 个生字。

准备： 课件制作,创设小鸡吃虫子的情境,虫子上带有 12 个生字,点击生字,虫子消失。

方法： 教师随意用鼠标指向"虫子"上的生字,如果学生读对了,教师再点击生字,"虫子"消失,即被小鸡"吃"掉了。教师可以奖励学生当小老师点击生字,继续游戏。

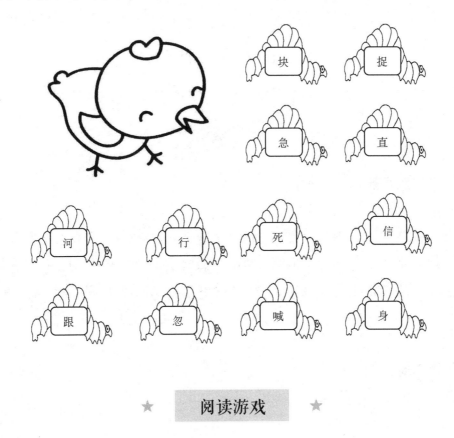

★　　**阅读游戏**　　★

游戏一:争当配音演员

目的:通过朗读小公鸡和小鸭子的对话,加深对课文的理解,提高朗读水平。

准备:小公鸡和小鸭子的头饰。

方法:

1. 同桌互相练习小公鸡和小鸭子的对话。

2. 开展配音演员挑战赛,并评出最佳配音演员。

游戏二:分角色表演

目的:进一步加深学生对文本的体验,培养朗读能力。

准备:小公鸡和小鸭子的头饰。

方法:以四人小组为单位,自主分配角色,之后上台展示,开展组际之间的挑战表演。

最后大家互相评一评，哪组演得好，为什么。

6. 树和喜鹊

★   **识字游戏**   ★

游戏一：送喜鹊回家

目的：识记本课生字。

准备：制作多媒体课件，鸟窝上带有本课生字的拼音，喜鹊身上带有本课生字。

方法：教师引导："天黑了，喜鹊们叽叽喳喳飞回窝里。请大家对照拼音，把喜鹊送回自己的窝里。"要求学生读准生字的音，并说出它应飞回哪个鸟窝，点击课件，对应连线。

游戏二：喜鹊报信

目的：巩固本课生字的识记。

准备：生字卡片、词语卡片。

方法：教师用"小喜鹊，叽叽喳，飞来飞去报信忙"导入，引导学生开火车"报信"（认读生字），分三次进行。第一次"报信"：开火车认读生字；第二次"报信"：开火车认读词语；第三次"报信"：开双轨火车，一名同学读生字，他的同桌给该生字组词，如此顺延。"报信"报得正确、顺利的小组获胜，并评为"最佳喜鹊小队"。

★   **阅读游戏**   ★

游戏一：朗读儿歌

目的：用儿歌巩固本课生字，并且渗透初步的概括文章大意意识。

准备：自编识字儿歌。

方法：

    1. 出示儿歌,学生自由读：

    一棵树,一个窝,

    一只喜鹊孤单单。

    许多树,许多窝,

    互做邻居真快乐。

    天一亮,一起飞,

    叽叽喳喳打招呼。

    天一黑,一起回,

    安安静静回窝睡。

    2. 一边拍手一边齐读儿歌。

游戏二：小小故事家

目的：朗读课文,深入理解课文内容。

准备：制作多媒体课件,将课文中出现的三幅插图和文字变成三页绘本的形式呈现。

方法：

    1. 教师导入："多有意思的一个故事啊！让我们有滋有味地读一读这个故事。"

    2. 教师用课件演示绘本翻页的动态,学生一边看着画面和文字,一边朗读故事。

绘本样例

7. 怎么都快乐

★　识字游戏　★

游戏：耳聪目明

目的：提高学生的听音辨字能力，培养学生良好的倾听习惯。

准备：每人准备一套生字卡片。

方法：教师引导："我们一起比一比，看看谁的耳朵最灵，谁的眼睛最亮。请你仔细听。"然后老师读出字音，学生找出相应的生字卡片，并举起生字卡片迅速读出来。比较一下谁找得对，读得准，评出"耳聪目明"的获得者。再由被评为"耳聪目明"的学生当小老师读生字。如此交替进行。

★　**词语游戏**　★

游戏：你说我接

目的：丰富积累"动词＋名词"形式的短语。

准备：每人想好几个"动词＋名词"形式的短语。

方法：

1. 教师和学生玩游戏。比如教师说："跳什么？"学生接："跳绳。"

2. 同桌互相玩游戏。比如一生说："踢什么？"同桌接："踢足球。"然后交换出题。

3. 集体玩游戏，一人出题大家抢答。（折纸船、搭积木、下象棋、坐跷跷板、打羽毛球、拔河、捉小鸡、开运动会、做早操等等。）

★　**阅读游戏**　★

游戏：我是小诗人

目的：理解课文内容，有效积累短语，培养语言表达能力。

准备：熟读课文，课件分段出示课文内容。

方法：

1. 启发学生联系实际发挥想象，"一个人、两个人、三个人、很多人"分别还能进行哪些游戏？

2. 根据每一节诗歌的内容，用多种句式来练习说话，例如：

一个人可以（　　　），也可以（　　　）……这样玩，很好！

两个人可以（　　　），也可以（　　　）……这样玩，很好！

三个人可以（　　　），也可以（　　　）……这样玩，很好！

3. 展示交流。

口语交际：请你帮个忙

★ 口语交际游戏 ★

游戏：请你帮个忙

目的：创设情境，激发学生的交际欲望。

准备：课件展示借物、问路等画面情境，并提供一定的句式，例如"请你_____好吗""我能_____吗""_____可以吗"等。

方法：

1. 教师引导学生讨论：请别人帮助时，需要注意些什么？ 相机罗列注意点：首先要把自己的请求说清楚，其次要用上"请，请问，您，您好，谢谢，不客气"等礼貌用语，最后还要态度诚恳，眼睛看着对方。

2. 同桌或小组合作，表演练习。在演练中落实三个注意点。

3. 学生上台表演。

4. 对照三个注意点，全班评一评。

语文园地三

综合性游戏

游戏：查字典大赛

目的：练习使用音序查字法查字。

准备：准备比赛内容，如下：

生字	大写字母	音节	页码	组词
厨（chú）	C	chu		厨师
漂（piào）				
踪（zōng）				
单（dān）				

查字典表格样例

方法：同桌两人合作完成任务，时间为 4 分钟。最后比较哪个小组查得又快又准，为其颁发"查字典小达人"奖。

★ **阅读游戏** ★

游戏：**诗句大接龙**

目的：激发学生背诵古诗的兴趣，积累《赠汪伦》等送别诗。

准备：课外复习背过的送别诗。

方法：

1. 以小组为单位开展活动。老师说诗题，再由组员一人背一行诗句。比一比哪个小组接得顺，背得好。

2. 学生喜闻乐见的"送别诗"举例：

芙蓉楼送辛渐

【唐】王昌龄

寒雨连江夜入吴，
平明送客楚山孤。
洛阳亲友如相问，
一片冰心在玉壶。

别董大

【唐】高适

千里黄云白日曛，
北风吹雁雪纷纷。
莫愁前路无知己，
天下谁人不识君。

8. 静夜思

★　**识字游戏**　★

游戏一：猜谜语

目的： 导入新课，激发学习兴趣。

准备： 与月亮有关的谜语。

方法：

1. 老师引导："小朋友，你们喜欢猜谜语吗？今天，老师就给大家带来了一则谜语：有时落在山腰，有时挂在树梢，有时像个圆盘，有时像把镰刀。"

2. 用课件出示"月亮"，然后交流："小朋友们，你们喜欢'月亮'吗？为什么？"

游戏二：摘月亮

目的： 巩固生字的认记。

准备： 做一些弯月形状的卡片，卡片背面写上生字。还可以制作成 PPT 辅助教学。

方法： 请学生上台摘月亮。谁能把卡片后面的生字读对，摘下的月亮就给谁。

游戏三：运西瓜

目的： 巩固生字的认记。

准备： 西瓜图片，在每个西瓜图片背面写上一个生字。

方法： 老师引导："西瓜丰收了，让我们帮忙把它们搬上车，运到城里去吧！不过，每

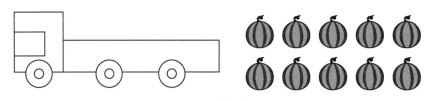

"运西瓜"样例

个西瓜后面都有一个生字，要想办法记住它，才能搬得动哟！"老师还可以要求学生通过组词、说一句话或找形近字进行比较等方法来认记生字。

★　**阅读游戏**　★

游戏一：比比谁的圈儿少

目的： 激发学生的阅读兴趣，并培养认真阅读的习惯。

准备： 铅笔、课本。

方法： 同桌合作进行游戏。甲读时，乙帮助甲圈出读错的拼音，甲读完后，由乙读书、甲挑错，继续游戏。最后比一比谁的圈儿少。

游戏二：谁是"小李白"

目的： 引导学生有感情地诵读课文。

准备： 与古诗《静夜思》相配的音乐，投影片（十五夜晚、明月当头照的情境）。

方法： 播放音乐，由学生模仿着李白的样子，对着美丽的夜景，吟诵《静夜思》。然后根据学生的不同表现，评选出班里的"小李白"。

9. 夜色

★　**识字游戏**　★

游戏一：大转盘，转转转

目的： 巩固本课生字的识记。

准备： 贴有生字的转盘。

方法： 学生一齐说："大转盘，转转转，上面的生字谁会念？"学生说："我会念，我会念！"然后请一生带领大家认读生字并组词。转盘的速度需根据学生的实际情况灵活调整。此游戏可以重复进行。

游戏二：谁先登到月亮上

目的：巩固本课词语的识记，积累词语。

准备：写好两列词语的情境图。

方法：开双轨火车读词语，计时。读得又快又对的小组可以最先登到月亮上。

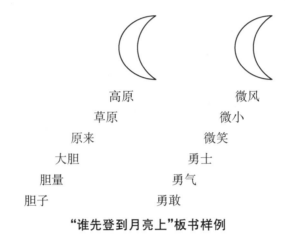

高原	微风
草原	微小
原来	微笑
大胆	勇士
胆量	勇气
胆子	勇敢

"谁先登到月亮上"板书样例

★　阅读游戏　★

游戏：朗读接力赛

目的：有感情地朗读课文，加深对课文内容的理解。

准备：熟读课文。

方法：将全班分为男生和女生两个组，一组朗读一个小节，开展朗读接力游戏。然后，交换进行朗读接力赛。比一比哪一组读得最流利，读出了"我"对夜色前后不同的心理变化。

10. 端午粽

....

★　识字游戏　★

游戏一：摸大奖

目的： 检查识字情况，激发学生的识字兴趣。

准备： 准备一个纸盒装粽子形状的生字卡片。

方法：

1. 学生任意从纸盒内摸出一张生字卡片，认读生字。

2. 读正确的同学可以把生字卡片作为奖品带回去。

粽子形状生字卡片样例

游戏二：词语魔方

目的： 巩固本课生字，积累词语。

准备： 准备词语魔方，每一面贴上两组词语（比如：端午　端正）。

方法：

1. 教师转动魔方，学生很快读出上面的词语。

2. 魔方上的词语认读一遍后，可以更换新词语重新开始游戏。

> **综合性游戏**
>
> **游戏：端午端午我知道**
>
> **目的：**培养学生搜集处理信息的能力和口语表达能力。
>
> **准备：**课前搜集有关端午节或粽子的故事；准备若干个奖品——香袋。
>
> **方法：**学生在搜集资料后，选择其中的一个方面，上台向大家介绍自己了解的信息资料。介绍时，要注意自然大方。最后由老师颁发香袋作为奖励。

11. 彩虹

识字游戏

游戏一：课前操《彩虹》

目的：课前操，让学生课前热身。

准备：儿歌《彩虹》

　　雨过天晴挂天上，

细细弯弯像座桥。

让我仔细数一数，

赤橙黄绿青蓝紫。

方法： 全体起立，配上音乐，和老师一起配上动作跳跳课前操，作为课前导入的环节。

游戏二：彩虹桥大闯关

目的： 巩固识字。

准备： 板画一座彩虹桥，上面贴有各种云朵卡片，卡片上写着生字；人手自备云朵卡片。

方法： 老师引导："彩虹桥大闯关，谁来闯？"学生回答："我来闯，我来闯！"点名请学生上台摘下云朵卡片，带领大家读上面的生字。如果读对了，相应的云朵卡片就属于学生，如果读错了，就拿出一张自己的卡片贴到彩虹桥上，再次认读。

游戏三：词语接龙

目的： 认识"（　　）来（　　）去"结构的词语，初步了解意思。

准备： "（　　）来（　　）去"结构的词语卡片

方法： 词语接龙，按每一大组顺利进行词语接龙，比比哪一小组接龙最长为胜。组长负责记录，遇到不会写的字教师可以辅助，或者用拼音替代。

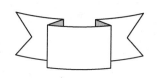

荡来荡去→游来游去→爬来爬去→飞来飞去……

★　阅读游戏　★

游戏：小小朗诵家

目的： 练习有感情地朗读课文，加深对文本的体验。

准备： 课文相匹配的图片。

方法：

1. 学生先自由练习朗读课文，尤其注意读好长句子。

2. 教师出示图片，让学生自由选择相应段落的朗读

3. 全班同学赛读，争做小小朗读家。

语文园地四

★ 识字游戏 ★

游戏一：我来说，你来指

目的： 联系人体部位，在游戏中识记"眉毛、鼻子、嘴巴、脖子、手臂、肚子、小腿、脚尖"等 8 个词语。

准备： 词语卡片。

方法： 一个同学举起一个身体部位的词卡，另外的同学指相应的身体部位。

游戏二：贴一贴

目的： 在游戏中识记身体部位的词语，并积累月字旁的字。

准备： 人的身体图片、词语卡片。

方法：

1. 出示人体的身体图片，请学生把词卡贴在相应的位置。

2. 引导学生发现，人体部位的生字大多都是月字旁或月字底。

3. 拓展积累词语"肩膀、胸部、腹部、腰部、大腿"等，继续感受"月字旁"的字大多跟人体有关，归类识记生字。

★ 词语游戏 ★

游戏：摘苹果

目的： 在游戏中读好轻声词。

准备： 做一些苹果形状的卡片，卡片的背面写上"字词句运用"这一练习中的轻声词。

方法：

1. 请学生上台摘苹果，谁能把卡片后面的轻声词读准，摘下的苹果就给谁。

2. 给摘下的苹果分分类，引导学生发现轻声的一些规律，后缀为"子"的轻声词为一类，叠音的轻声词为一类，其他类型的轻声词为一类。

3. 给每一类轻声词再找一些朋友，比一比谁找得多，读得准。

★　　阅读游戏　　★

游戏：绕口令大比拼

目的： 在游戏中正确流利地朗读绕口令，感受绕口令的情趣。

准备： 初读绕口令《妞妞赶牛》，准备其他绕口令若干首。

方法：

1. 第一关：小组内一人一句接读，比一比哪组读得又快又准确。

2. 第二关：每个小组各推荐一名代表，边拍手边诵读，计时，用时最短且读得正确的一组获胜。

3. 第三关：出示其他绕口令，小组间赛读，比一比哪组读得又快又好。

绕口令样例

识字

5. 动物儿歌

★ 识字游戏 ★

游戏一：找朋友

目的： 根据相同偏旁归类识字。

准备： 虫字旁及 6 张虫字旁的生字卡片。

方法： 先请拿虫字旁卡片的同学引导："我是'虫字旁'，我的朋友在哪里？"接着，请手拿含有虫字旁生字卡片的同学回应，比如："我是'蜻'，'蜻蜓'的'蜻'，我是你的好朋友！"并介绍自己是什么字，怎样识记更容易，然后大家一起认读，依次逐个认字。

游戏二：捉迷藏

目的： 图文结合，巩固本课生字、新词的认记。

准备： 动物图片（蜻蜓、蚂蚁、蜘蛛、蝴蝶、蚯蚓、蝌蚪），装在一只纸箱里。动物词语卡片以及"捉迷藏"词语卡片。

方法： 教师引导："动物正和我们捉迷藏呢，你们能尽快把它们找出来吗？"（贴词卡"捉迷藏"）然后请同桌两人一起上台，一学生摸出其中的一张图片，另一个学生找出相应的词语卡片读一读。

游戏三：三字歌

目的： 巩固生字认记，积累语言。

方法： 老师将课文内容编成三字歌，让学生边拍手边认读。比如：

虫字旁，昆虫多。小蜻蜓，展翅飞。小蝴蝶，捉迷藏。小蜘蛛，结网忙。

虫字旁,有动物。小蝌蚪,游得欢。小蚂蚁,运食粮。小蚯蚓,造宫殿。

★　**阅读游戏**　★

游戏:师生表演对读

目的:帮助学生有感情地朗读儿歌,并理解儿歌的内容。

准备:熟读儿歌。

方法:老师引导学生采用下列形式表演对读。

引读形式一:"什么半空展翅飞?""什么花间捉迷藏?"

引读形式二:"蜻蜓哪里展翅飞?""蝴蝶哪里捉迷藏?"

引读形式三:"蜻蜓半空做什么?""蝴蝶花间做什么?"

做这个游戏除师生对读外,还可以采用生生对读的形式。

综合性游戏

观察日记发布会

目的:激发学生了解昆虫和动物的兴趣。

准备:写观察日记,可以是图文结合的或者是做自然笔记。

方法:学生根据自己的兴趣爱好和当地的条件,观察一种小昆虫或别的小动物,然后在观察日记发布会(自然笔记发布会)上用自己喜欢的方式发布自己的观察发现。比如,用绘画加文字的方式,用口头发布的方式,还可以用表演的方式。

---

6. 古对今

★　**识字游戏**　★

游戏一:放飞气球

目的:认识生字,积累新词语。

准备：课件，把生字词语放在气球上。

方法：指名学生读词语，读正确，气球就升上天空，图片如下：

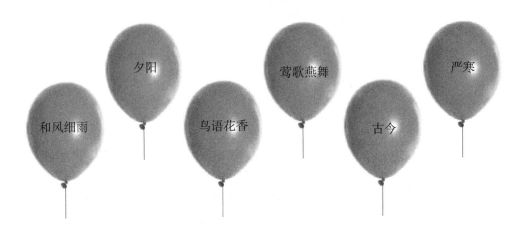

游戏二：找朋友

目的：在学习对对子的实践中，进一步理解词语的含义，积累词语。

准备：每个四人小组准备24张词语卡片，每位同学准备6张，词语从《古对今》的课文里找。

方法：小组成员各选一张词语卡片（例如严寒、酷暑、春暖、秋凉等），再把这张卡片举在胸前。一边听《找朋友》音乐，一边找能与自己的词语相对应的词语，比比谁找得快、找得准，并在一起读一读拼成的对子（例如：严寒对酷暑，春暖对秋凉等）。在找朋友的过程中，提倡小组成员互相帮助。

游戏三：定位游戏

目的：巩固生字的认读。

准备：板书。

方法：

　　1. 学生尝试背1、2节。

　　2. 课件中去掉不要求认读的字词，请学生认读课件中剩下的字词：圆、严寒、凉、晨、和风、细雨、朝霞、夕阳。比如第一节：

古对今，
圆对方，
严寒对酷暑，
春暖对秋凉。

　　　　　，
圆　　　，
严寒　酷暑，
　　　秋凉。

综合性游戏

游戏：对对子

目的：熟读课文中的对子歌，并进行拓展练习，积累语言。

准备：读熟课文，积累对子。

方法：

　　1. 对对子。师生或同桌对对子，比一比谁对得快。

　　2. 编对子。

　　师：有位小朋友想编对子歌，可是才编了两个就编不下去了，你们能来帮帮他吗？

　　上对下，小对大。前对后，左对右。

　　黑对（　　），里对（　　）。高对（　　），粗对（　　）。

　　远对（　　），古对（　　）。明对（　　），早对（　　）。

　　有对（　　），出对（　　）。宽对（　　），买对（　　）。

7. 操场上

★　　识字游戏　　★

游戏一：你来做，我来猜

目的：巩固生字的认记。

准备：本课词语卡片。

方法：

1. 老师与学生合作进行游戏。请一名学生上台，面向其他学生。让这名学生偷偷地看老师手中的词语做动作（比如"拔河"、"跑步"、"拍皮球"、"踢毽子"等）。台下的学生边看边找出是手中的哪张卡片上的词语，依次排开。接着，老师出示所有词语，学生对照，看自己是否猜对。

2. 最后，大家一起认读老师手中的词语卡片，并加上相应的动作。

游戏二：词语归类游戏

目的：认记生字，并引导学生结合生活实际给词语归类，发展思维。

准备："拍皮球、拔河、跑步、踢毽子、打球、跳高、踢足球、跳绳、丢沙包"词语卡片，同桌两人一份。

方法：

1. 同桌两人分别把词语读正确。

2. 把这些词语中同类的摆在一起，然后说一说为什么这样摆。

3. 预设归类方法：

生组 1：与"手"的动作有关的为一类，与"脚"有关的运动为一类。

生组 2：由两个字组成的词语为一类，由三个字组成的词语为一类。

生组 3：属于球类运动的为一类，其他的为一类。

综合性游戏

游戏：我是运动小能手

目的：激发学生热爱运动的兴趣

准备：教师提供句式："我是运动小能手。我喜欢（　　　），因为（　　　）。"

方法：学生根据句式自己说一说，再同桌分享，全班交流。

8. 人之初

∙∙

★   识字游戏   ★

游戏一：生字接龙

目的：巩固生字的认记，培养学生倾听的习惯。

准备：人手一份生字卡片。

方法：以小组为单位开展游戏。每组的组长按任意顺序读手中的生字卡片，其他组员则按组长读的顺序将字卡"一"或"S"形排开，如果每位组员都找对词语，排好形状，那就算成功接龙。读生字卡片的学生不一定是组长，也可以其他组员，并可反复进行。

游戏二：定位联想

目的：辅助学生记忆生字。

准备：课文中的三字经片断。

方法：先用课件出示完整的《三字经》片段，等学生熟读成诵后，再把其他学过的生字去掉，剩下的生字，让学生来认读。比如：

| 人之初，性本善，
性相近，习相远。 | 之初，性　善，
性　　，习　　。 |

也可以请学生上台于空白处贴上字卡，通过多次复现认记生字。

★   阅读游戏   ★

游戏一：拍手歌

目的：熟读成诵。

准备：课文中的三字经片断。

方法：

1. 老师出示节奏,示范拍手的方法,"人之"自己拍手,"初"字伸出右手掌和同桌对拍。"性本"自己拍手,"善"伸出左手掌和同桌对拍。以此类推。

X X X O | X X X O | X X X O | X X X O ‖

人 之 初， 性 本 善， 性 相 近， 习 相 远。

2. 学生练习,先同桌玩拍手歌的游戏,还可以离开座位找好朋友一起玩拍手歌的游戏。

游戏二：秀才说《三字经》

目的：了解《三字经》课文选段的意思,激发学生自主学习《三字经》的兴趣。

方法：

1. 老师让学生讲一讲,读了课文,知道了些什么？ 可以结合自己生活中的小故事来讲。

2. 让学生背一背其他的《三字经》。

口语交际：打电话

综合性游戏

游戏一：电话儿歌

目的：明确打电话的基本要求。

准备：观察父母打电话的步骤。

方法：

1. 邀请两位小朋友角色扮演教材上李中与阿姨的对话,其他小朋友思考：插图中的阿姨与李中是怎样打电话的?

2. 一起交流,明确要求,师生一起编成儿歌,念一念。

打电话,先拨号,电话号码要准确。

拿起电话说"您好",告诉对方我是谁。

清清楚楚说事情，要点一定要说清。

认真倾听对方话，主要内容记心间。

若是没有听仔细，可请别人来重复。

通话结束说"再见"，注意电话要归位。

游戏二：情景剧表演

目的：激发学生打电话的兴趣，学会根据不同的对象用不同的方法打电话。

准备：课件出现打电话的情境。每组同桌一个信封，内装五个打电话内容。

方法：

1. 同桌选择一个生活情境，先讨论该怎样打电话，然后两人试着打电话。

2. 四人小组，两人打电话，两人观察，并提出自己的看法与意见。

3. 指名同学上台表演，其他同学评价。

4. 再选取一个生活情境，模拟打电话。

语文园地五

★　识字游戏　★

游戏一：我喊你跑

目的：结合"识字加油站"这一栏目，使学生巩固生字的认记，并领会形声字"声旁表音，形旁表义"的特点。

准备：把"饭、能、茶、轻、鞭"和"饱、泡、炮"这几个字拆分成声旁、形旁两部分，并做成偏旁卡片发给学生。

方法：

1. 先由拿"包"字偏旁的学生说："我的朋友在哪里，快来一起变生字。"接着请拿出相关偏旁的学生跑到他身边，其他学生则一起读出他们手上偏旁组成的生字。

2. 教师点名请学生给由偏旁组成的生字编一句儿歌（儿歌可以是书上的，也可以是学生自己编的）。

3. 学生一边做动作，一边念儿歌。

三点水，泡泡泡，小鱼儿，游出水面冒泡泡；

食字旁，饱饱饱，老爷爷，吃饱饭儿打饱嗝；

火字旁，炮炮炮，小弟弟，大年初一放鞭炮；

提手旁，抱抱抱，小弟弟，走累了要妈妈抱。

游戏二：送快递

目的：按偏旁归类识字，了解形声字的偏旁和字义有关的特点。

准备：小房子三座，房门上别分写上"口""跞""扌"，如下：

 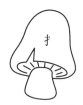 

方法：

1. 生齐念："丁零零，丁零零，快递员叔叔送快递。"老师发放快递（生字卡片），收到快递（生字卡片）的学生则把卡片贴到相应的"房子"下面，并带领大家认读生字。

2. 自制快递（带相应偏旁生字卡片），贴到相应的"房子"下面，带领小伙伴一起读一读。

游戏三：查字典比赛

目的：巩固查字典的方法，激发学生查字典的兴趣。

准备：学习任务单的制作。

方法：

1. 发放学习任务单，明确要求。

查字典比赛

姓名_____   名次_____

序号	要查的字	页码	序号	要查的字	页码
1	溪		4	楼	
2	解		5	伯	
3	准				

2. 学生自行查字典,查好就举手,老师就在任务单上写上名次。

综合性游戏

游戏:歇后语大聚会

目的:巩固"日积月累"中的四个歇后语,激发学生积累歇后语的兴趣。

准备:课外大量收集、积累歇后语。

方法:

1. 出示"日积月累"中的四句歇后语,感知歇后语的形式,前面部分多用比喻,像谜面,后一部分是本义,像谜底。通常只说前一部分,后一部分不言而喻。

2. 读读背背四句歇后语,师生、同桌合作背。

3. 展示课外收集、背诵的歇后语,来一场歇后语大聚会。

4. 常见歇后语 30 个:

和尚打伞——无法无天   八仙过海——各显神通

猫哭耗子——假慈悲   鸡蛋碰石头——不自量力

肉包子打狗——有去无回   秀才遇到兵——有理说不清

黄鼠狼给鸡拜年——不怀好意   泥菩萨过河——自身难保

小葱拌豆腐——一清二白   半夜三更放大炮——一鸣惊人

猴子爬竹竿——上蹿下跳   阿斗当皇帝——软弱无能

矮子放屁——低声下气   螃蟹上路——横行霸道

打破砂锅——问到底   虎落平阳——被犬欺

画蛇添足——多此一举   箭在弦上——不得不发

井底青蛙——目光短浅　　　　竹篮打水——一场空

船到桥头——自然直　　　　　拔苗助长——急于求成

仇人相见——分外眼红　　　　芝麻开花——节节高

兔子尾巴——长不了　　　　　王婆卖瓜——自卖自夸

老虎屁股——摸不得　　　　　老鼠过街——人人喊打

麻雀虽小——五脏俱全

课文

12. 古诗二首

··

★ 识字游戏 ★

游戏一：荷花盛开了

目的： 小组动手做荷花卡片，结合《池上》和《小池》进行情境识字，激发学生的识字兴趣。

准备： 小组合作进行生字大分工，将 12 个生字分成四部分，每人制作三个生字的荷花卡片。

方法： 首先采用小组成员分别介绍自己制作的荷花卡片的生字，主要从生字的结构、识字的方法等方面向组内成员进行介绍。当组内成员初步认识这 12 个生字时，教师宣布游戏开始，老师说"哪朵荷花最先开？"学生自主举手"这朵荷花最先开，首首首。"其他学生找到这个生字"首"进行跟读。

游戏二：我是填字小高手

目的： 让学生能够随文识字，在朗读古诗的同时了解古诗中的生字。通过熟练认读生字，对古诗也有一定了解。

准备： ppt 出示古诗，并对课后的生字进行挖空填空。

方法：

1. 通过课件逐句显示古诗，句中出现要求认的字的地方为空白。

2. 每出现一句古诗，请学生举出应出现在本句空白处的卡片，不会的同学可以请教小组的成员。

小	娃	撑	小	艇
偷	采	白	莲	回
不	解	藏		
			一	道	开

	眼	无	声	惜	细
树	荫	照	水		晴
小		才		尖	尖
早	有	蜻	蜓	立	上	头

3. 答对的成员小组加分，没有答对的继续努力。

4. 教师出示整首古诗让学生连起来再读一读，加强整体的记忆。

★　　**阅读游戏**　　★

游戏一：撑小艇

目的：了解"不解藏踪迹，浮萍一道开"。

准备："浮萍"，小船道具。

方法：在学习完第一句诗句"小娃撑小艇，偷采白莲回"时，老师拿出绿色的"浮萍"一溜儿铺在黑板上，拿出小船贴在黑板上，问："谁来撑一撑装着莲蓬的小船？该怎么撑船？"学生纷纷上台"撑船"，体验什么是"浮萍一道开"。注意：学生"撑船其中"的时候，教师要用手协助把"浮萍"拨开，现出一条道道来。

游戏二：我是小小朗诵家

目的：通过看图和配乐，培养学生的朗读语感。

准备：配上有浮萍的动态图、荷花含苞待放的背景图，加入古筝弹奏的古典乐曲、表扬信。

方法：小组合作进行古诗吟诵，让学生感受古诗词的魅力，在朗诵中培养学生的语感。师生共评,评出哪一组是"小小朗诵家",并进行颁奖。

13. 荷叶圆圆

★ **识字游戏** ★

游戏一:你读我猜

目的: 激发学生的兴趣,巩固生字的认读。

准备: 生字卡片。

方法:

1. 教师说明游戏规则:老师逐一出示卡片,学生认读卡片上的生字,但不许发出声音,老师根据学生的口型猜猜是什么字,如果老师猜对了,学生一边鼓掌一边说:"对对对,×××(比如珠、珠、珠)!"老师也可假装猜错,那么学生则说:"错错错!"然后读出正确的读音。

2. 同桌之间做这个游戏。

游戏二:摘荷叶

目的: 检查识字情况。

准备: 自制荷叶状生字卡片。

方法: 老师请学生上台摘荷叶,读出上面的生字,然后向大家介绍怎么记住这个字,也可以给生字找朋友组词。如果学生做得好,可以拿走荷叶卡片;如果学生做得不好,则从自己的卡片中找到该生字卡片放到黑板上。游戏结束后,请读错字音的学生上台重新读自己的卡片,领回字卡。

游戏三:小青蛙,跳上来

目的: 巩固词语认记并积累词语。

准备: 上面写有生字的荷叶图片和青蛙图片。

方法：生（齐）："小青蛙，跳上来！"然后请若干学生上台把青蛙和荷叶上的生字连一连组成词语，并带读这个词语。

★ **阅读游戏** ★

游戏一：贴图游戏

目的：复习生字，巩固新词的认记；整体感知课文大意。

准备："摇篮、停机坪、歌台、凉伞"的图片（上图下字），"小水珠、小蜻蜓、小青蛙、小鱼儿"的词语卡片。

方法：

1. 把图片和词语卡片散乱地贴在黑板上，让学生思考"谁把荷叶当作什么"，然后将图片和词卡一一对应起来。

2. 让学生分别用"谁把荷叶当作什么"说一句话。

3. 引导学生把 4 句话连起来说一说，整体感知课文大意。

游戏二：分角色表演

目的：在角色体验游戏中提高朗读水平。

准备：小水珠、小蜻蜓、小青蛙、小鱼儿头饰；每个学习小组发一张制作好的荷叶。

方法一：

1. 以小组为单位进行游戏。由组长读旁白部分，其余学生先选择自己喜欢的角色自由练读，然后根据课文内容边读边做动作分角色表演。

2. 选几组同学上台展示，比一比哪个小组读得流利、哪个小组动作比较流畅。

方法二：

1. 请小朋友根据自己确定的角色自由组成"小水珠"组、"小蜻蜓"组、"小青蛙"组、"小鱼儿"组，每组发放一张制作好的荷叶。每组小朋友轮流表演读，互相提提建议，然后推荐一名同学准备上台表演读。教师巡视，指导。（教师注意交代清楚要求：（1）要用"小水珠、小蜻蜓、小青蛙、小鱼儿"的口吻说，最好能加上自己的话。（2）轮流表演读，互相提提建议。（3）推荐一名表现好的同学准备上台表演读。）

2. 请 4 组小朋友的代表拿着荷叶上台表演读。然后师生围绕演员的表情、动作、语言等进行评价，并适当示范朗读，然后全体同学表演读。

　　3. 教师带领学生试背课文。

14　要下雨了

★　　**识字游戏**　　★

游戏一：猜猜看

目的：本课有许多生字的意思和动作紧密联系，比如"沉、伸、闷、搬"等，通过此游戏能让学生更形象地记忆这类生字，理解意思。

准备：相关的卡片和自编的谜语。

方法：老师做动作，请学生根据动作猜是什么生字。比如，老师做伸腰的动作，学生："伸、伸、伸，对不对？"老师："伸、伸、伸，对对对！"生（齐）："伸、伸、伸，伸腰的伸！"也可以请学生做动作或出字谜，大家猜字。

游戏二：小兔开门

目的：巩固生字的认读。

准备：蘑菇房子一座（小兔的家），生字卡片。

方法：学生齐唱："小兔乖乖，把门开开，快点开开，我要进来。"师唱："谁来谁来把门开？"生："我来开，我来开！"然后由学生从房子内摸出卡片，带领大家认读上面的生字。

游戏三：滴答滴答，下雨啦！

目的：结合本文最后一段"哗哗哗，大雨真的下起来了"，复习本课生字。

准备：雨点状的生字卡片；下雨情境背景的图画。

方法：结合最后一段"哗哗哗，大雨真的下起来了"进行游戏。师："瞧，大雨真的下起来了！"生（齐）："滴答滴答，下雨啦！"师："小雨点，谁来念？"生 1："小雨点，我来念！

'坡'，'山坡'的'坡'！生(齐)："'坡'，'山坡'的'坡'。"以此类推。

★　**写字游戏**　★

游戏：火眼金睛

目的：引导学生发现汉字的构字规律，写好"口字旁"的四个语气助词。

准备：生字卡片"吗""呀""呢""吧"。

方法：

1. 齐读本课要写的生字。

2. 试试谁是"火眼金睛"，发现"口字旁"的四个语气助词有什么不同。

3. 示范写字，学生临写，体会笔画之间的谦让，并连写其他生字。

★　**阅读游戏**　★

游戏：天气预报

目的：加深对课文内容的理解。

准备：熟读课文。

方法：一生扮演燕子在飞，边飞边说："空气很潮湿，我的翅膀上沾了小水珠，飞不高。我正忙着捉虫子呢！"其余学生说："要下雨了！要下雨了！然后再由学生继续扮演小鱼、蚂蚁，预告天气情况。

综合性游戏

游戏：小小气象员

目的：拓展知识视野，培养探究气象知识的兴趣。

准备：收集有关天气的知识。

方法：进行气象知识发布会。请学生当"气象员"，上台发布气象信息。其他学生可以补充，互相提出问题和建议。（这些气象知识，应该是从一些自然现象出发推测天气状况的。）

语文园地六

⭐ 识字加油站 ⭐

游戏：与字宝宝捉迷藏

目的：借助拼音和情境识记生字，并能发现归类。

准备：夏季词语图片；四人小组分工合作交流汇报。

方法：

1. 激趣导学：（出示多媒体画面：画面是"识字加油站"中的词语组合起来的实物图片）和同桌找一找，说一说，看谁发现得多？

2. 汇报交流：随着学生汇报看到了什么，相机让学生上黑板将相应的词语板贴在正确的位置。图片出示重点理解"牵牛、织女、北斗星"三个有关夏季星空的词语。并补充"七月初去，鹊桥相会"的民间传说，让学生初步了解。

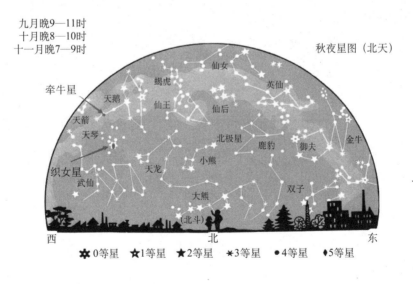

⭐ 字词句运用 ⭐

游戏一：看小松鼠变魔术

目的：通过变魔术的游戏，学生能初步学习扩句，加强语言积累，发展思维。

准备：小松鼠头饰、字幅。

方法：

1. 多媒体课件出示"小松鼠变魔术"（教师头戴小松鼠头饰，手拿一张字幅"小白兔割草"）。学生读句子，教师相机强调"割"字的读音。

> 小白兔割草。

2. 小松鼠出示第二张字幅：小白兔在山坡上割草。和第一张字幅比较，让学生圈出多出来的部分，说发现。（多了地点）

> 小白兔在山坡上割草。

3. 小松鼠出示第三张字幅：小白兔弯着腰在山坡上割草。自由读一读，和第二张字幅比较圈出多出来的部分，说发现。（多了动作）

> 小白兔弯着腰在山坡上割草。

游戏二：争当魔术师

目的：争当小小魔术师，拓展扩句训练。

准备：小鸭子和游泳词卡。

方法：教师出示小鸭子和游泳两个词语的板贴。说："谁能当个小小魔术师把这句话变得更有趣，更生动。"学生相机补充句子，教师顺势将这两个词语中间留白。如

谁能像上面那样把这个句子变得越来越生动具体？先和同桌说说，同桌交流，汇报交流。拓展训练：

小鸡吃虫子。

小猫抓鱼。

蝴蝶飞。

小蝌蚪找妈妈。

游戏三：争当小法官

目的：复习标点符号，卡通激趣，初步感知逗号、句号、问号、感叹号的不同用法。

准备：卡通版的逗号、句号、感叹号、问号。

方法：

1. 家族符号（卡通版的逗号、句号、感叹号、问号）表演争吵。

2. 导学：小朋友们，符号家族最近吵个不休，你们能当小法官，帮它们找到各自的位置吗？

3. 学生尝试填标点。

4. 随着学生汇报，教师相机讲解标点的用途。通过"说一说""找一找"，熟练认识标点符号。

游戏四：举符号游戏

目的：复习本册所学句子关于"！""？""。""，"的正确用法。

准备：本册所学含有"！""？""。""，"的句子。人手一份符号牌，可自带，用纸板等简单制成即可。

方法：

1. 老师出示这一单元句子，学生根据自己的判断举符号牌。

如：是要下雨了吗？

小鱼，今天怎么有空出来呀？

哗，哗，哗，大雨真的下起来啦！

荷叶圆圆的，绿绿的。

狐狸叼起肉，一溜烟跑掉了。

2. 老师随口表述，学生举牌游戏，看看谁又对又快。

3. 任意学生随口表述，其他学生举牌游戏，看看谁又对又快。

★   展示台   ★

游戏：寻字贴贴贴

目的：生活中识字，让学生在生活中积累生字。

准备： 自带有醒目名字的包装袋、白纸。

方法： 小组合作自带有醒目名称的包装袋，同桌合作认读，比比谁认的字多，并将认识的包装袋名称贴在下发的白纸上。教师准备展示台进行投影，小组派代表将认识的字在展示台上进行展示，并当小老师教其他小朋友认读。教师通过认字的数量评出"认字达人组"。

★　　　日积月累　　　★

游戏：我是填字高手

目的： 填空式理解气象谚语，学生能熟读成诵。通过图片理解"有雨山戴帽，无雨半山腰"的意思。

准备： 图片、镂空式气象谚语。

有雨（　　　）

无雨（　　　）

方法： 对于较难的气象谚语，可以先通过配图理解谚语的意思，再进行镂空式填空。其他三句通过填空式让学生能够熟读成诵。

	不	出	门
	行	千	里

	山	戴	帽
	半	山	腰

早	晨	下	雨		
晚	上	下	雨		
蚂	蚁		蛇		
		不	久		

谚语补充积累：

清明前后，种瓜点豆。

天上鱼鳞斑，晒谷不用翻。

鸡迟宿，鸭欢叫，风雨不久到。

15. 文具的家

★　识字游戏　★

游戏一：猜字谜

目的：通过编、猜字谜，识记生字并积累不同的识字方法。

准备：教师和学生自说谜语。

方法：教师说谜面，学生猜字；也可以请学生说字谜，学生猜字。比如，"真"的帽子不见了；妈妈戴帽子；亲加斤；"那"张开嘴在说话；欠了两滴水。

游戏二：一字开花

目的：巩固识字。

准备：板画一个大房子，四人小组制作词语卡片。

方法：教师引导：生字宝宝很孤单，我们给他找个伴，谁能给生字宝宝找朋友组成词，让家变得更温暖。教师给每个小组一个字让学生进行一字开花。学生上台将四人小组讨论好的词语贴到板画的房子里，并带读，看看哪一组的房子人气最旺。如：

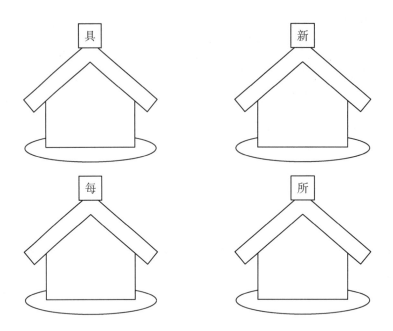

游戏三：火车接龙

目的： 巩固生字词。

准备： 板画火车头，奖励贴纸。

方法： 教师出一个字，学生组词，后一个学生用前一个学生所组词语的最后一个字进行组词，小组比赛，比比哪一小组的火车最长。给最长小组奖励贴纸。

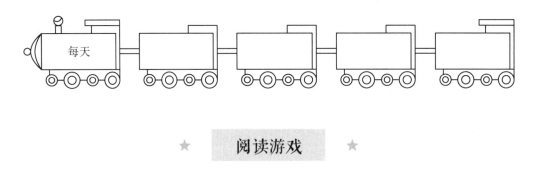

★ **阅读游戏** ★

游戏：课间操《我的文具盒》

目的： 用作课间休息，也可做课文内容的回顾。

准备： 儿歌《我的文具盒》。

文具盒，四方方。

橡皮铅笔转笔刀，

一个一个按序装。

每节课后整理它，

每天放学整理它，

团团圆圆百宝箱。

方法：一边拍手一边念儿歌，或者加上其他动作进行儿歌表演。

综合性游戏：

游戏："我是整理小达人"比赛

目的：根据课文内容进行拓展学习，关注学生的行为习惯，养成良好的整理习惯。

小书包，装整齐。
大放下来小放上。
不多装书不落下，
书包天天笑嘻嘻。

准备：学生的文具盒、书、书包。

方法：

1. 将学生文具盒中的文具用品全部掏出。在规定的时间内，为所有文具用品在文具盒中找到合适的位置，用时最短、书包内设最整齐者为胜。

2. 可加入整理书包的比赛，教师教整理的方法，并演示，学生在规定时间内完成，时间短并且美观者胜出。附一张美观书包图片。

美观书包来欣赏：

16. 一分钟

⭐ **识字游戏** ⭐

游戏一：看动作猜生字

目的：巩固本课生字新词的认记。

准备：本课的词语卡片。

方法：老师出示词卡，邀请若干学生上台根据卡片上的词语做动作，并指名让学生根据动作猜词语，比如"哈欠"、"叹气"、"后悔"等。如果学生猜对了，台上的学生就大喊："对！"如果学生猜错了，台上的学生就大叫："错！"然后，台上学生带领大家齐读所猜的词语，以此类推。

游戏二：给偏旁找朋友

目的：在游戏中组字成词，巩固字词的认记。

准备：偏旁卡片和生字卡片。

方法：

1. 请一些小朋友手拿卡片进行"找朋友"的游戏。比如，生问："我是金字旁，我的朋友在哪里？"生答："我是中，我们两个站一起。"两生高举卡片站在一起，齐读"钟"，组词"闹钟"。

2. 其余手拿卡片的学生依次进行游戏。

游戏三：读字找字卡

目的：巩固本课生字的认记，培养识字兴趣。

准备：本课的生字卡片。

方法：

1. 师生一起游戏：老师读生字，学生在自己的卡片中找出相应生字，并大声跟读。比一比谁找得快，读得准。

2. 同桌游戏：一生读生字，另一生在自己的卡片中找出相应的生字，并大声跟读。比一比谁找得快，读得准。

游戏四：争分夺秒

目的：充分调动学生的自主性，在欢快、轻松的氛围中识字。

准备：板画小桥。

方法：板画一座小桥，并在桥上布置本课生字。先请一个小组排队过桥，由组员轮流读出生字读音，并给生字找一个"朋友"（组词）。说对了，请过桥；有谁说错了，就要掉下河，这就需要本组其他成员将他"救起"（帮他完成任务），再继续后面的游戏。最后比较，能够使全体组员以最短的时间（争分夺秒）顺利通过的小组将成为冠军。

游戏五：摘词语比赛

目的：巩固本课词语的认记。

准备：小黑板上写本课词语（或用吸铁石把本课词语固定在黑板上）。

方法：教师引导学生选出自己喜欢的词语说句子，先在四人小组里进行游戏，然后由小组派出代表上台摘词语说句子，和大家交流、分享。老师在游戏过程中注意把学生的好句子记录下来，并置于"展示台"中作为一项成长的记录。

★　　阅读游戏　　★

游戏："一分钟的故事"课本剧表演

目的：通过角色表演，加强学生对珍惜时间的重要性的感受。

准备：课文中出现的事物，比如闹钟、红绿灯、书包；在教室里画一个"十字路口"。

方法：先分小组练习课文剧表演，再进行全班展示。在小组中挑选一名学生扮演元元，其他学生分别扮演爸爸、妈妈、几名公共汽车司机等，老师扮演故事中的老师，然后各就各位根据课文内容，发挥各自的创造性进行表演。在观看表演后，大家以"一分钟的故事"为题说一说自己的感受。

综合性游戏

游戏一：一分钟能做些什么

目的：通过实践活动让学生感受到珍惜时间的重要性，并在活动中巩固本课知识。

准备：作业纸，铅笔。

方法：教师准备好闹钟，然后向大家公布游戏要求：（1）请从课文中圈出本课的生字词语，看看在一分钟内能圈出几个。（2）请识记本课的生字，看看在一分钟内能记住几个。（3）请抄写本课要写的生字，看看在一分钟内能写几个。（4）请有感情地朗读课文，看看在一分钟内能读多少字。（5）请大家听写词语，看看在一分钟内能听写几个。在游戏结束后，请学生说说"一分钟都能做些什么"，并说一说自己的感受。

游戏二：拉生字弹簧

目的：巩固本课生字的识记，加强语言的运用，提高口语表达能力。

准备：学生已经学过的部分生字偏旁卡片。

方法：老师引导学生自由选择若干生字部件组成一个生字并为其组词，然后用这个词语说个句子。例如，口字旁和"又"组成"叹"，组词"叹气"，造句"爸爸一个人在房间里叹气，不知遇到了什么事"。可以在四人小组中进行，也可以在学习小组中进行。

17. 动物王国开大会

★　　识字游戏　　★

游戏：动物百宝箱

目的：通过给生字组词的形式，让学生认记生字、词语，丰富词语积累。

准备：动物词语卡片及卡片袋。

方法：将本课生字组成动物词语卡片"动物、老虎、狗熊、通知、注意、一遍、一百、舌头、鬼脸、准备、第一、不要、连线、还有、点头"，放进四人小组准备的卡片袋里。学生在小组中先互相讨论认识词语，然后一号同学摸出卡片二号同学认读词语，读对了二号同学摸出卡片三号同学认读词语，依次往下轮，比一比哪组同学做得又对又好。最后教师派最佳小组代表上台摸出动物卡片随机贴在黑板上，并带读词语。如：

| 动物 | 通知 | 注意 | 准备 | 鬼脸 |

★　阅读游戏　★

游戏一：小动物，排排坐

目的：在圈出小动物，并给小动物排序的过程中，整体感知童话大意。

准备：课文中出现的动物图片或者头饰。

方法：

　　1. 课文写了哪些小动物？请拿起笔来圈一圈。

　　2. 这些小动物位置站错了，你来给他们排排坐，说一说你为什么这样排？

游戏一：角色体验游戏

目的：通过情境的创设，激发学生的朗读兴趣，加深对课文内容的理解，进一步提高学生的朗读水平和口语交际能力。

准备：熟读课文。

方法：师生合作表演课本剧，参看如下课堂实录：

　　开场白：又到了一年一度举办森林联欢会的时候啦，今年，虎老大把发通知这个光荣的任务，交给了狗熊小弟。

狗　　熊：(咳咳!)台下的动物们注意啦！动物王国要开联欢会，请你们都来参加。动物王国要开联欢会，请你们都来参加。动物王国要开联欢会，请你们都来参加……

(此刻狐狸扭着扭着进来)

狐　　狸：狗熊大哥，你这样说下去，说一百遍，大会也开不起来。

狗　　熊：(挠挠头)为什么呀？

狐　　狸：因为你都没有告诉大家，联欢会在哪一天开，是今天，还是明天，还是后天呀？

狗　　熊：(伸伸舌头，做了个鬼脸)对对对，你说得对呀！

狐　　狸：那你再跟虎老大确认一下吧。

(狗熊开始给虎老大打电话，此时虎老大的电话铃声"两只老虎，两只老虎跑得快，跑得快……")

狗　　熊：大王大王，咱们是哪天开联欢会呀？

老　　虎：联欢会就在明天开，你快去通知大家吧。

狗　　熊：好的，好的。

(狗熊重新播报)

狗熊：刚才的通知不对，我再重新通知一下啊！动物王国要在明天开联欢会，请你们都参加。动物王国要在明天开联欢会，请你们都参加。动物王国要在明天开联欢会，请你们都参加……

(大灰狼气喘吁吁地跑着进来)

大灰狼：嗨，狗熊！就你这么个播法，说一百遍，联欢会也还是开不起来。

狗　　熊：怎么啦？还是不对吗？

大灰狼：你的时间说得不精确，你没有告诉大家是明天什么时候开，是上午还是下午，几点开呀！

(狗熊想了想觉得有道理，不好意思地笑了笑。狐狸点点头，拍拍大灰狼的肩膀)

狗　　熊：对对对，你说得对呀！平时看你凶巴巴的，没想到心思还是挺细腻的。

(狗熊开始给虎老大打电话询问具体时间)

狗　　熊：大王大王，明天是几点开联欢会啊？

老　　虎：就在明天上午八点开,你再去通知大家吧!

狗熊又用大喇叭开始喊:大家注意啦! 动物王国要在明天上午八点开联欢会,请你们都参加。动物王国要在明天上午八点开联欢会,请你们都参加。动物王国要在明天上午八点开联欢会,请你们都参加……

(此时梅花鹿走上台,站在台上,插起腰)

梅花鹿:狗熊大哥我都快听不下去了,联欢会在哪里开,你得说清楚啊!

(狗熊捶捶自己的脑袋)

狗　　熊:对对对,你说得对呀! 我怎么没问清楚呢?

梅花鹿:你快再和虎老大确认一下吧,大家都等着呢!

(梅花鹿边说边走下台)

狗　　熊:老大,又是我,您能再告诉我联欢会在哪里开吗?

老　　虎:哎呀! 忘记说地点了,大会在森林广场开,你再去通知大家吧!

狗　　熊:好吧,这次应该不会有问题了。

狗　　熊:请注意啦! 明天上午八点,在森林广场开联欢会,请大家准时参加! 明天上午八点,在森林广场开联欢会,请大家准时参加! 明天上午八点,在森林广场开联欢会,请大家准时参加……

(狗熊说完松了口气)

狗　　熊:这回可算说清楚了。小朋友们,一定要记住,我们通知事情的时候,一定要把具体的时间,地点,都有谁参加,都有什么事情说清楚哦! 否则就会像我一样,做了好多无用功!

游戏二:分角色朗读表演

目的:激发学习兴趣,感悟课文内容。

准备:熟读课文。

方法:

1. 小组合作,自选角色。

2. 结合课文内容,画出自己角色当中要说的句子,准备角色台词。

3. 合作上台进行表演,评出最佳表演奖。

综合性游戏

游戏：我会发通知

目的：启发学生在阅读故事中发现表达的方法，再围绕通知，借助学习卡进行自主研读活动，将语言能力的提升落到实处。

准备：学习卡。

方法：出示学习卡，补充通知，集体展示。

学习卡：快来帮帮狗熊！（在括号里补充语言，使通知意思完整。）

通　知

（　　　　　　　）在（　　　　　　　）开大会，请大家准时参加。

动物王国

（　　）年（　　）月（　　）日

(1) 写明时间和地点。

(2) 先自己读一读，再和同桌交流，看谁写得更完整。

自我评价☆☆☆☆☆　　同桌评价☆☆☆☆☆

---

18. 小猴子下山

★　识字游戏　★

游戏一：小猴表演，你来猜

目的：本课生字"掰、扛、扔、摘、捧、抱、追、蹦"等，大多都和动作有关，引导学生结合动作进行生字认记。

准备：生字卡片、小猴头饰一个

方法：师戴上小猴头饰："我来表演你来猜！"接着老师扮演小猴子做动作，让学生猜字识记，并将相应的生字卡片贴到黑板上。学生在活动中明白了表示动作的字大多和"手""脚"有关。之后可以生生互做动作互猜,巩固生字。

游戏二：偏旁开花

目的：积累带有提手旁的字。

准备：每组一张白纸。

方法：运用"脑图识字法"开展"一字开花"游戏。四人小组合作,想想带有提手旁的都有哪些生字,大家群策群力,想到了就拉一条线画个圈写下来。时间到,比比哪一组的花开得最茂盛。

★　　**阅读游戏**　　★

游戏一：看图讲故事

目的：理解课文内容,培养语言表达能力。

准备：熟读课文,准备本课插图。

方法：出示文中的五幅插图,指名学生按序讲故事。其余学生伸出手指集体评价。内容是否完整(1—5)分;语言是否流畅(1—5)分;音量是否控制得当(1—5)分。学生会自觉地把同学所说的内容对应还原到文中,进行比较,提高语言表达和综合判断能力。

游戏二：课文剧表演

目的：通过情境的创设,加深对课文内容的理解,进一步提高学生的朗读水平和口语交际能力。

准备：小猴子头饰、玉米、桃子、西瓜、兔子头饰。

方法：结合课文内容上台进行表演,评出最佳表演奖。

课本剧表演：

有一天,小猴子下山来,走到一块玉米地里。他看见玉米结得又大又多,高兴地说:"＿＿＿＿＿＿＿＿＿。"他连忙掰了一个,扛着往前走。(生做动作)走着走着,他看到远处有一棵桃树,满树的桃子又大又红,高兴地说:"＿＿＿＿＿＿＿＿。"于是,他连忙扔了玉米,去摘桃子。小猴子心满意足地抱着桃子往前走,突然发现前边有一片

瓜地,满地的西瓜又大又圆,馋得他直流口水,他自言自语地说:"＿＿＿＿＿＿＿＿
＿。"他连忙把桃子一扔,跑去摘西瓜。小猴子抱着一个大西瓜往回走,准备回家好好
饱餐一顿。走着走着,他看见一只小兔子蹦蹦跳跳地从他身边经过(一生扮演小兔
子),他连忙扔了西瓜,去追兔子。兔子一溜烟似的跑进了树林,小猴子(挠挠头),只
好空着手回家了(生做动作两手一摊)。

综合性游戏

游戏:表演《小猴子二次下山》

目的: 启动创新思维,想象说话,培养想象力和语言表达能力。

准备: 小猴子头饰,风光情境图。

方法: 通过学习《小猴子下山》,让学生想象如果小猴子再一次下山还会像以前
那样吗? 课堂上播放瓜果飘香情境图,请学生戴上小猴子头饰说一说,让学生
想象说话。

口语交际:一起做游戏

目的: 引导学生观察游戏的过程,并能简单说出游戏规则,培养学生良好的听说能力
和交际习惯。

准备: 学生商量好玩什么游戏。

方法:

1. 教师带学生先体验一下《老鹰抓小鸡》的游戏,并让学生说说游戏的规则。

2. 学生自主说在生活中玩什么游戏,怎么玩,可以用上"先……接着……
再……"进行表达。

3. 现场体验《贴鼻子》的游戏,引导交流如何正确贴好鼻子的技巧,并理解"一边
说,一边做动作,这样别人更容易明白"这句话的意思。

4. 引导有礼貌地开展交际,养成良好的交际习惯。

语文园地七

★ **识字加油站** ★

游戏：欢乐对对碰

目的：通过偏旁与独体字组成生字"对对碰"，促进生字的认记和巩固。

准备：准备独体字和偏旁卡片分给小组成员。

方法：游戏时可以让学生拿着自己写的生字卡片，小组内或是在教室内自由活动，遇到能组成生字的朋友就碰一碰，手拉手组成好朋友，双方读一读卡片所组成的生字并组词，比一比谁找的朋友多。

★ **字词句运用** ★

游戏：词语挑战赛

目的：加强词语运用，展开想象说几句话，提高学生口语表达能力和想象能力。

准备：词语卡片，画面情境图，奖励机制。

方法：教师出示八个词语中的一个进行简单说话，随后增加难度，两个、三个等。让学生进行挑战说话，比比谁用的词语又多又准确。能用上一个词奖励 1 个笑脸，能用上两个词奖励 2 个笑脸，能用上三个词奖励 3 个笑脸。也可以借助画面情境图并出示词语让学生看图运用词语说话。

如：

草地上盛开着许多花朵。

春天到了，阳光洒在草地上，草地上盛开着许多花朵。

春天到了，阳光洒在草地上。草地上盛开着许多花朵。我们喜欢在草地上跑步、唱歌。草地上到处都是我们的笑声。

★　书写提示　★

游戏：一字开花

目的： 学生能熟练识记笔顺规则，了解左上包围和右上包围的字要先外后内。

准备： 板书一字开花的图。

方法： 教师出示要求，让学生根据要求填写有哪些左上包围或是右上包围的字。小组竞赛，比比哪一小组想到的生字多为胜。之后让学生在田字格本上进行书写练习，巩固识字、写字。

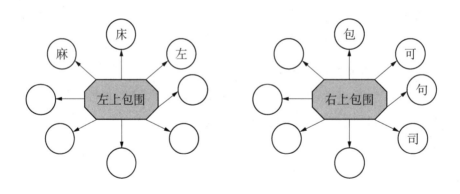

★　日积月累　★

游戏：名言名句接龙

目的： 熟记并会背诵名言名句。

准备： 熟记名言名句。

方法： 教师说前面的半句，学生跟读后面的半句，比一比谁接得最快最正确。并进行名言名句的拓展。

如：读书破万卷，下笔如有神。——杜甫

书犹药也，善读之可以医愚。——刘向

书是人类进步的阶梯。——高尔基

和大人一起读《孙悟空打妖怪》

游戏：童谣西游记

目的：趣味性儿歌诵读。

准备：熟读儿歌。

方法：首先可以借鉴以前读儿歌的方法，开展师生共读，之后和老师进行一人一句朗读接龙。接着加入童谣歌曲进行师生拍手说唱，学生能在活泼、生动的阅读活动中感受儿歌的趣味。

第一步：老师读一句，学生读一句。

第二步：学生拍手齐读。

第三步：配上西游记的一些音乐，齐读。

19. 棉花姑娘

★ 识字游戏 ★

游戏一：治病

目的：巩固生字的认记。

准备：棉花形状的图片，上面写好本课的生字和音节，音节都有错误，比如平翘舌音、前后鼻音混用。

方法：指名请学生当医生，找出并改正错误音节，给棉花姑娘治病。最后大家一起认读生字。

游戏二：钓鱼

目的：学习词语搭配，积累词语。

准备：制作鱼饵（原形的长纸片），上面分别写"碧绿碧绿的"、"雪白雪白的"、"火红火红的"、"金黄金黄的"等词语；制作鱼状卡片，上面写着"荷叶"、"棉花"、"花朵"、"稻田"等词语。

方法：教师将卡片分发给两部分学生，一部分学生拿着鱼饵，一部分学生拿着小鱼。然后请拿着鱼饵的学生找到手拿的词语可以与自己的词语搭配在一起的同学，将词语对应起来，就算钓到了"鱼"。

★　　阅读游戏　　★

游戏一：介绍七星瓢虫

目的：加深对课文的理解，锻炼学生的说话能力。

准备：熟读有关段落。

方法：教师引导学生上台用第三人称或第一人称介绍七星瓢虫，比如，"七星瓢虫是圆圆的……""我是七星瓢虫……"

游戏二：续编故事

目的：发挥想象力，锻炼学生的口语表达能力。

准备：熟读课文有关段落。

方法：老师引导："不久，棉花姑娘的病好了，长出了碧绿碧绿的叶子，吐出了雪白雪白的棉花。棉花姑娘会怎样感激七星瓢虫呢？"请同学思考，续编故事，然后再全班进行情境表演。

游戏三：儿歌表演

目的：课中交替，初步渗透概括课文内容的意识。

准备：理解童话故事内容。

方法：师生一起诵读儿歌，可以加上动作进行表演。

棉花姑娘生病啦，许多医生来帮忙。

燕子会捉空中害虫,啄木鸟会捉树干害虫,

青蛙会捉田里害虫,七星瓢虫会捉蚜虫。

棉花姑娘病好啦,咧开嘴巴笑哈哈。

综合性游戏

游戏:益虫、益鸟展览会

目的:引导学生多读课外书,了解更多关于益虫益鸟的知识。

准备:课外搜集有关益虫益鸟的资料。

方法:

1. 交流有关益虫益鸟的资料。

2. 举办一个益虫益鸟知识展览会。

我的搜集卡	
作者:_____ 时间:_____	
主题_____资料	
图片	文字
爸爸妈妈的话:	

20. 咕咚

识字游戏

游戏一:接木瓜

目的:熟记生字。

准备:板画木瓜树,制作木瓜生字卡片。

方法：将制作的木瓜生字卡片随机贴在木瓜树简笔画上，挂一个读一个，老师带读后开始玩接木瓜的游戏。指名学生上台，教师随机指字让学生读。学生首先要读对生字，然后双手接住从简笔画上掉下来的"木瓜"。接住者得两颗红星，接不住者不得红星。

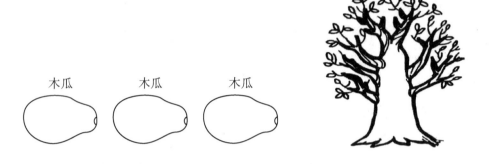

游戏二：看图猜猜猜

目的：分类熟记生字。

准备：鹿、象、野牛的图片及"咕咚""成熟""吓坏""逃命""拦住""带领"词语卡片。

方法：

1. 借助图画猜字：鹿、象、野。

2. 借助形声字的特点猜读：咕、咚、吓、拦。

3. 借助情境猜字：逃命、成熟、掉、领（让学生做动作识记生字）。

4. 小组合作猜猜猜的游戏，巩固识字。

★　　**阅读游戏**　　★

游戏一：《咕咚》表演秀

目的：通过情境的创设，加深对课文内容的理解，进一步提高学生的朗读水平和口语交际能力。

准备：角色扮演。

方法：出示课文四幅插图，让小组学生认领图片进行表演，并按顺序上台展示，评比出优秀表演组、创意表演组、幽默表演组。

游戏二：超级模仿秀

目的：创设情境开展仿说，体会动物的害怕心理。

准备：出示句式练习。

方法：学生模仿第3—4段看图说话。如：

狐狸一听，就跟着跑起来。他一边跑，一边大叫："_____！"

山羊一听，就跟着跑起来。他（____）："_____！"

小鹿一听，就_____。他（____）："_____！"

大象一听，就_____。他（____）："_____！"

学生选取其中一个角色进行扮演，再次体会动物们害怕的心理，感受其慌乱的场景。

综合性游戏

游戏：观看动画片《咕咚来了》

目的：让学生通过影视剧更加形象地了解故事内容。

准备：动画片《咕咚来了》。

方法：设计观看小练习。

《带着问题看动画》

1. 小白兔为什么跑呀？	
2. "咕咚"原来是什么声音？	
3. 小白兔听到"咕咚"的声音时，心里有什么感觉？它是怎样做的？	
4. 小白兔一路上碰见了哪些小动物？	
5. 长毛狮子又是如何解决问题的呢？	
6. 听完了这个故事，我们要向谁学习？为什么啊？	

我能把这个故事讲给爸爸妈妈听！

21. 小壁虎借尾巴

★ 识字游戏 ★

游戏一：借尾巴

目的：在愉快的氛围中方便快捷地认识生字。

准备：鱼尾巴、牛尾巴、燕子尾巴图片各一张，将本课生字分散写在三张图片上。

方法：

1. 自主认读不同动物尾巴上的生字。

2. 玩借尾巴的游戏。生："小鱼小鱼，向你借尾巴了！"并相机读尾巴上面的词语。以此类推。

游戏二：鲤鱼跳龙门

目的：巩固生字的认记。

准备：在黑板上画一座龙门和一片清清的湖水。

方法：

1. 教师在湖水中写一个本课的生字请学生认读，学生读对了，就奖励他一条小鱼（在生字外面勾画出小鱼的轮廓）。

2. 以此类推，直到把所有的生字写完、认完、画面最后呈现为"鲤鱼跳龙门"图为止。（老师要注意，写的字要由远及近向龙门靠近。）

★ **阅读游戏** ★

游戏：故事大王

目的：理解课文内容，培养学生的复述能力和再造想象能力。

准备：课文插图。

方法：

1. 逐一出示插图，由学生自由选择一幅插图讲故事。例如，生 1："我来说小壁虎挣断了尾巴的故事。"生 2："我来说小壁虎向老牛借尾巴的故事。"

2. 然后看 6 幅插图，连起来说一个完整的故事。最后评出故事大王。

综合性学习

游戏一：你演我猜

目的：引导学生收集动物信息并交流，进行拓展学习。

准备：收集有关动物尾巴的知识。

方法：由学生描述动物尾巴的形状或作用，其余学生猜一猜是什么动物的尾巴。

游戏二：读编故事

目的：从课文内容拓展开去，培养想象能力和说话、写话能力。

准备：收集有关其他动物尾巴的知识，了解这些尾巴的功能。

方法：

　　1. 学生交流其他动物尾巴的功能都有哪些。

　　2. 老师引导："我们把那些有尾巴的动物请进我们的故事里来吧！"请学生续编故事。教师可以提供语言片段，进行引导：小壁虎爬呀爬，爬到＿＿＿＿，它看见＿＿＿＿。小壁虎说："＿＿＿＿＿＿＿＿？"＿＿＿＿＿＿＿＿说："＿＿＿＿＿＿＿＿＿＿＿。"

　　3. 交流展示，比一比谁编的故事最有趣。

　　4. 最后把自己编的故事写下来。

语文园地八

★　识字加油站　★

游戏：卫生间大揭秘

目的： 趣味识字，巩固生字的认记。

准备： 卫生间词语卡片。

方法： 教师简笔画"卫生间"，让学生说说卫生间里都有什么，随机将学生说的词语写在卡片上贴在卫生间里，之后让学生认读词语。并说说这些生活用品的用途，可以做动作演示。如"牙刷是用来刷牙的，香皂是用来洗澡的，梳子是用来梳头的"。

　　补充：刮胡刀——刮胡子

　　　　　马桶——上厕所

　　　　　拖把——拖地

★　我的发现　★

游戏：动物排排队

目的： 通过游戏寻找发现，了解生字的偏旁大多和生字本身所表示的含义有关。

准备：动物卡片及动物词卡。

方法：将所有动物卡片词语打乱顺序贴在黑板上，并简笔画归类图。（如图）

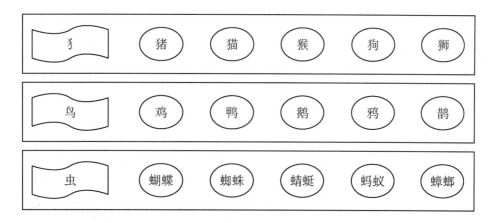

犭	猪	猫	猴	狗	狮
鸟	鸡	鸭	鹅	鸦	鹊
虫	蝴蝶	蜘蛛	蜻蜓	蚂蚁	蟑螂

　　四人小组将有相同偏旁的动物放在同一个框内，并找规律。发现反犬旁的字大多和兽类有关，鸟字旁的字大多和鸟有关，虫字旁的字大多和虫子有关。

　　拓展一些其他偏旁的字，让学生找规律。

　　如：女字旁：奶、妈、姑、娘、姐、妹

　　　　提手旁：摘、扔、提、找、扎、捡

　　　　口字旁：听、唱、叫、喊、问、呼

★　字词句运用　★

游戏：晴雨表大转盘

目的：了解不同的心情可以用不同的词语来表示。

准备：心情大转盘。

方法：教师准备心情大转盘，大转盘中标注了各种心情，当指针转到哪个心情，学生用表情演示这个心情词语，并练习用这个词语说话。比比哪位表演得最像。

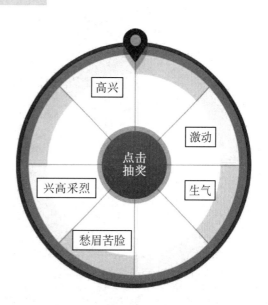

适合统编本小学语文教科书二年级

小学语文
游戏教学设计

教 师 版

金晓芳　主编

华东师范大学出版社
·上海·

义务教育教科书·语文·二年级上册

义务教育教科书·语文·二年级下册

课文 _____ 119

二年级上册

课文

1. 小蝌蚪找妈妈

⋯⋯⋯⋯⋯⋯⋯⋯⋯⋯⋯⋯⋯⋯⋯⋯⋯⋯⋯⋯⋯⋯⋯⋯⋯⋯⋯⋯⋯⋯⋯

★ **识字游戏** ★

游戏一：小蝌蚪找妈妈

目的： 认记生字。

准备： 生字卡片（当小蝌蚪）、音节卡片（当蝌蚪妈妈）。

方法： 老师先把卡片发给学生。生齐："小蝌蚪，大尾巴，游呀游，找妈妈。妈妈，妈妈，您在哪儿?"请手持生字卡片和音节卡片的学生，互相寻找，相互对应起来，并站在一起。最后由每一对生字朋友带领大家拼读音节，认记生字。如图：

游戏二：小蝌蚪交好友

目的： 识记词语。

准备： 本课生字，空白卡片。

方法： 首先，请各小组长拿出信封里的若干卡片，请小组成员集思广益分别给这些生字组词，并把拼音或词语写在空白卡片上；然后，请小组成员一起拿着卡片到讲台上把词语读出来,其他同学跟读。最后,组词最多者,荣获"交际小达人"的称号。

如:

袋　口袋　脑袋　袋子　袋鼠

迎　欢迎　迎接　迎风　迎面

塘　池塘　水塘　鱼塘　荷塘

★　阅读游戏　★

游戏一:小蝌蚪的自画像

目的:锻炼学生的口语表达能力,积累语言。

准备:熟读课文第一自然段。

方法:请学生上台介绍小蝌蚪,可以采用第一人称的叙述方式。大家听一听、评一评,说说哪只小蝌蚪最可爱。例如,学生说:"我是一只小蝌蚪,大大的脑袋,黑灰色的身子,甩着长长的尾巴,快活地游来游去。"有条件的可以戴上"小蝌蚪"头饰,还可以加上动作,边表演边介绍。

游戏二:"小蝌蚪"长大的故事

目的:温习小蝌蚪长成青蛙的过程。

准备:小蝌蚪和小青蛙的头饰;五幅"小蝌蚪"成长情景图。

方法:首先,结合五幅成长情景图,请学生排排序,并讲一讲"小蝌蚪"长大的故事。然后,小组合作复述小蝌蚪的成长过程,并选出代表上台交流。学生可以戴上"小蝌蚪"头饰,说:"你们知道我是怎么变成青蛙的吗?"以此作为开头;也可以戴上"小青蛙"头饰,说:"你们知道我是怎么长成青蛙的吗?"以此作为开头。最后大家在听的基础上,评一评哪只"小蝌蚪"或"小青蛙"介绍得最有条理、进步最快。

综合性游戏

游戏:童话剧表演

目的:发展语言,深化情感体验。

准备：小蝌蚪、鲤鱼妈妈、乌龟、大青蛙、小青蛙等头饰。

方法：在熟读课文的基础上，请学生自告奋勇选择角色，上台进行分角色表演，老师和其他没有上台的同学一起做旁白，最后大家评选出"最佳表演奖""积极参与奖"。

2. 我是什么

★　**识字游戏**　★

游戏一：水娃娃交朋友

目的：巩固课本生字的认记，激发学习兴趣。

准备：课件准备小水珠形状的生字 14 个，点击鼠标，水珠会滴落消失。

方法：出现可爱的小水珠生字界面，一个小水珠声频："大家好！我是'小水珠'，请你读出我身上的生字，我就会滴落下来，表示和你交上朋友了。"教师指名请同学们点击鼠标，互相认读生字，体验成功的愉悦。

游戏二：词语串串烧

目的：巩固生字认记，积累词语。

准备：生字卡片；各小组一张白纸。

方法：本游戏以小组形式开展，时间一般为 5—8 分钟。先请小组派代表抽取 1 张卡片，组员一起认读，然后组词，并以第一个词为基础，小组内词语接龙。比如，小组抽到"浮"字，可以为其组词"漂浮、浮力、浮动、沉浮……"，从"漂浮"这个词开始，并由组长记录下这些词语（不会写的生字用拼音代替），之后大家一起认读。最后，所有小组一起比一比哪个小组的"词语串"最长。

游戏三：我会搭配

目的：丰富语言，积累课文中动宾结构的词语。

准备：每四人小组备一套四字词语卡片。

方法：

1. 四人小组拼一拼。课件出示："灌溉""田地""发动""机器""淹没""庄稼""冲毁""房屋"这些词语，打乱顺序。拼好以后读一读动宾结构的新词。

2. 回到句中说一说。出示句式：有时候我很温和，我会做许多好事，（　　），（　　）……有时候我却很暴躁，我也会做许多坏事，（　　），（　　）……请同学选择词语，完成说话。

3. 可以联系实际，用四字词语说说水娃娃还会干什么。

综合性游戏

游戏：水娃娃变魔术

目的：理解课文内容，提高学生的学习兴趣。

准备：学生人手一张白纸。

方法：

1. 先请学生在纸上画一画水娃娃是如何变化的，然后找伙伴对照图片说一说水娃娃的变化（水——汽——云——雨——（冰雹）雪——水）。

2. 由老师选择部分优秀作品在学生风采板报上展出。如图：

3. 植物妈妈有办法

· ·

★ 词语游戏 ★

游戏一：我来出，你来猜

目的：让学生认读本课的生字，激发学生认字的兴趣。

准备：本课生字的卡片。

方法：

1. 请学生把生字卡片摆在桌上，读一个，摆一个。

2. 老师根据生字特点提出要求，请学生迅速猜字，并举起相应字卡大声读出来。

比如：

（1）根据偏旁找一找：我是绞丝旁，谁是我朋友？（纷）

（2）根据结构找一找：我是左右结构的字，请你赶快找出来！（植、如、旅、纷、识、炸、粗、刺）

（3）翘舌音找一找：我是翘舌音的字，请你赶快找出来。（植、如、炸、察、识）

游戏二：剥豆豆

目的：在游戏中检查学生认识生字的情况，同时促使学生养成同伴间互相帮助的良好习惯。

准备：生字卡片；豆荚玩具；教师课前将写好生字的白纸团放进豆荚玩具中。

方法：齐（顺口溜）：剥，剥豆豆，剥个豆豆尝一尝！

以四人或六人小组为单位开展本游戏。每小组发放一些豆荚玩具，在学生初步学习生字后，开始"剥豆"比赛。剥一颗读一字，每个组员都会认读，算剥豆成功；如果有组员不会读，其他组员帮助他会读才算剥豆成功。最后比较，在相同时间内剥豆最多的小组获胜，获胜小组要为大家展示认读的生字。

★　阅读游戏　★

游戏：植物园大闯关

目的：有效提取课文信息，能用自己的话说清楚。

准备：蒲公英、苍耳、豌豆、柳树、凤仙花等植物的图片。

方法：结合课后习题，以四人或六人小组为单位开展游戏。每一组设计两个问题，每一组轮流提问，其他组抢答，能够把植物传播种子的方法说清楚，就可以获得该植物的图片一张。

　　例如：提问 1：学了课文后，你认识了哪些植物？

　　　　　提问 2：你知道蒲公英是怎么传播种子的吗？

　　　　　提问 3：你还知道哪些植物传播种子的方法？

综合性游戏

游戏一：谁是小小植物学家

目的：在游戏中了解其他植物的特征，开阔学生的视野。

准备：课外了解其他植物的有关知识。

方法：小组选定一种植物，课外收集该植物的有关资料。然后小组进行汇总，推选代表向大家介绍这种植物的名称、生长情况等。介绍时其他组的学生可以对其进行提问或补充。不同小组依次轮流进行介绍。

游戏二：参观植物园

目的：对本课生字、课文内容、课外知识等进行整合学习。

准备：本课字词卡片、植物图片和文字介绍（含课文和课外的），听写纸等。在教室里分设"植物词语园"、"植物图片展"、"植物知识大观园"、"听写生字关"、"植物知识擂台赛"等游戏园，并把准备的几类材料放在不同的游戏园内。

方法：各小组轮流参观不同的游戏园，完成该组设计的活动，最后以积分多少分出胜负。比如参观"植物词语园"，它要求正确读出该组给出的 6 个本课词语，读对一词给 1 分；又如观看"植物图片展"，参观者要抽取一张图片，准备 2 分钟后对图上植物从名称、外形、生长特征、传播方式等方面进行介绍，介绍一张图片得 2 分。

游戏三：植物流浪记

目的：通过本次活动，加强对植物的生长过程的了解，并锻炼想象能力和口语表达能力。

准备：不同植物的头饰。

方法：先小组讨论，想象一下蒲公英、苍耳、豌豆们离开妈妈后会怎么样，会发生什么事，然后选取一种植物，编一个故事，并在全班汇报各组的"植物流浪记"。

口语交际：有趣的动物

游戏一：猜猜它是谁

目的：能根据动物的特征猜出动物，对奇妙的动物世界产生浓厚的兴趣，同时创设动物园的教学情境。

准备：课件（准备若干动物谜语及动物图片）。

方法：

1. PPT 出示动物谜面，同时请一个学生念一念，如"钩钩嘴儿巧，身穿彩色袍，鸟类里面找，学舌逗人笑"等。其他学生齐说"我猜，我猜，我猜猜猜"，并举手竞猜。猜对了，则可以获得一颗星；猜错了，那就请在谜面里找到动物的特点。

2. 把猜对的动物图片贴在黑板上，创设有趣的动物园情境，为后续互动交际奠定基础。

游戏二：小小讲解员

目的：通过角色扮演的互动问答情境,提高提问能力,养成"说清楚,问明白"的良好习惯,并在交际中恰当运用。

准备：创设"动物园里,讲解员为游客介绍动物"的情境。

方法：

1. 讲解员：大家好,今天我是你们的讲解员。接下来,请小朋友们跟着我去认识小动物吧。首先,我们来到长颈鹿园区：这是长颈鹿,脖子很长。听了我的介绍,你们知道长颈鹿的特点了吗? 如果有不清楚的地方,欢迎向我提问。

2. 学生尝试提问,要学会问明白,注意要有礼貌,有称呼,例如："讲解员叔叔,请问长颈鹿的脖子到底有多长呢?"如果学生符合提问要求,则可以获得一颗星。

3. 讲解员再介绍：游客们请看,这是长颈鹿。它的脖子很长很长,可以够到大树上的树叶。这样介绍,你们满意吗? 如果觉得解说得好,大家可以给我掌声,谢谢! 你也可以试试说一说吗? 学生可以尝试说,描述得形象贴切,获得一颗星。

游戏三：最佳讲解员

目的：学会抓住事物特点,说清楚,说有趣。

准备：每个小组一个信封,里面各有两张动物图片；每个同学准备一张白纸。

方法：请各小组长将信封打开,取出动物卡片,每个同学任选一种动物,观察图片上动物特征并和同伴们互相说,说清楚,说有趣。每个同学先在小组内自己说一说,再说给组员听一听,最后每个小组选出"最佳讲解员"来为全班同学做介绍。

语文园地一

★　识字游戏　★

游戏：打牌游戏

目的：巩固本课生字。

准备：每位学生自制 11 张生字卡。

方法：同桌轮流出牌，互玩打牌游戏，对方读出字音，再组词读（组词不能重复），谁先把手中的生字牌打完，谁获胜。

★ **词句游戏** ★

游戏一：读一读，演一演

目的：发展具身认知，通过身体动作表演体会词语的意思。

准备：小蝌蚪、鲤鱼妈妈和乌龟的头饰，信封。

方法：

1. 首先，老师打乱顺序念词语——"穿衣裳、甩甩头、披红袍、摇摇头"，请学生依次做动作，同时读出词语。

2. 拓展升级：请一个学生到讲台来做一做带有"穿（　　　）、披（　　　）、甩甩（　　　）、摇摇（　　　）"相关的动作，台下的同学说出相应的词语。

3. 课件出示《小蝌蚪找妈妈》中小蝌蚪和鲤鱼阿姨、小蝌蚪和乌龟的对话提示语：他们看见鲤鱼妈妈在教小鲤鱼捕食，就迎上去……他们看见一只乌龟摆动着四条腿在水里游，连忙追上去……可以请同学上来演一演这个"追""迎"的动作，感受不同词语带来的不同情感。

游戏二：你一言，我一语

目的：巩固排比句式。

准备：生活情景图。

方法：以小组为单位，打开信封，看到信封里的日常生活情景图（以操场上的情景图为例），用"有时候……有时候""在……在……在……在……"这样的句式，每个组员说一句话，然后连成一个长句子。

快乐读书吧

游戏：故事会

目的：对童话产生兴趣，主动阅读童话，养成爱阅读的习惯，学会分享自己的阅读收获。

准备：每个人带一本自己最喜欢的童话书。

方法：

1. 请你来猜猜。选取几个大部分同学都熟悉并且读过的童话故事中的人物，比如：黑猫警长、邋遢大王、长鼻子匹诺曹、丑小鸭、白雪公主等，抓住外貌、性格特征，简单描述，请同学们来抢答，答对获得一个书签。

课件举例：猜猜我是谁？

（1）鼻子长长，能走能跑又会跳，会说会笑还会哭，你说这个木偶神奇不神奇？

（2）头戴雪白大盖帽，身穿黑色防弹衣，两眼闪闪像宝石，嘴边两撮小胡子。

2. 小组内互相交流欣赏，评选出最美童话书，最有趣的故事。推选出来的同学上台说说有趣的故事，分享新书的来历。

识字

1. 场景歌

★　**识字游戏**　★

游戏：抱抱团

目的：灵活运用拆字法认识本课生字。

准备：每人一份生字部件卡片。

方法：

1. 四人小组开展抱团游戏，小组长打开信封，里面有生字部件卡片，请小组在 2 分钟内找到相应部件拼在一起，比一比，哪一组完成得最多。

2. 拼好生字后，在组长带领下，轮流读出生字的正确读音并组词，如"滩　沙滩的滩"、"艘　一艘的艘"等。

★　**词语游戏**　★

游戏：词语接力赛

目的：分场景认识表示景物的词语。

准备：词语卡片。

方法：出示四组景物图片和相对应表示景物的词语，老师出示图画，学生找到词语，并大声朗读；或者老师出示词语，学生大声朗读，同时找到相对应的图景。此游戏为小组接力，如果读错，则接力掉棒，其他同学帮助。

★　写字游戏　★

游戏：添砖加瓦

目的：巩固本课 10 个生字的认写,正确记忆字形。

准备：在黑板上写出 10 个笔画不完整的字。

方法：老师指名请学生上台,把缺少的笔画补充完整。比如,"孔"字,很多学生会把"提"写成"横",为了让学生记住这一笔画的特点,可以预留这一笔画,让学生补充。

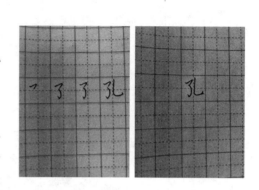

★　阅读游戏　★

游戏："一"字开火车

目的：学会"一"字的读音变化;正确熟练地朗读课文,背诵课文。

准备：课件、设置计时器。

方法：

1. 将每个句子里的"一"字遮住,请每个大组开火车读,一个人读一个短句,要求学生读得又快又准,读错了,火车就停了;比一比哪一组火车开得快又稳。

2. 以小组形式,打开信封,组员一分钟速记小组背诵段落。课件出示"海鸥""沙滩""鱼塘""稻田"等课文场景图,相应的小组起来,依次背诵接力,边背诵,边拍手。

综合性游戏

游戏一：妙语连珠

目的：学会迁移,在熟悉的生活情境中用数量词来描述熟悉的事物。

准备：四张情境图(教室里、操场上、在家里、公园里等)。

方法：

1. 生齐："你出来，我来对！"老师："一片——"生 1："一片沙滩。"生 2："一片树叶。"老师："一条——"……此游戏也可以由学生出数量词，请其他学生来对，依此交替进行。

2. 请学生选择一个场景中若干景物，以公园里情境图为例，仿照课文，创编场景歌。

游戏二：送礼物

目的： 创设情境，引导学生正确运用数量词。

准备： 词语卡片（比如"蛋糕""鲜花""巧克力""钢笔"等等）。

方法：

1. 生 1：今天是我的生日，我的好朋友们来了！学生们纷纷上台祝贺，送上"礼物"——词语卡片，并用准确的数量词说说自己送的是什么，比如"一盒蛋糕、一块蛋糕、一支钢笔"等。送礼物的学生只有说对了，所送的礼物才能被收下。

2. 引导学生说出祝福的话，进行互动交际。

3. 最后大家一起说一说，过生日的同学收到了哪些礼物，再次巩固数量词的使用。

2. 树之歌

★　**识字游戏**　★

游戏一：小树手拉手

目的：运用归类法、拆分法认识生字。

准备：生字部件卡片。

方法：

1. 老师将生字部件卡片贴在黑板上，同桌为一组。老师课件出示生字词"梧"，台下的学生齐读"梧，梧桐的梧"。上台的两个同学快速找到部件拼在一起，拼对了全班齐说："对！对！就是梧！"拼错了，那就换一组同学。

2. 课件出示本课生字，一棵大树，树干上写着木字旁。游戏开始，师生齐念儿歌："好朋友，手拉手，谁是我的好朋友？"被老师请到的小朋友到电脑前将木字旁的生字拖到大树上，说："我是枫，带木字，我是你的好朋友。"同时，可以让学生继续说说他认识的木字旁的字。

3. 小树开花：将课后要求识记的八个词语写在小树的花朵上，请同学开火车读准词语。读准词语的同学，获得小花。

游戏二：脑洞大开

目的：运用字理法、比较法巩固生字。

准备：生字卡片。

方法：课件出示本课生字，请同学们小组讨论，想一想识记的好办法，然后请同学当小老师，教同学们趣味识字。如：加一加、换一换等，灵活运用识字方法，巧记生字。

★　**写字游戏**　★

游戏：大家来找茬

目的：注意观察字形结构，识记容易写错的笔画。

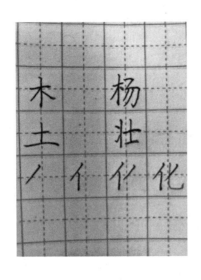

准备：写字课件。

方法：以"杨、化、壮"为例,这三个字都有特点,杨字的木字的捺变成点,化字的第四笔是竖弯钩,壮字的最后一笔横最短。课件动态书写这三个字,让学生观察,并且纠错。

★ 阅读游戏 ★

游戏一：你问我答

目的：趣味学儿歌,并进行适当的语言拓展训练。

准备：儿歌填空。

方法：1.读儿歌,背儿歌;2.师生问答;3.生生问答;4.同桌之间拍手问答。

如,老师：什么树高？什么树壮？什么树叶像手掌？

学生：杨树高,榕树壮,梧桐树叶像手掌。

鼓励学生换上自己生活中的例子作答。

游戏二：快板读课文

目的：增强学习兴趣,从熟读成诵。

准备：快板读儿歌。

方法：×老师暑假学习了新技能——快板,今天我想在同学们面前露一手,大家给点掌声,好吗？老师一边打快板一边背："杨树/高,榕树/壮,梧桐/树叶/像手掌。"老师随机停下来,学生接着背,当老师读"杨树"时,学生立即大声接读"高"。首先师生合作游戏,然后同桌一对一,小组一对众,男女对接,甚至可以打乱顺序,熟读成诵,背诵接龙。

游戏三：小小诗歌会

目的：拓展课文知识,运用语言训练,会仿写一两句儿童诗。

准备：不同树木的特征(样子、颜色、习性、价值方面)。

方法：PPT出示学生熟悉的植物,显示最有特征的部分,让学生猜一猜植物的名字,围绕样子、颜色、习性、价值方面说一说该植物的特点。学生仿写课文,创作一两句儿童诗。

3. 拍手歌

★ 识字游戏 ★

游戏一:小侦探

目的:巩固本课生字的认记,扩展一些动物知识。

准备:与本游戏配套的课件。

方法:老师通过课件展示一些动物的脚印、影子、叫声等资料,请学生判断它是什么动物。然后老师出示动物图片和名称,请学生认读。如果学生碰到困难,可以现场求助其他同学。

游戏二:猜动物

目的:激发学习兴趣,考查学生对生字、词语和课文的熟悉程度,扩展一些动物知识。

准备:本课出现的动物名称卡片。

方法:请两名学生上台来面对面站定,由教师在其中一名学生背后举起一张动物名称卡片,请对面的学生用肢体语言表现这是一种什么动物,并请另一名学生根据表演猜出它是课文中的哪种动物。如果学生猜对了,可以获得积分;如果猜错了,则要带领大家认读这个词语。

游戏三:猜一猜小动物

目的:交流小动物知识,加深对小动物的印象,并认记生字。

准备:一幅有各种小动物的情境挂图。

方法:老师出示情境挂图并引导:"你们看,天都亮了,图上的小动物们还在睡觉,那就请你把最喜欢的小动物请出来吧!"要求学生根据图片喊出动物的名称,并由老师在黑板上写出动物的名称。比如,生 1:"黄鹂,你的叫声很好听,快出来吧!"老师在黑板上写"黄鹂"词语,依此抓住不同动物的特征,请出"雄鹰、群雁、熊猫、孔雀、老虎、锦鸡"等动物词语。

游戏四:猜字游戏

目的:用多种方法反复识记生字词。

准备:生字卡片。

方法:请学生把生字卡片摆在桌上。老师根据生字特点提出要求,请学生迅速猜字,并举起相应字卡大声读出来。比如:(1)根据偏旁找一找:我是隹字部,谁是我朋友?(让学生明白隹字部和鸟字部,都和鸟类有关)(2)根据结构找一找:我是左右结构的字,请你快快把我找!(3)根据字音找一找:我是前鼻音,举起手来我看看。(4)根据字谜猜一猜:一人树上靠一靠。

★   **阅读游戏**   ★

游戏:拍手歌

目的:正确熟练地朗读并背诵课文,读出韵味美。

准备:儿歌。

方法:在正确、连贯朗读的基础上,可以采用自拍自读,生生对拍,师生对拍,组组对拍的方式,一边拍手一边背诵儿歌。

综合性游戏

游戏一:动物大观园

目的:通过游戏,使学生了解动物,丰富动物知识,热爱动物。

准备:请学生在课外搜集与文中动物(也可以是课文没有提到的动物)有关的资料。

方法:请学生拿上自己的资料去找伙伴交流有关的动物知识,或者由教师根据学生手中的资料按鸟类、兽类把学生分成两个游戏小组,准备各自的动物知识展览,分批邀请对方参观,并组织一次参观展览之后的感想交流。

游戏二:拍手歌

目的:通过拍手歌游戏,积累语言,了解动物知识。

准备:动物知识的拍手歌,如"你拍一,我拍一,几只小鸟叫叽叽。你拍二,我拍二,房檐底下有小燕儿。你拍三,我拍三,孔雀跳舞真好看。你拍四,我拍四,啄木鸟树上捉虫子。你拍五,我拍五,蜜蜂采蜜真辛苦。你拍六,我拍六,蝌蚪成群水里游。你拍七,我拍七,蜻蜓像架小飞机。你拍八,我拍八,青蛙岸边叫呱呱。你拍九,我拍九,树上有只小斑鸠。你拍十,我拍十,保护动物人人知"。

方法:在熟读课文的基础上,请学生邀请小伙伴一边拍手一边读儿歌。

4. 田家四季歌

★　识字游戏　★

游戏一:叫号子

目的:用组词的方式反复识记生字,积累语言。

准备:生字卡片,号码。

方法:学完生字后,老师将每个生字写上编号,贴在黑板上,然后师问:1号1号是啥字? 生:1号1号是季字。操作形式多样:生1:季节的季是几号? 生2:季节的季是1号。以此类推,生字重复时,组词尽量不重复。

游戏二:识字乐园

目的:灵活分享识字方法,巩固生字。

准备:生字卡片。

方法：

通过小组合作的方式,讨论自己的识字方法,推荐一个组员分享识字小妙招。例如,生 1：我们小组用加一加的办法认识了这些生字：

禾 + 子 = 季　季节的季

虫 + 胡 = 蝴　蝴蝶的蝴　月 + 巴 = 肥　肥胖的肥

依此整理汇报,其他同学跟读词语,通过"加一加,换偏旁,同偏旁归类"等趣味识字的方法,巩固生字词。

★　**阅读游戏**　★

游戏：超级马力

目的：用多种游戏方式把这首儿歌熟读成诵。

准备：儿歌填空,并把括号处设置成马的形状。

方法：PPT 出示练习题,让学生口头填充,看看你有几级马力。最后,引导学生一边拍手,一边背出来。

练习题：

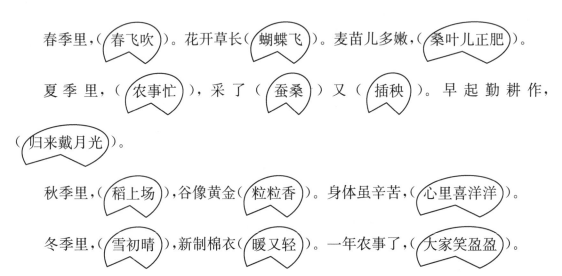

春季里,(春飞吹)。花开草长(蝴蝶飞)。麦苗儿多嫩,(桑叶儿正肥)。

夏季里,(农事忙),采了(蚕桑)又(插秧)。早起勤耕作,(归来戴月光)。

秋季里,(稻上场),谷像黄金(粒粒香)。身体虽辛苦,(心里喜洋洋)。

冬季里,(雪初晴),新制棉衣(暖又轻)。一年农事了,(大家笑盈盈)。

括号里的短语是马蹄形障碍物,填对就跳过去,拥有超级马力,继续前行。

语文园地二

⋯⋯⋯⋯⋯⋯⋯⋯⋯⋯⋯⋯⋯⋯⋯⋯⋯⋯⋯⋯⋯⋯⋯⋯⋯⋯

★　识字游戏　★

游戏：手疾眼快查字典

目的：熟练掌握部首查字法。

准备：新华字典，"查字典小能手"奖状。

方法：准备比赛内容，如下：

要查的字	部首	除去部首有几画	字的页码	读音
葡				
紫				
笨				
酸				

　　同桌两人合作完成任务，时间为 5 分钟。最后比较哪个小组查得又快又准，为其颁发"查字典小能手"奖。所查生字数量和时间可视班级学情作调整，时间不宜过长，保持兴趣为主。

★　积累游戏　★

游戏：对对碰

目的：识记"我爱阅读"的内容。

准备：十二个月的花的图片。

方法：

　　1. 课件打乱顺序出示"山茶花、迎春花、桃花、牡丹"等十二个月的花的图片，学生看到图片抢着对出诗句。例如，老师："几月开？什么花？"生："正月山茶满盆开。"

2. 老师也可以这样问。老师："什么花？几月开？"生："迎春二月初开放。"依此抢着对对碰。

课文

4. 曹冲称象

★　识字游戏　★

游戏一：小马过河

目的：认记生字。

准备：板画一条河,河两岸分别贴上生字卡片和对应的音节卡片

方法：学生一齐说:"小马、小马胆子大,什么困难都不怕。妈妈、妈妈放心吧,我们走过小河啦。"然后由教师点名请一名学生把生字卡片贴到对岸音节卡片边上,并由该学生带领大家读生字。游戏依此交替进行。

游戏二：啄水鸟治病

目的：复习本课生字,调动学生的学习积极性。

准备：初读生字。

方法：

1. 老师故意读错字音,让学生判断对错,并进行纠正。比如,"柱子"读成"zu zi","称象"读成"ceng xian","一艘大船"的"艘"读成"shuo"。

2. 老师故意写错字形,让学生纠正。比如"一杆称"、"四条退"、"义论"等。

★　阅读游戏　★

游戏：称象实验

目的：帮助学生理解课文内容,并能复述曹冲称象的过程。

准备：玩具小象、小石子、玻璃容器、小船、水。

方法：请部分学生上台按课文内容演示实验过程。在玻璃容器中倒上水，再把小船放进来，让小象上小船，并在下沉的船身上做一个记号，然后拿出小象，放进小石子，等船下沉到前面画下的记号时停止。请学生根据观察，复述曹冲称象的过程。

综合性游戏

游戏：最佳故事员

目的：培养学生搜集资料的兴趣和习惯。

准备：课外搜集有关动脑筋的故事。

方法：

1. 小组内交流自己搜集到的有关动脑筋的故事。
2. 派代表在全班交流，然后一起评出"最佳故事员"。

---

5. 玲玲的画

★ 识字游戏 ★

游戏：看动作，猜词语

目的：激发学习兴趣，发展具身认知，识记词语。

准备：在黑板上写出"脑筋、端详、懒洋洋、满意"等词语。

方法：请四位同学分别上台，然后根据教师做的动作猜是黑板上的哪个词语。也可以请学生做动作，其余学生猜是其中哪一个词语。

★ 阅读游戏 ★

游戏：多动脑，多思考

目的：让学生进一步体会"只要肯动脑筋，坏事统统能变成好事"的道理，并培养在生活中遇事要多动脑、思考解决办法的好习惯。

准备：课外搜集名人动脑筋、想办法的事例；学生喜爱的小奖品。

方法：老师在黑板上写出一些爱动脑的名人的名字，请学生找一个自己了解的名人，介绍一下发生在这个名人身上的动脑筋、想办法的故事，讲完故事后为其颁发奖品。最后，请同学说说自己平时动脑解决问题的故事，讲完故事后，为其颁发奖品。

6. 一封信

★ 识字游戏 ★

游戏：找位置

目的：正确认识本课生字，读准字音。

准备：准备生字卡，每个生字约 2—3 张，随机分给学生，每人一张。

方法：

1. 读课文，然后学生自由说说课文讲了一个什么故事（不要求简洁，可以互相补充，尽量完整）。

2. PPT 出示以下段落（括号中挖空）。

爸爸出国了，露西想给爸爸写一（封）信。放学后，她（削）好土豆放进（锅）里，（朝）窗外一看，妈妈还没下班。于是她自己开始写。

她想起爸爸边（刮）胡子边逗她玩，想起家里的台（灯）没人（修），想起家里很（冷）清。正当她难过时，妈妈回来了，拍拍她的（肩）膀。露西把这封写得不好的信揉成一（团），（重）新开始写。

第二封信里，她第一句先（写）"我们过得挺好"，接着写了小狗，问了螺丝刀，还写了下星（期）去看电影。在（结）尾，她画了一大（束）（鲜）花。

---

3. 一句一句地出示，朗读，每出现一个空格，手中生字卡片能填进去的学生迅速起立，作为小老师，带大家读生字，读词语，读句子。

★　　**阅读游戏**　　★

游戏一：拼图

目的：了解提示语和标点符号的作用，找出信的内容，完整拼出两封信。

准备：制作成拼图块的句子。

方法：

　　1. 同桌合作：把散落的句子拼成完整的信。

　　2. 修改部分词语，用你们喜欢的方式，把这封信通顺、完整地读出来。

游戏二：回声

目的：对比朗读两封信，发现、感受不同的情绪。

准备：课件。

方法：

　　1. 出示两封信的对比表，逐句交替朗读（男生第一封，女生第二封）。

| 亲爱的爸爸：
　　你不在，我们很不开心。
　　以前每天早上你一边刮胡子，一边逗我玩。
　　还有，家里的台灯坏了，我们修不好。
　　从早到晚，家里总是很冷清。 | 亲爱的爸爸：
　　我们过得挺好。
　　太阳闪闪发光。阳光下，我们的希比希又蹦又跳。
　　请你告诉我们，螺丝刀放在哪儿了？这样，我们就能自己修台灯了。
　　还有，下个星期天我们去看电影。
　　爸爸，我们天天想你。 |

　　2. 指导学生读出前一封信的悲伤，后一封信的欢快。

　　3. 说说你更喜欢哪一封？为什么？

　　4. 出示两封信的对比，逐句回信。

| 亲爱的爸爸：——————————→
　　我们过得挺好。——————→
　　太阳闪闪发光。阳光下，我们的希
比希又蹦又跳。——————————→ | 亲爱的_____：
　　_____。
　　_____
　　_____。 |

请你告诉我们,螺丝刀放在哪儿了?——→ 这样,我们就能自己修台灯了。	_____ _____。
还有,下个星期天我们去看电影。——→	_____。
爸爸,我们天天想你。——→	_____。

7. 妈妈睡了

识字游戏

游戏：比比谁的速度快

目的： 通过不断复现记住生字,并且培养学生迅速反应的能力。

准备： 生字卡片,五角星。

方法：

1. 教师把卡片贴在黑板上,请两位学生站在离黑板 1 米左右的地方做好抢卡片的准备,其余学生则轮读生字。轮读一开始,台前的小朋友根据听到的词语上前抢到手中的卡片,看谁反应快,卡片抢得多的学生获得两颗星,卡片抢得较少的适当给星。

2. 结束后,可以换两名选手,开始新一轮游戏。

词语游戏

游戏一：一字开花

目的： 为生字组词,积累词语。

准备： 花儿图片数个,花芯上写生字。

方法： 以小组为单位开展活动。由小组长进行分工,大家一边给生字扩词,一边把词写在花瓣上。本活动要求在 3 分钟内完成。比一比哪一组的花开得最大、最美。最后,大家读一读花上的词语。(如下图)

游戏二：夺红旗

目的： 结合课后练习，积累短语。

准备： 一面红旗，词语呈阶梯状排列的作业纸。

方法：

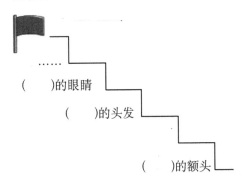

1. 把全班学生分成若干组，选出代表开展比赛。

2. 把短语补充完整，如"（水汪汪）的眼睛""（乌黑的）头发"等。

3. 填得对、填得多的同学夺得红旗。

4. 大家一起熟读词语，积累词语。

本游戏也可在小组内进行。

★ 拓展性游戏 ★

游戏：睡梦中的妈妈们

目的： 积累语言，升华情感，感受母亲的爱与辛劳。

准备： 妈妈（妈妈睡觉）的图画；观察妈妈睡觉写成片段；歌曲《疼爱妈妈》。

方法：

1. 6人一小组，组内展示自己画的妈妈，并介绍妈妈睡觉时的样子，聆听的同学可以根据自己的画面进行相应的词句修改或补充；

2. 一起共唱歌曲《疼爱妈妈》（作词：车行 作曲：戚建波）。

口语交际：做手工

游戏：哈哈，我做了_____

目的：激发学生交际的兴趣，使其能够明晰介绍的方法，畅所欲言。

准备：学生手工作品，彩色半圆纸片。

方法：

1. 教师（或学生）手拿一幅自己的手工，作示范交流（如"哈哈，我做了一朵郁金香，你做成了什么？"），然后大家互相介绍手工作品。

2. 教师（或学生）继续作示范介绍（如"小朋友，你想知道我是怎么做的吗？"），引导学生介绍手工作品的过程，用上"先……再……然后……"。

3. 教师要对在交流介绍中表现出色的小朋友，给予彩色的半圆作为奖励，并把它粘贴在该组的百花园里。最后比一比哪组的半圆多，并引导学生用半圆拼成美丽的七色花图案。

语文园地三

★ 识字游戏 ★

游戏一：猜一猜

目的：本次"识字加油站"的词语意思和动作有关系，通过此游戏能让学生更形象地记忆这类生字，理解意思。

准备：相关的卡片。

方法：

1. 出示"识字加油站"的短语，看看自己都擅长做哪些，试着做一做动作。

2. 请几组同学上台演示动作，其他同学根据动作猜是什么短语。

3. 用关联词"我会……还会……"说句子。

游戏二：找朋友

目的：通过写一写、找一找、摆一摆、读一读等实践活动，让学生认记生字、词语、短语，丰富语言的积累。

准备：请学生自制本文的短语卡片，每个短语要分作两张卡片呈现。

方法：

1. 将一套短语卡片打乱顺序放在一起。

2. 比一比、赛一赛，看看哪个小组的同学又好又快地将凌乱的词语卡片配成短语，摆到一起。

3. 小组同学将配成对的短语认真地读一读。

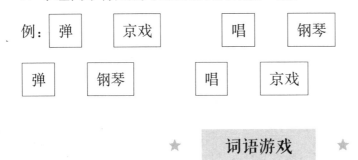

例：　弹　　京戏　　　唱　　钢琴

　　弹　　钢琴　　　唱　　京戏

★　　**词语游戏**　　★

游戏一：看一看，比一比

目的：结合"比一比，填一填"这一栏目，积累含有同音字的词语。

准备：课件，本栏目的 8 个词语以及相关图片。

方法：

1. 学生独立完成书本练习。

2. 小组交流，总结每组同音字的用法不同。

3. 各小组派代表参加班级比赛，看哪个小组想到的含有同音字的词语多，并据此评出"高手组"。

游戏二：一分钟记忆赛

目的：结合"比一比，填一填"这一栏目，积累词语。

准备：课件，有本栏目的 8 个词语，和上一栏目补充的几个含有同音字的词语。学生自己出的小试卷。

方法：

1. 先请学生自己读读记记含有同音字的词语，再要求大家在 1 分钟时间内记住它们。

2. 然后同桌互相交换试卷，2 分钟内完成，并互相交换批改。

3. 评选记忆冠军。

学生练习列举：

元　园　原　圆　员

(1) 公（　　）里的花好看极了。

(2) 爸爸给我两（　　）钱，让我买铅笔。

(3) 地球是（　　）的吗？

(4) 羊儿在草（　　）上吃草。

(5) 我爸爸是共产党（　　）。

知　只　支　枝

(1) 小鸟在（　　）头高兴地唱歌。

(2) 我有许多（　　）铅笔。

(3) 树叶上长了许多（　　）小虫子。

(4) 你（　　）道他上哪儿了吗？

游戏三：我们合作来种树

目的：区分生字中的同音不同义现象，培养对汉字的兴趣。

准备：准备好小组一套 8 个或若干个生字色子，也可以用字卡替代。小组一张 16 K 白纸。

方法：一个学生报词语，比如"花园"、"圆桌"，另一个学生找生字色子或字卡，找对了的一方在白纸上画一棵树，看看谁画的树多。最后合作涂上树的色彩，署上姓名，张贴在学习园地里。

★ 写话游戏 ★

游戏一：小侦探

目的：激发学习兴趣，了解玩具的特点和玩法，培养倾听能力。

准备：配套课件，玩具若干。

方法：

1. 老师通过课件展示一些玩具的某一部分，请学生谈这一部分的特点，然后猜出是什么玩具。

2. 引导学生听的时候抓住主要信息。

3. 展示这个玩具，请学生边展示边说一说这个玩具是怎么玩的。

4. 写一写最喜欢的玩具。

游戏二：你说我猜

目的：激发学习兴趣，加深对玩具特点的了解，并将它内化为自己的语言。

准备：学生自带玩具，对玩具的介绍。

方法：

1. 将学生分为若干组，小组内将玩具打乱放好。每个学生在组内介绍自己带来的玩具，其他孩子根据他（她）的介绍来猜一猜是哪个玩具。

2. 组内展示自己带来的这个玩具，由小组成员对刚才的介绍提修改意见，如：它的特点可以增加一点，它的功能和玩法可以再说得详细一些。介绍的同学可以适当修改自己的发言稿。

3. 小组派代表上台介绍玩具，由台下的同学来猜一猜，如果猜对了获得相应加星，如果猜错了就继续猜。

★ 拓展性游戏 ★

游戏一：看，我的"积累卡"

目的：引导学生主动识字，培养学生在课外主动收集信息的能力，交流识字方法，每人一张词语卡。

准备： 每人一张识字积累卡。

方法：

1. 分成若干个小组，每个小组讨论一个主题或关键词，请学生在积累卡上填写课内外有关主题或关键词的词语。

2. 学生可以回家完成，也可以从课外书上查资料。

3. 完成上述工作后，请爸爸妈妈和老师评一评。

4. 在卡片上写上自己的名字，并把它张贴在教室的展示台里，互相交流。

```
┌─────────────────────────────────────────┐
│              识字积累卡                    │
│                                           │
│   作者：          时间：                   │
│   搜集主题：                              │
│   二字词语：                              │
│                                           │
│   四字词语：                              │
│                                           │
│   句子：                                  │
│                                           │
└─────────────────────────────────────────┘
```

游戏二：小小背诗会

目的： 背通古诗，同时加强对生字的认记。

准备： 由古诗中的生字构成的卡片。

小儿垂钓

【唐】胡令能

蓬头	稚子	学垂纶
侧坐	莓苔	草映身
路人	借问	遥招手
怕得	鱼惊	不应人

方法：老师出示由古诗中的生字构成的卡片，让学生按生字出现在诗句中的先后顺序，摆好卡片，然后连起来，试着背诵诗句。

游戏三：学唱歌曲《歌唱二小放牛郎》（方冰词·劫夫曲）

目的：烘托气氛，加深对王二小的理解。

准备：相关视频，歌词课件，歌曲 mp3。

方法：

1. 自由阅读课文，说感受。

2. 读歌词，学歌曲，歌唱王二小。

8. 古诗二首

★   识字游戏   ★

游戏一：猜谜大赛

目的：运用多种方法编字谜，巩固本课 12 个生字的认记。

准备：预先请学生给本课 12 个生字自编谜语。

方法：

1. 教师把全班同学分成甲乙两队，相对而坐，进行猜字谜比赛。现有一方代表出题，另一方猜谜，每猜对一次得一颗星。然后由另一方出题……

2. 最后比较两队的得星数，判断哪一队获胜。

字谜：

（1）人靠衣装。（依）

（2）四四方方一座城，城上有兵二十一；城下共有兵八个，城里十个没出来。（黄）

（3）屋旁有火。（炉）

（4）三笔成一字。（川）

（5）三滴水从左边来，暴风又从右边去。（瀑）

……

游戏二：二次摸彩

目的： 检查学生识字情况。

准备： 两个纸盒，分别装本课生字和词语卡片；"优胜组"奖状。

方法：

1. 由学生从生字盒内摸出生字卡片，认读生字并组词，即为首次中彩。

2. 由学生从词语盒内摸出词语卡片，认读词语并用词语说一句话，即为二次中彩。本游戏以小组的形式进行，二次中彩的小组获得"优胜组"奖状。

★ 　**阅读游戏**　★

游戏：图文对照讲故事

目的： 加深对诗意的理解。

准备： 学生熟练朗读古诗。

方法： 看插图，讲故事，比比谁的想象力最丰富、故事讲得最生动有趣。

综合性游戏

游戏一：制作古诗学习卡

目的： 通过大量的古诗诵读，积累更多的古诗。

准备： 请学生课外摘抄一些诗句，做成卡片。

方法： 组织学生交流自己制作的诗歌卡片，和同学一起读、背古诗，通过这样的合作学习，涵养学生的语文素养。

游戏二：看表演，猜诗歌

目的： 结合表演学习古诗，激发学生的学习兴趣，调动学生学习古诗的热情。

准备： 教师课前请学生准备，以表演的形式展现诗句内容。

方法：

  1. 请部分学生表演，大家一起观看，并猜想该表演是根据哪首诗歌编，说出诗句。

  2. 分组表演自己熟悉的诗歌，然后小组成员一起猜猜、读读、背背。

9. 黄山奇石

★ 识字游戏 ★

游戏一：登顶黄山，抢占高地

目的： 巩固对本课 15 个生字的认记。

准备： 黄山石简笔画。

方法： 每次选两位小朋友进行比赛，请他们读生字。谁能按照从山脚到山顶的顺序把 8 个生字念对，谁就算获胜。如果条件允许，还可以让学生给生字组词、说句子。

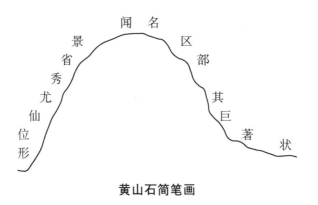

黄山石简笔画

游戏二：读儿歌识字

目的： 进一步巩固本课生字的认记，激发学生认字的兴趣，积累语言。

准备： 儿歌（转引自《教师教学用书》），"黄山石，形状奇，山峰巨，石盘立。金鸡啼，有名气，仙桃石，天下奇。小猴子，伸脖子，胳膊举，看仔细"。

方法：

1. 朗读儿歌，圈出生字。
2. 自己或和同桌一起，一边拍手一边念儿歌，在愉悦轻松的气氛中巩固识字。

★　　词语游戏　　★

游戏：手拉手，好朋友

目的：整体感知课文大意，帮助学生了解课文的主要内容，同时通过图文对照，增强学生对生字新词的印象。

准备：本课几块奇石的描图，相应的词语卡片，比如"仙桃石、猴子观海、仙人指路、金鸡叫天都"等等。

方法：

1. 引导学生一边读课文一边思考："课文具体写了哪几块黄山奇石?"用铅笔在文中圈一圈。
2. 出示图片和词语，点名请学生给它们配对，然后由该生当小老师带同学读一读词语。
3. 请学生找出描写自己最感兴趣的奇石的段落，读一读。
4. 请学生找出自己最感兴趣的奇石图片，用几句话介绍一下。

★　　阅读游戏　　★

游戏：小导游

目的：加深学生对课文内容的理解，培养学生的口语表达能力。

准备：请学生课外收集黄山奇石图片；小话筒。

方法：

1. 学生自学课文后，请他们把自己喜欢的部分背下来。
2. 结合自己收集的图片，作好介绍相关奇石的准备。
3. 学生准备好后，点名请他们扮演小导游，介绍黄山奇石。
4. 大家共同评选出"优秀导游"。

综合性游戏

游戏：排除地雷

目的：进一步巩固文中生字的认记，加深对文中内容的印象。

准备：纸团，每个纸团上写一个要求。

1. 请你猜一字：龙尾巴不见了（尤）；山边一个人（仙）；开和影子在一起（形）……

2. 请你向同桌背诵自己喜欢的段落，并解答同学对这段话的提问。

3. 请你选一块石头，仿照课文段落，发挥你的创造力，试着介绍黄山奇石。

4. 请你书写两个本课要求会写的生字，并组词。

方法：教师把纸团藏在教室的角落里，让学生去寻找纸团，学生找到纸团并完成上面的要求，就是排除了一个地雷，最后评比，排"雷"最多的学生荣获"排雷勇士"的称号。

10. 日月潭

识字游戏

游戏：找地雷

目的：激发学习兴趣，识记本课生字。

准备：教师板画一片森林，并制作若干"地雷"形状的生字卡片贴在森林图片上；若干奖品。

方法：教师把学生分成若干小组，以小组为单位开展游戏，请每个小组到森林里探险。探险人员需从"森林"里找出一定数量的"地雷"并挖掉（认读生字、组词并用该词说一句话），才能顺利完成探险任务。各个小组的探险时间是一样的。最后全班比较，在相同时间内挖出地雷最多的小组获胜，并得到奖品。

★　**词语游戏**　★

游戏一：学以致用

目的：加强四字词语的理解和积累，提高主动运用好词的能力。

准备：结合课后"读一读，记一记"练习中的四字词语进行。

方法：

1. 请学生认读"读一读，记一记"练习中的四字词语，并想象词语所描绘的画面和意境。

2. 点名请学生选择其中的一个或几个词语说一句或几句话。

3. 大家听一听、评一评，看谁用的词语多且贴切。

4. 同桌之间合作修改自己所说的句子，并把它写下来。

游戏二：竞聘"小导游"

目的：加深学生对课文的理解，引导学生收集有关资料，锻炼学生的信息处理能力和口语交际能力。

准备：课前搜集有关日月潭的资料；导游证。

方法：教师创设情境："国内有一批游客准备去台湾旅游，日月潭是他们行程中一个很重要的景点。可是，他们还没有导游。你们愿意来试一试给他们做导游吗？"

1. 先请学生整合书上的有关内容及课前收集的资料，自由准备竞聘发言。

2. 请学生上台竞聘"小导游"，介绍有关日月潭的景点。学生可以运用书上的知识来介绍，也可以补充自己课外查找的资料。其余学生当评委，在导游介绍完之后进行提问，或者说出自己的感想，提出建议。

3. 最后，由学生和教师民主投票，选出最出色的"小导游"，为其颁发"导游证"。

11. 葡萄沟

★　识字游戏　★

游戏：翻越火焰山

目的： 巩固本课生字的认记，温习各种识字方法。

准备： 火焰山简笔画和生字卡片。

方法： 引导语：同学们，我们都知道西游记有一座火焰山，困住了唐僧师徒。你可能不知道葡萄沟就是火焰山下的一处峡谷。那里风景秀丽、盛产葡萄，是不是很想去游历一番？要想到达葡萄沟，首先要翻越火焰山，但是火焰山上设置了许多"艰难险阻"（生字），只有认识生字的小朋友才能顺利闯关！

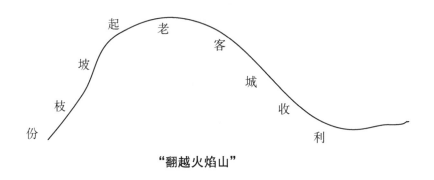

"翻越火焰山"

1. 四人小组合作闯关，每个人识字闯关，不熟练的小朋友组长带领多认几遍。

2. 闯关成功的组员，组长给组员就朗读准确性进行打分。获得三颗星的小朋友被评为"识字小能手"。

★　写字游戏　★

游戏：画星星，签个名

目的： 了解生字特点，准确、规范地写字，培养团队互助协作的能力。

准备：田字格纸,铅笔。

方法：

  1. 出示"我会写"中的 10 个生字,带领学生认读一遍,然后请学生自主认读。

  2. 请学生看一看每行字在字形上有什么不同。

  3. 根据班级情况,分若干小组开展写字比赛,每人自选若干个字认真书写。

  4. 集体展示交流。各组把完成的写字卡贴在教室的"写字栏"里。

  5. 学生课后在自己认为比较满意的作品下画上星,并写上自己的名字。

★ 阅读游戏 ★

游戏：吃葡萄,夸葡萄

目的：加深对课文内容的理解,培养口头表达能力。

准备：几包新疆的葡萄干,一顶维吾尔族姑娘戴的帽子;熟读课文。

方法：学完课文之后,老师戴上帽子当热情好客的维吾尔族姑娘,请大家尝一尝新疆的葡萄干,并请大家用上句式夸一夸吐鲁番的葡萄,夸一夸维吾尔族老乡。

  参考句式：

  1. 吐鲁番的葡萄颜色艳丽,有____、____、____、____、____,五光十色,美丽极了。

  2. 维吾尔族的老乡热情好客,一定会用他们的特产招待大家,有____、____、____、____,种类繁多,让你吃个够。

综合性游戏

游戏：小小博览会

目的：了解家乡的特产,介绍家乡的特产,培养收集资料的能力和语言表达能力。

准备：通过采访或者其他方式了解家乡的特产。

方法：

  1. 老师引导："我们家乡有哪些特产呢? 大家一定都在课外搜集了很多资料。今天就来开一个'小型博览会',向大家展示一下。"

2. 各个小组选定一样特产，讨论该如何向大家介绍。

3. 各组选派代表发言，向大家介绍特产。发言完毕，其他学生可以向该代表提问，或补充说明自己的看法。

4. 学生离开座位，分批次到各个小组，就该小组的家乡特产参观、品尝，并互相交流。

语文园地四

★ 识字游戏 ★

游戏一：生字小火车

目的： 通过动手做卡片、运卡片来认记生字，激发学生的识字兴趣。

准备： 学生制作"识字加油站"的生字卡片。

方法：

1. 采用分组竞赛的形式运送卡片。先将所有的生字卡片摆放在 1 号同学的桌上，然后由老师宣布游戏开始，请 1 号同学逐个认读卡片并向 2 号同学运送，2 号同学逐个认读传送过来的卡片并依次向 3 号同学运送，依此类推。

2. 如果遇到不会认读的生字，则需请教组里的同学或老师，直到正确认读以后，才可向下一位同学运送。

3. 最后评比，最先运完的小组获胜。

4. 分组的形式与路线不定，可以小组自由选择。

游戏二：你说，我说，识字多

目的： 引导学生在生活中主动识字，并交流、总结识字的方法。

准备： 火车票或其他车票，课外识字卡（识字本）。

方法：

1. 学生拿自己带的车票,分小组交流认识了哪些字,不认识的字同学互相帮助或者查字典。

2. 拿出识字卡(识字本),介绍自己平时认识的、记下来的生字。

3. 学生上台展示,并介绍课外识字的方法,比如,看书看报识字,看路牌、广告识字,看电视识字,认美术书、音乐书、数学书中的生字,认姓名识字等。

4. 总结出本班识字大法若干条。

★ 写话展示台 ★

游戏:多彩留言区

目的:了解留言条的用处,并学写留言条。

准备:彩色 A4 纸若干。

方法:

导入话题:"很多时候我们会遇到有事外出,但家里没人,或者要找某个人但是人却不在的情况,这种时候我们就要写一张留言条。"

1. 分成若干小组,每个小组讨论留言条分成几个部分,每个部分怎样写。派代表交流,小结留言条的格式。

2. 各组选定一种情况,商量该怎么写正文,并写成留言条。

3. 展示所有留言条,各小组派一位代表上台来交流,评出"最佳留言"。

4. 总结出留言条内容要简洁明了,句子要通顺,表达要完整。(出示儿歌:留言条)

留言条

称呼顶格加冒号,开头两格要空好。

要把事情说清楚,逗号句号不能少。

写的人,右下角,几月几号别忘掉。

认真学会留言条,今后生活常用到。

★　　阅读游戏　　★

游戏：为美丽家乡配音

目的：理解课文内容，锻炼朗读能力。

准备：与课文相应段落配合的风景图片。

方法：

1. 学生先自由练习朗读课文。

2. 教师出示图片，请学生自由选择，练习相应段落的朗读。

3. 全班同学赛读。对照图片配音，并评比最佳配音员。

综合性游戏

游戏一：师生擂台赛

目的：结合"字词句运用"栏目，进一步学习比喻句。

准备：预习"字词句运用"，相关图片和词语，练习纸。

方法：

1. 师生进行擂台赛。教师出示一幅图片或者说一个词语，请学生说出它像什么。

2. 让孩子们把自己所造的句子编成一首小诗。

例子一：说一说，写小诗。

爸爸的鞋子像什么？　　爸爸的鞋子像（　　　　　）。

爸爸的鞋子像什么？　　爸爸的鞋子像（　　　　　）。

弟弟的鞋子像什么？　　弟弟的鞋子像（　　　　　）。

弟弟的鞋子像什么？　　弟弟的鞋子像（　　　　　）。

例子二：我会自己编小诗。

细长的柳条像什么？　　　细长的柳条像（　　　　　）。

（　　　）的云朵像什么？　　（　　　）的云朵像（　　　　）。

（　　　）的枫叶像什么？　　（　　　）的枫叶像（　　　　）。

（　　　　）的路灯像什么？（　　　　）的路灯像（　　　　　　　　）。

（　　　　）的胡子像什么？（　　　　）的胡子像（　　　　　　　　）。

游戏二：看谁写得多

目的：结合"我的发现"栏目，积累相关词语。

准备：分成若干组，每组发给不同颜色便利贴；游戏前鼓励学生根据课后"我的发现"的要求，补充这样的词语，引导学生尽量多准备一些答案；钟表；黑板上分"白色""红色""黄色""绿色"四大区块。

方法：

1. 老师引导："积累词语好处多，看谁写得多！"要求学生在规定的 3 分钟时间内尽量多写相关词语。

2. 小组向全班汇报，将写好的词语贴上黑板。

3. 根据情况评选出冠军组、亚军组、季军组，由获胜队当小老师带读圈出的好词语。

4. 大家一起记一记这些词语。

游戏三："风景名胜"展示台

目的：结合本单元风景名胜的学习，培养学生的综合语文素养。

准备：在学习本单元相关课文时着手准备，收集"风景名胜"的词语、句子、古诗，画一画家乡美景，写几句话夸一夸家乡。"最美家乡代言人"奖状若干。

方法：分小组开展游戏，由老师为每组同学的表现打分，并根据分数高低评选优胜小组。

1. 请各小组派一个代表上台，轮流说收集到的"风景名胜"的词语，哪个组说得越多，得分越高。（词语不重复，说出一个词语得一分。）

2. "风景名胜"诗句抢答。每组派一名代表上台参加。（答对一句得 2 分，抢答则取消作答资格。）

3. 各小组准备好家乡的画，上台介绍家乡美景，大家评议打分。得分最高的三位评为"最美家乡代言人"。

12. 坐井观天

∙∙

★   **识字游戏**   ★

游戏：小鸟飞

目的：把生字识记放在游戏中完成，使学生学得轻松、愉快、牢固。

准备：一棵生字树，上面悬挂生字卡片；一个小鸟头饰。

方法：老师把生字树贴到黑板上，并在生字卡片的背面写上一些要求，然后由两名学生合作开展游戏，生1戴小鸟头饰说："小鸟飞到哪里去?"生2说："小鸟飞到'沿'字上。"生1拿下"沿"字卡片，请生2完成卡片背面的要求（比如，说出如何识记该生字、用该字组词、说一句话等）。生2顺利完成任务后，由生1把小鸟头饰传给他，继续进行游戏。

★   **阅读游戏**   ★

游戏：课本剧表演

目的：通过角色表演，体会寓言的寓意。

准备：学生自己准备小鸟和青蛙的头饰。

方法：

1. 老师引导："如果青蛙跳出井口，它会看见什么？会和小鸟说些什么?"要求同桌的两位同学演一演青蛙跳出井口之后的情形。

2. 请勇敢者自荐上台表演。

综合性游戏

游戏：踩石子过河

目的：在游戏中加深对课文内容的理解。

准备：在教室中间的过道上设计一条"河"，并画若干块"石头"，在每块"石头"上贴上一个问题,这些问题可以是:(1)请你说出青蛙和小鸟对天的不同看法。(2)他们为什么会有不同看法?(3)你同意谁的看法?为什么?等等。

方法:分男女两组比赛。先请一组派一名代表上场,读出"石头"上的要求,并回答问题。然后换一代表继续上场回答问题。如果代表碰到困难,就要站在原地向其他组员求助。本活动实施时以鼓励为主,推选全部顺利解决问题的小组获胜。

13.　寒号鸟

★　识字游戏　★

游戏一:生字大转盘

目的:激发学习兴趣,区分形近字读音,巩固本课所学生字的认记。

准备:词语转盘。

方法:老师出示转盘:"看,我们刚学的生字交上了新朋友,你们大家认识吗?"老师转动转盘,请学生读出指针所指的词语。

游戏二:创编韵律歌

目的:增强学习的趣味性,了解"一"字的变调,掌握课文中数量词的搭配。

准备：含有"一"字的短语。

方法：

1. 出示含有"一"字的数量词短语，小组合作拼读，并全班展示朗读。

2. 出示带空格的韵文，小组合作把"一"字短语填入，完成韵文。完成准确的小组得一星。

3. 小组给韵文划出节奏，并带节奏表演韵文。根据表演形式新颖，韵文朗读有感情对小组进行加星。

4. 最后评出"最佳韵律歌创作小组"。

韵律歌：大树脚下（一堵崖），高高崖上（一道缝）；

　　　　石崖下面（一条河），清清河边（一棵树）；

　　　　树上落着（一只鸟），口中衔着（一条虫）

　　　　……

★　**短语游戏**　★

游戏：演一演，说一说

目的：积累"____得_____"的短语。

准备：相关短语。

方法：

1. 出示短语：冷得直打哆嗦、热得直冒汗、热得像蒸笼、冷得像冰窖，请学生演一演，说"得"字短语用法。

2. 小组为单位说"得"字短语，比一比，哪一组用得对，说得多。

★　**阅读游戏**　★

游戏：我是小小配音员

目的：把课文内容用连环画形式呈现给学生，让学生对照画面讲故事，锻炼学生的看图说话能力，练习运用并内化课文中的语言。

准备：两幅插图。

方法:

1. 每组推选出一位寒号鸟、一位喜鹊、一位旁白,小组内交流,应该怎样读好角色语言,图一和图二里面,角色语言有什么变化。

2. 全班展示,选出最能体现角色心理的"配音员"。

14. 我要的是葫芦

★ 识字游戏 ★

游戏一:选号码,摘葫芦

目的: 巩固本课生字的认记,激发学生学习兴趣。

准备: 如果条件允许,可用电脑制作动画,画面上为几条葫芦藤,上面挂上带号码的葫芦;或者板画几条葫芦,上面贴好葫芦形状的字卡。

方法: 在学生读通课文后开展摘葫芦游戏。先由学生任意选择一个号码,然后老师点击相应号码的葫芦,葫芦马上在屏幕上变大并展现一个生字,请学生领读该生字。

游戏二:按要求,摘葫芦

目的: 练习写字,有效激发学生的学习兴趣。

准备：板画几条葫芦藤，然后在藤上贴好 8 张葫芦形状的生字卡片，并用小黑板出示游戏要求：(1)请摘下结构相同的字。(2)请摘下偏旁相同的字。(3)请摘下部件相同的字。(4)请摘下书写时要左窄右宽的字。(5)请摘下按从上到下顺序写的字。

方法：分两组进行活动。每组派代表上前按照要求摘生字、读生字，其他同学在下面读生字、提建议。学生每次摘下葫芦，带读后要及时挂回。最后，大家比较哪个小组的代表完成得又快又好。依此继续进行游戏。

★　　**阅读游戏**　　★

游戏一：送葫芦

目的：读好课文每一句话，分层次感知课文大意，培养学生阅读理解能力。

准备：简笔画葫芦藤情境，9 个带葫芦的句子条，课件。

方法：引导学生质疑：我在想，这个人要的是葫芦，那么他要的到底是"一个葫芦"还是"一棵葫芦"呢？

师：问得好，现在就带着这样的疑问打开语文书。（课件出示要求：1. 读准生字，读通课文，标好段；2. 一边读一边把文中所有带"葫芦"的词都用铅笔圈出来，并且思考刚才的问题。）

生：（认真读课文。）

师：都读完了，圈出了多少个"葫芦"？

生：9 个。

师：那好，我们再来做一个"送葫芦"的游戏（投影出示"送葫芦"界面）。（教师分发带"葫芦"的句子，学生纷纷上台"送葫芦"。）

师：谁有火眼金睛，有贴错的吗？（若发现学生贴错了，下面有学生发现后，立即上来重贴，并阐述自己的观点。）

师：送葫芦的游戏好玩吗？看黑板上不同贴法的句子，现在你知道那个人要的是"一个葫芦"还是"一棵葫芦"呢？

生：（异口同声）要的是一个葫芦。

游戏二：小小评论家

目的：通过课本剧表演，深入理解课文。

准备：课文的两幅插图；每组选好演员，事先进行练习，一人扮演种葫芦的人，一人扮演邻居；把教室布置成表演席、评委席和观众。

方法：分组开展游戏。每个小组选一人扮演种葫芦的人，一人演邻居，练习扮演；此外，推荐一名评委。然后请表演者、评委和其他学生分别就座观看演出。每组表演完后，要由评委从"语言是否正确，动作是否恰当，表情是否丰富，想象是否合理"等方面进行评价，并说出自己评价的依据，其他观众如有不同意见，可以随时提出。最后，大家评选"小小表演家"。

口语交际：商量

口语交际游戏

游戏：做文明少年（"能说会道"好少年）

目的：让学生在实践中自主探究并逐步掌握商量的要领，做到找人商量态度真诚、以理服人，共同商量。努力学会耐心倾听，设身处地，积极策划。

准备：课前，布置学生写下心中想与别人商量的事；奖状若干。

方法：

1. 直接引入本次交际的话题。

2. 指导商量方法。

问题创设情境：你值日那天因为有事，所以你想和小丽调换一下值日的时间，该怎样跟她商量呢？

交流：请在 4 人小组内讨论交流，请每个小组派一名同学汇报。

讨论：怎样说，小丽才更愿意和你调换值日的时间呢？

总结：（1）首先要向对方提出商量的事情。

（2）商量时，态度要真诚，语气要谦虚。把自己的想法说清楚。

　　（3）当对方同意时，要表示感谢；当对方拒绝时，也要告诉对方没有关系。

3. 再创情境，集体讨论。

提供情境选择：遇到下面的情况，你会怎样跟别人商量。

（1）向同学借的书没有看完，想再多借几天。

（2）最爱看的电视节目马上就要开始了，但爸爸正在看足球比赛。

（3）忘记带音乐书了，想向隔壁班同学借一本。

（4）周末，妈妈想带你去书店，可是你约了同学去看电影。

小组选一个内容讨论，并把自己的一些想法写下来。全班交流，将大家的交流成果择优写一写。

4. 交流收获，学习商量的好方法。

5. 评选"能说会道"好少年。

语文园地五

★　**识字游戏**　★

游戏：花朵找家

目的： 结合"识字加油站"栏目，巩固本园地生字的认记，培养识字兴趣。

准备： 花瓶形状的卡片上贴上三个相同部件；花瓣形状卡片上贴上 9 个偏旁；若干空白无字花朵卡片。

方法： 小组合作先把相同部件的花瓶，找到相应的花朵，并说说每朵花之间的意思区别；然后在空白花朵上补充其他偏旁，最后比较哪组花瓶的花开得最茂盛。

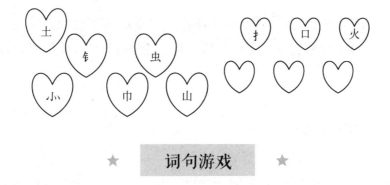

★ 词句游戏 ★

游戏一：词语博士开赛啦

目的：帮助学生学习、积累含有"言""语"的四字词语。

准备：课本中含有"言""语"的四字词语。教师设计三关"挑战赛"内容,第一关,教师说出词语的前半部分或后半部分,请选手补充;第二关,教师说词语的意思,请选手找出该词语;第三关,教师说出一个词语,请选手找出和它意思相近的词语。拓展部分含有"言""语"的四字词语。

方法：

1. 四人小组讨论交流这些四字词语的意思。

2. 各小组派代表参加"词语博士"挑战赛。挑战赛规则：听完题目第一个举手的学生作答,作答正确得一分,作答错误或者抢答则扣一分。得分最高的小组获得"词语博士"团体奖,得分第二的获得"词语硕士"团体奖。

3. 拓展资料：

冷言冷语　快言快语　闲言碎语　流言蜚语

好言好语　言多语失　花言巧语　七言八语

龙言凤语　能言快语　不言不语　俗语常言

游戏二：我来考考你

目的：结合"字词句运用"的学习,积累含有"言""语"的词语;同时让学生交换打分,获得成就感和学习的动力。

准备：学生学完含有"言""语"的词语后,自己搜集有关资料,利用这些资料编一张小试卷,考查学生对含有"言""语"词语的掌握情况。试卷20题,每题5分。比如"＿＿＿＿＿不语""＿＿＿＿＿两语"。

方法：同桌交换试卷答题,然后双方交换打分。同桌之间如有一方没能完成题目,另一方要帮助他解决。最后二人一起读这些词语。全部完成后,两位同学各得1颗星。

综合性游戏

游戏：卡片连词练背诵

目的：积累古诗佳句;加强对生字的认记。

准备：由故事中的生字构成的卡片,比如"千"、"万"、"孤"、"独"等。

方法：老师出示故事中的生字卡片,让学生按生字出现在诗句中的先后顺序,摆好卡片,然后连起来,试着背诵诗句。

---

15. 大禹治水

★　识字游戏　★

游戏：疏导洪水

目的：通过运送"洪水"卡片,巩固所学生字认记,激发学生识字的兴趣。

准备："洪水"背景卡片若干,上面写有本课生字,6面小红旗。

方法：分组进行不同形式地运送卡片,一般每组6人。先将所有生字卡片放在1号同学桌上,将一面小红旗放置在6号同学桌上,表示大海。老师宣布开始疏导"洪水",请1号同学认一张就向2号同学运送一张"洪水"卡片,依次进行。遇到不会认读的字,可以请教老师或者组内同学,待正确认读以后方可以继续往后运送,否则视为犯规。最后比较,哪个组用时最短,就获得1面小红旗。

★　词语游戏　★

游戏：筑起防洪坝

目的：结合课后练习"读一读,记一记"进一步巩固生字,理解字意。

准备：板画若干座大坝，每个大坝上面用"洪"、"毒"等生字命名。方形卡片若干，背景画有防洪沙袋，中间空白，用来给学生写词语。小红旗若干。

方法：小组合作，讨论含有这些生字的词语，并把词语写在防洪沙袋上。每写一个词语，大坝可以垒高一截。最后评出优胜小组，获得红旗 1 面。

综合性游戏

游戏一：让我来考考你

目的：积累神话故事。同时让学生当小老师为同学出题，获得成就感和学习的动力。

准备：请学生自己设计一张神话故事测试卷。第一块：包含 5 个神话故事，计 10 分。比如：_____羿射_____、女娲_____等。第二块：简述，计 10 分，比如：请简要说一说"后羿射日"这个神话故事，并写下来。

方法：

1. 同桌交换完成试卷，时间为 10 分钟。

2. 由出题同学批改试卷。如遇到同学不会或者回答不完整的题目，则由出题者补充。时间为 5 分钟。全部完成后，两位同学各得 1 颗星。

游戏二：科学防洪我设计

目的：了解禹和父亲治水方法的不同，了解科学防洪的方法。

准备：课前调查收集防洪方法。"小大禹"勋章若干。

方法：

1. 小组讨论，交流禹和父亲治水的方法和启发。

2. 交流各自防洪调查情况，派一个代表上台总结。

3. 评选"小大禹"。

> 科学防洪我设计＿＿＿＿＿＿小组
>
> 小组搜集到的防洪方法：1.
>
> 　　　　　　　　　　　2.
>
> 　　　　　　　　　　　3.
>
> 科学防洪我们可以做到：1.
>
> 　　　　　　　　　　　2.
>
> 　　　　　　　　　　　3.

16. 朱德的扁担

识字游戏

游戏一：红军装备我知道（谜语会）

目的： 识记生字，发展思维。

准备： 将本课生字和课文中出现的"草鞋"、"扁担"等物件做成漂亮的词语卡片。（备用谜语：德，伟大领袖的名字，一心一意为人民。草鞋，小时青青老时黄，敲敲打打配成双，红军长征十万里，不辞辛苦常相伴。斗笠，别人皮包骨，它是骨包皮，实在不相信，背上生肚皮。扁担，外形简单像个"一"，材料平凡不稀奇，使用方便且省力。）

方法： 小组派代表回答，回答正确的奖励给这个小组，可以一起读一读、记一记。

游戏二：挑粮竞赛

目的： 巩固本课生字的认记。

准备： 简笔画一座山（山顶写上"井冈山"，山脚写上"茅坪"）。山顶上画一面红旗。

方法：将学生分为男女两组参加游戏，并为每组取好队名。每组学生轮流认生字，每认对一个字，就向"井冈山"前进一步，最后比较哪一队率先登顶，夺得红旗。

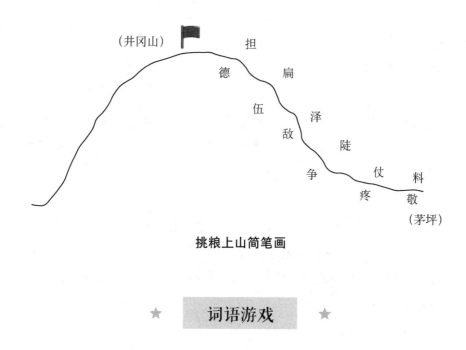

挑粮上山简笔画

★ 词语游戏 ★

游戏一："朱毛"会师

目的：巩固词语的认记。

准备：板画井冈山，左边山脚写"毛泽东"部队，右边山脚写"朱德"部队，山路上散布着一些词语或生字。

方法：同桌两人一组，一人一边合作认读词语，全部完成认读的就可以顺利"会师"井冈山，每人获得一颗星。如出现不会读的字词，可以请教同桌，也可以查看书本。

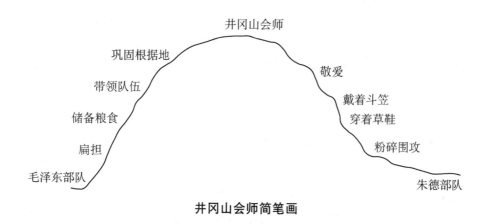

井冈山会师简笔画

★   **阅读游戏**   ★

游戏一：坚持就是胜利

目的：激发学生的阅读兴趣，提高学生朗读水平。

准备：初读课文。

方法：自由读课文，读错一处，举起左手，继续往下读；读错第二处，同时举起左右手，继续往下读；读错第三处，站起来读，一直坚持读到最后。一直坚持到最后的孩子，也能像革命前辈一样吃得起苦，坚持到底。

指导朗读：评读、赛读。

1. 从井冈山到茅坪，来回五六十里，山高路陡，非常难走。

（读出来回走五六十里那种艰难的感觉。）

2. 他穿着草鞋，戴着斗笠，挑起满满一担粮食，跟大家一块儿爬山，晚上，还要整夜整夜地研究怎样跟敌人打仗。

（读出朱德的辛劳，和战士们对他的心疼。）

游戏二：我是朗读者

目的：体会角色情感，读出挑粮的艰辛。

准备：担子、斗笠。

方法：

1. 请学生上台体验：头戴斗笠、身挑担子，感受挑担子上山下山"五六十里"的不易，并交流各自的体验和感受。

2. 自由读第三自然段，找出课文中朱德还做了哪些事？

3. 如果你是红军战士，你会对朱德同志说什么？带着理解自由朗读第三自然段。

综合性游戏

游戏：历史知识我知道——"朱毛会师"

目的：培养课外阅读、搜集能力，激发学习兴趣。

准备：自己搜集相关知识，摘录；"最佳发言人"小奖状。

方法：

1. 6 人小组为单位，互相交流自己搜集到的资料。

2. 派代表总结小组交流内容，其他组员可以提建议或补充发言。

3. 评选"最佳发言人"，该小组成员每人加一颗星。

井冈山会师：1927 年冬，毛泽东领导的秋收起义工农革命军，在井冈山创建了革命根据地，并与南昌起义军余部取得了联系。1928 年 4 月，朱德、陈毅率湘南起义工农革命军到达井冈山。两军会师后，合编为工农革命军第四军，朱德任军长，毛泽东任党代表兼军委书记。这次会师壮大了井冈山革命根据地的军事力量，对红军和土地革命战争的发展具有重大意义。

17. 难忘的泼水节

★ 识字游戏 ★

游戏：抢卡片

目的：激发识字兴趣，集中注意力认字。

准备：教师把班里同学分成四人学习小组；为每个小组复印一份生字卡片，分别装入信封，发给各个小组长。

方法：

以小组为单位开展抢卡片游戏，比一比谁的反应快，能够准确认读生字。

1. 师说生抢。由小组长把卡片拿出来放在桌子上，组长带领大家读一个，摆一个，把所有生字都摆好。接着，组员一起听老师报生字，并快速地找到那个生字卡片。首先抢到字卡的同学可以当"小老师"带领其他学生读 3 遍生字。

2. 生说师抢。各组推选"小老师"读生字，由老师在黑板上指出学生所读的生字。

3. 组内互"抢"。组内选出一名"小老师"报生字,其他组员找相应卡片,并领读生字。

★ **阅读游戏** ★

游戏：连词成句

目的：引导学生借助具体事物复述场景。

准备：词语卡片,印上课后第一题中的词语(凤凰花、象脚鼓、银碗、柏树枝),人手一份。

方法：

1. 同桌在规定的时间里分别用上几个词语,说说周总理是怎样和傣族人民一起过泼水节的。

2. 班内交流。同桌一组,一人用上一个词接龙复述。

3. 总结复述的方法;抓住关键词语串联课文内容。

综合性游戏

游戏：共享"多味酱"

目的：学完课文后,组织学生针对自己的实际情况,选择不同的学习小组汇报学习成果,提高信息整合能力,营造资源共享的快乐空间,进行适当的拓展学习。

准备：活动前布置学生思考学完课文后有哪些收获,准备怎样汇报自己的学习成果;准备相关资料(比如摘抄卡、手抄报等)。

方法：

1. 学生简述自己的学习成果,由教师及时板书下来。比如,有感情地朗读课文,交流好词佳句、精彩片段,介绍有关傣族的资料或其他少数民族的民风民俗等。

2. 学生根据自己的学习收获主动组建不同的汇报小组(比如"小朗诵家组"、"词句积累组"、"信息交流组"等),并在组内互动交流。

3. 各个小组分别展示交流成果。一个小组展示时，其他小组仔细倾听，在展示之后可作补充，也可提建议或问题。

4. 在"学习园地"中展示各种学习成果（如手抄报、摘抄卡等）。

口语交际：看图讲故事

★　口语交际游戏　★

游戏一：故事接龙

目的：读懂漫画内容，讲清故事。

准备：5 格漫画贴图。

方法：小组成员在规定时间内按顺序依次讲图片上的内容，一人发言时，其他人仔细倾听。第一个人讲完第一幅图，第二个人先补充第一幅图的内容，再接着讲第二幅图，以此类推。完成后，小组两两 PK，看哪一组能把图上的内容讲得既通顺又完整。

游戏二：配音演员

目的：通过对话练习，使学生进一步理解图意，培养学生与人交流时自然、大方、有礼貌的态度。

准备：妈妈、爸爸和儿子的漫画头饰；麦克风道具。

方法：四人小组成员分别扮演爸爸、妈妈、儿子以及评论员。演员们给图片中的人物加上对话，并表演出来。教师提示表演时要注意模仿漫画中人物的动作和表情。演完后评论员从态度大方、语言连贯、表达清楚三个方面进行评价。

游戏三：想象结尾

目的：激发学生的想象力和创造力，训练有序表达的能力。

准备：白纸。

方法：学生先在纸上画下自己想象的结尾，要求有趣而又合理。画完同桌交换，分别说说对方图上画的内容。一人说，另一人仔细听，对于不符合自己想象的部分加以更正。最后全班交流，评选出最具创造力的结尾，颁发"创意无限"奖。

语文园地六

★   识字游戏   ★

游戏一：博士出题我来对

目的：巩固多音字的认记，加强多音字在不同语境中的运用。

准备：作业纸，分别打印练习中的词语，人手一份，每组成员拿到的词语不同。多音字若干个，并放在智慧袋里。

方法：

1. 每个小组在规定的时间里分别读完作业纸上的词语，并用词语造句，你造一句，我造一句。最后比一比哪一组完成得最快，评出"小博士组"。

2. 请小博士组派出代表上台从智慧袋里抽出多音字，学生快速应答多音字组成的一对词语。

游戏二：插花

目的：发现形声字"声旁表音"的特点，培养识字兴趣。

准备：花瓶形状的卡片上写声旁；花朵形状的卡片上写生字；空白无字花朵卡片。

方法：小组合作先把声旁相同的花朵插入相应的花瓶，边插边读，说说每一组字的偏旁与字音、字义的关系，然后在空白花朵上补充同一声旁的字，最后比较哪组花瓶里的花开得最茂盛。

综合性游戏

游戏：标点符号旅行记

目的：学习使用逗号、句号、问号、感叹号。

准备：将逗号、句号、问号、感叹号制作在相应的电脑动画中；作业纸（上面有加标点的习题）。

方法：

1. 大屏幕上闪出一些句子（没有标点），让学生猜一猜该为它填什么标点符号，在学生汇报之后闪出正确标点。如果学生猜对了，大家就说："耶，猜中了！"如果猜错了，大家就说："啊，再加油！"

2. 发放作业纸，以"标点符号来旅行"为题，请学生完成相应的加标点题目，进一步巩固标点符号的用法。

起点 ⇒	他 是 你 的 爸 爸 吗（　　）	北京是闻名世界的古都（　　）也是一座现代化大都市（　　）	今天是端午节（　　）为什么不吃粽子（　　）
乌鸦怎么会上狐狸的当呢（　　）	他多么喜欢语文课啊（　　）	下雪啦（　　）下雪啦（　　）	我们都是好孩子（　　）
		小红的新书包真漂亮呀（　　）	你在做什么（　　）能同我一起玩吗（　　）
		你会自己穿衣服吗（　　）⇓ 终点	

18. 古诗二首

★　　识字游戏　　★

游戏一：二次摸彩

目的：检查学生的识字情况，积累语言。

准备：两个纸盒，里面分装生字和词语卡片。

方法：

　　1. 由学生从生字纸盒内摸出生字卡片，认读生字并组词，即为首次中彩。

　　2. 学生由学生从词语纸盒内摸出卡片，认读词语并用其说一句话，即为第二次中彩。

　　连续中彩，生呼：笑哈哈，笑哈哈，×××中彩本领强！

　　若未中彩，生呼：哭啼啼，哭啼啼，下次再来你能行！

游戏二：生字超市

目的：让学生在有趣的活动中认字学词。

准备：请学生制作一些商品图片，并在图片上写上本课的生字、词语。

方法：先请学生把自己的生字商品摆在桌上，分批逛生字超市，买东西（把自己选中商品上的生字或词语读给"售货员"听，读对后可以拿走相应图片）。逛完超市后大家比比谁的收获大，并请收获最大的同学领读生字。依此继续游戏。

★　　阅读游戏　　★

游戏：图文对照讲故事

目的：加深对诗意的理解。

准备：学生熟练朗读古诗。

方法：看插图，讲故事，比比谁的想象力最丰富、故事讲得最生动有趣。

<hr>

综合性游戏

游戏一：制作古诗学习卡

目的：通过大量的古诗通读，使学生积累更多的古诗知识。

准备：请学生课外摘抄一些诗句，做成卡片。

方法：组织学生交流自己制作的诗歌卡片，和同学一起读、背古诗，通过这样的合作学习，提高学生的语文修养。还可以互赠诗歌卡片。

游戏二：看表演，猜古诗

目的：结合表演学习古诗，激发学生的学习兴趣，调动学生学习古诗的热情。

准备：课前请学生准备以表演的形式展现的诗句内容。

方法：

    1. 请部分学生表演，大家一起观看，并猜想该表演是根据哪首诗歌编排的，说出诗句。

    2. 分组表演自己熟悉的诗歌，然后小组成员一起猜猜、读读、背背。

<hr>

19. 雾在哪里

★ 识字游戏 ★

游戏一：拔萝卜

目的：巩固本课生字的认记，培养识字兴趣。

准备：萝卜形状的字卡；板画一片萝卜地；小白兔头饰。

方法：老师引导："小白兔，拔萝卜！"生齐："哎哟，哎哟，拔萝卜！"然后教师走到一生旁边，说："小白兔，你去拔。"请该生上台拔萝卜，并带读萝卜上的生字或词语。

游戏二：叫号入座

目的：检查学生掌握生字的情况。

准备：人手一套字卡，生字卡片上有用铅笔标上的统一的序号。

方法：教师或小老师提问："'雾、雾'是几号?"学生迅速找到并举起中的卡片："'雾'，'大雾'的'雾'，是 1 号。"以此类推。本游戏也可以在几个伙伴之间或小组内进行。

★　　阅读游戏　　★

游戏：送问题卡片

目的：促使学生开展互动交际，培养其善于发现问题、善于合作释疑的意识和习惯。

准备：空白纸片，笔。

方法：请学生把自学课文时产生的困惑写在纸片上，然后拿着学习卡片向自己的朋友求助，合作解决学习中的问题。如果两人都无法解决问题，请向其他人求助。教师在学生互动交流时进行巡视，及时发现带有较强启示的问题，等学生交流后集体解决，帮助大家深入理解课文。

综合性游戏

游戏：迷雾天下

目的：加深学生对课文内容的理解，培养学生口头表达能力、语言运用能力。

准备：白纱布（雾），山川、森林、学校等图片。

方法：黑板上贴出各种场景图片，由学生选择任一场景，用白纱布作雾蒙住图片，台下齐说："雾把……藏了起来。"台上学生接着说："无论……还是……，都……"语句通顺，逻辑清楚者获得"迷雾精灵"称号。

20. 雪孩子

★ 识字游戏 ★

游戏：美丽的眼睛亮起来

目的：巩固生字的认记。

准备：一张用于遮盖的白纸，本课的生字卡片。

方法：教师把生字卡片置于白纸后面，引导："美丽的眼睛亮起来。"学生："可爱的生字快出来。"教师很快地出示生字卡片，然后又把它置于白纸后面，请学生说说刚才出现在面前的是什么生字，并为其组词。

★ 阅读游戏 ★

游戏一：猜谜语

目的：引入课题。

准备：谜语——"只怕热来不怕冷，如同仙女从天降。一夜之间白茫茫，太阳出来无处藏"。

方法：老师说谜语，让学生猜，老师借机引题。

游戏二：学习雪人，助人为乐

目的：在同伴互助活动中把课文读正确、通顺、流利。

准备：小雪人的图像若干个。

方法：

1. 老师引导："课文中的小雪人不但有一颗助人为乐的心，他还喜欢与助人为乐的四人小组交朋友。大家赶快拿起书本，四人小组合作读课文。如果组里哪位小朋友不会读，可要帮帮他哟!"四人合作读课文。

2. 教师引导："在读书过程中谁帮助了你?"了解学生遇到的难读的字或句子，对学生进行重点指导，以达到读准字音的目的，并为帮助别人的同学发送小雪人图像。

3. 每个小组派出一位最能干的代表，在全班进行朗读接龙游戏，展示各组的朗读互助成果。

游戏三：故事接力赛

目的： 结合课文与文中插图学习，培养学生想象能力和语言表达能力。

准备： 课文插图的投影片。

方法： 在熟读课文的基础上，自由看图、讲故事。然后四人小组开展讲故事接力赛，一人讲一幅图片。最后每组推荐一名讲故事能手，参加全班讲故事接力赛。

综合性游戏

游戏：小小楼梯高又高

目的： 练习说带有"____越____越____"的短语，积累词语搭配。

准备： 课外填空（尽量多准备一些答案）。

方法：

1. 在四人小组内进行，由一人记录，看谁在两分钟内上的楼梯最高。

2. 组际展示、交流小组学习成果。

3. 评选出答案最丰富的最大词库组。

					( )越( )越( )
				( )越( )越( )	
			( )越( )越( )		
		( )越( )越( )			
	风越( )越( )				
雨越( )越( )					

小组爬梯赛　第( )小组

语文园地七

★ **识字游戏** ★

游戏一：挖地雷

目的：巩固本课生字的认记，培养识字兴趣。

准备：12张词卡，一面写词语，一面涂上红色。

方法：教师把卡片粘贴在黑板上，点名请同学取下字卡读词语。如果学生准确认读就算挖地雷成功；如果读错则全班同学一起发出爆炸声，并由该同学另请一个小伙伴帮助认读。

游戏二：查字典大赛

目的：练习使用部首查字法查字。

准备：语文书中查字典表格。

方法：同桌两人合作完成任务，时间为5分钟。最后比较哪个小组查得又快又准，为其颁发"查字典小能手"奖。

综合性游戏

游戏一：错别字医生出诊

目的：结合"展示台"栏目，通过改错别字，检查生字掌握情况。

准备：老师准备作业纸，上面书写有包含错字的词语，比如"战土、南爪、睛天"等。

方法：老师引导："现在大家都是大名鼎鼎的'错别字医生'了，这里有生了病的语文作业要请大家给诊断诊断。找出毛病后，集体汇报是什么病、该怎么治。"然后由老师根据学生的发言情况，给予大家"医师、主治医师、副主任医师、主任医师"等不同称号。

游戏二：抢占宝座

目的：结合"日积月累"这个栏目，调动学生背诵的兴趣。

准备：学生自由读记；老师在教室里设一"宝座"。

方法：本游戏分小组进行，每组成员以 10 人为宜，并选出 1 人主持活动。比如，主持人说："一九二九（   ）。"其他组员谁最先说出答案，他就可以向前进一大步，而抢答错误就应后退一步。第一个到固定的宝座的同学获胜。此游戏还可以在小组之间展开竞赛。

游戏三：谁是速读王

目的：结合"我爱阅读"栏目，调动学生练读绕口令的兴趣。

准备：大屏显示《分不清是鸭还是霞》。

方法：游戏实行淘汰制，两两 PK，读错的人要从头再读。老师为号令员。练习时间 3 分钟，先同桌同时读，先读完者获胜，再四人小组里两个获胜者同时读，接着大组里的获胜者同时读，直至选出全班读得最快的同学为"速读王"。

21. 狐假虎威

★ 课前游戏 ★

游戏：猜猜它是谁

目的：学会观察细节，敢于猜想。

准备：动物图片。

方法：

1. 出示动物图片的一部分，让学生根据看到的进行猜测可能是什么动物。

2. 继续出示动物图片的第二部分,学生继续猜测。

3. 出示整张动物图片,揭晓答案。

★　　识字游戏　　★

游戏一:放鞭炮

目的:巩固本课生字的认记。

准备:把本课的生字卡片放入一个红色的自制爆竹筒内。

方法:

　　老师引导:"我这里有一个大爆竹,里面装着很多生字。读对了爆竹里的生字,它就会点燃。谁想来试一试?"

　　学生们接下来一齐说:"节日到,放鞭炮,放对了,炮点着!"然后请一位学生上来抽出卡片,认读生字"点"爆竹。如果学生读对了,其他学生就跟他一起读,并模拟发出爆竹的声音:"嘭啪!"如果他读错了,大家就模拟哑炮的声音:"哧。"

　　为了节省游戏的时间,老师可以请一组学生上台,开展组内学生的竞赛,比一比哪位同学点燃的爆竹最多;或者进行小组之间的比赛,比一比哪个小组点燃的爆竹最多。

游戏二:词语大闯关

目的:学会本课生字。

准备：词语卡片。

方法：

1. 第一关：读准翘舌音

本课生字翘舌音比较多，把翘舌音的生字组成词语，展示给学生。

2. 第二关：读准多音字

本课两个多音字"转""闷"，读准多音字的词语，并能带到句子中读一读。

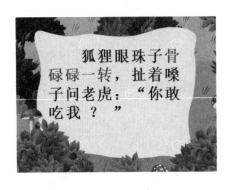

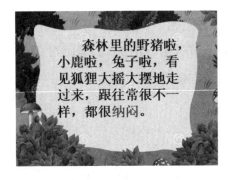

3. 第三关：读准成语

读准课后五个成语，学生读后进行表演获得成语卡片。

接受下一个任务——成语归类。哪些成语讲的是老虎，哪些讲的是狐狸。分别用笔圈出来。

★　**阅读游戏**　★

游戏一：你演我猜

目的：理解词语意思，通过狐狸和老虎的神态和动作进一步理解课文内容。

准备：词语卡片（摇头摆尾、神气活现、半信半疑……）；狐狸和老虎的头饰。

方法：每个小组派两名成员，相对站立。老师抽词卡展示，一个表演另一个猜，猜中后由小组成员说清这个词是写狐狸还是老虎的，猜对且说对则获得相应动物头饰。

游戏二：表演大挑战

目的：能生动地表演故事。

准备：动物头饰。

方法：

表演大挑战

"你敢吃我？"

"为什么不敢？"

"老天爷派我来管你们百兽，你吃了我，就是违抗了老天爷的命令。我看你有多大的胆子！"

（蒙了，松开了爪子）

"我带你到百兽面前走一趟，让你看看我的威风。"

1. 挑战一：狐狸说的三句话。

第一句：抓重点词"扯着嗓子"。

第二句：排排序：老大是老天爷，老二是狐狸，老三是老虎。体会狐狸的得意并加上动作表演。

第三句：抓重点词"我的威风"。

2. 挑战二：发挥想象，想象老虎的反应，会说什么，做什么。

3. 挑战三：戴上头饰，上台表演。

综合性游戏

游戏一：小小插画师

目的：增强学习兴趣，加深对成语故事的理解。

准备：每人分发一张画纸。

方法：根据对"狐假虎威"的理解画一张想象画，通过画来展示词语的意思，并在画上写上自己的姓名。然后大家一起把作品贴在"学习园地"的"成语栏"里，由教师组织评议。

游戏二：成语故事会

目的：积累成语，培养口语表达能力。

准备：每人准备一个成语故事。

方法：

1. 先请学生在学习小组里把自己的成语故事讲给组员听，然后大家推荐一位讲得好的同学上台向全班同学展示。大家听完故事以后，可以就自己不明白的问题请教或提出个人看法。

2. 由老师把大家讲到的成语抄写在黑板上，大家一起读一读、记一记这些成语。

22. 狐狸分奶酪

···

★　**识字游戏**　★

游戏一：打电话

目的：在游戏中掌握生字的字形、字音，使学生在轻松愉悦的氛围中对生字产生深刻的印象。

准备：本课的生字卡片。

方法：教师或小老师先将一只手攥成拳头，再张开拇指和小指使之成为电话状，大声说："'酪'，'酪'，'奶酪'的'酪'来了吗?"其他学生选出"酪"字的卡片回答："'奶酪'的'酪'来了，它是酉字旁的。"依此继续游戏，查学生是否已经正确掌握生字的读音和字形。本游戏也可以在同桌之间进行。

游戏二：计时抢读

目的：通过比赛巩固生字词语的认记。

准备：钟表，词语卡片；人手一份或是小组一份。

方法：

1. 学生自由准备认记词语。

2. 老师讲明规则："看谁在 1 分钟内能够认读更多的词语。"

3. 老师控制时间，请小组成员轮流参赛。

4. 根据比赛情况评选认记词语冠军。

★　**阅读游戏**　★

游戏：读书闯关

目的：正确、流利、有感情地朗读课文，体会课文中蕴含的情趣和道理。

准备：老师带领学生熟悉课文。

方法：

1. 先由老师讲清闯关的方法及规则，然后让学生自己阅读课文做好准备最后主动申请过关。

本游戏共设三关：字音关（读准字音）、句子关（读通句子）、感情关（有感情地朗读课文）。

2. 同桌合作玩游戏，一名同学闯关时，另一名同学监督，每闯过一关就为对方在书的一角画 1 面小旗。

综合性游戏

游戏：看谁写得多

目的：结合"读一读，记一记"习题，积累词语。

准备：游戏前鼓励小朋友根据课后"读一读，记一记"的示范，给生字扩词；引导学生尽量多准备一些答案；钟表；一人一张白纸。

方法：

1. 老师引导："积累词语好处多，看谁写得多！"出示需要扩词的生字：剩、急、公、便。要求学生在规定的 3 分钟时间内尽量多写。

2. 以同桌两人为单位向全班汇报，将写好的词语贴上黑板。

3. 根据情况评选出冠军组、亚军组、季军组，大家一起圈出好词。

4. 由获胜者当小老师带读圈出的好词语。

---

23. 纸船和风筝

识字游戏

游戏一：对对子

目的：导入新课，认记生字，激活思维，了解课文大意。

准备：松鼠和小熊所生活的高山简笔画；"山顶，山脚"等可以成对子的词语卡片若干。

方法:

1. 老师边板画边描述:"松鼠和小熊住在一座高山上,那里有高高的山、清清的水、茂密的树林、绿绿的小草,还有美丽的野花儿。"

2. 老师出示小熊和松鼠的图片,请学生将其贴在简笔画上,贴之前要说说该贴在哪儿,为什么? 相机编出对子:"山顶"对"山脚"。

3. 老师简单介绍故事,相机出示对子词语,"折纸船"对"扎风筝"(学习生字"扎"),"纸船漂"对"风筝飘"(比较"漂"和"飘"),"送松果"对"送草莓","祝你快乐"对"祝你幸福"(学习生字"祝、幸"),"难过"对"高兴","破裂"对"和好"。

4. 请同学说一说课文讲了一件什么事。先自由练习说、同桌互说,再指名在全班说,最后比一比谁说得比较完整、通顺。

游戏二: 给字宝宝找家

目的: 巩固本课生字的认记。

准备: 制作与活动配套的课件。

方法: 课件出示生字宝宝(卡通形象的小娃娃,怀抱生字)、生字的家(一座小房子,窗户上为生字的拼音),请学生用鼠标拖拽生字宝宝,把它们送回自己的家。拖拽正确,字宝宝会满脸笑容,并发出动听的笑声;拖拽不正确,字宝宝会大哭。最后大家集体认读生字。

游戏三：收纸船

目的：巩固本课生字的认记，培养识字兴趣，巧妙积累文中生动表达的句式。

准备：准备 10 只小船形状的词卡，上写"乐坏、幸福、草莓"等词语；小溪的简笔画。

方法：老师在学完全文时，结合最后一句话"他连忙爬上屋顶，取下纸船，把一只只纸船放到了小溪里"创设情境，把 10 只小船形状的卡片粘贴在黑板上的小溪里，点名请小朋友认读纸船上的词语。

　　师引："纸船漂哇漂，漂到了×××家门口。"生认读词语，读完念："纸船漂哇漂，漂到了×××家门口。"邀请下一位学生认读。

★　　阅读游戏　　★

游戏：课文大想象

目的：发挥学生的想象力；通过比较阅读，深化对课文的理解。

准备：课文插图投影。

方法：教师请学生阅读课文的第七、八自然段，并领会这两段话的意思，想象一下松鼠和小熊吵架前是怎样成为朋友的、吵架后是否和好了、是如何和好的。然后投影课文的插图，请学生进一步想象吵架前后发生的故事。在学生充分发挥想象之后，阅读课文，比较一下学生的想象与课文有什么出入，深化对课文的理解。

综合性游戏

游戏：找朋友

目的：开展拓展活动，增进学生之间的友谊。

准备：学唱歌曲《找朋友》。

方法：老师引导同学一边唱着《找朋友》，一边主动向其他同学问好，并表达想成为好朋友的愿望，或主动找跟自己闹过别扭的同学和好。交流时提醒学生注意礼貌用语。

24. 风娃娃

★　**识字游戏**　★

游戏一：小蝌蚪找妈妈

目的：激发学习兴趣，巩固本课所学生字的认记。

准备：小蝌蚪形状的生字卡片，青蛙形状的拼音卡片。

方法：

1. 老师将卡片分发给学生，请拿青蛙卡片和小蝌蚪卡片的同学各站一排。

2. 请小蝌蚪去找妈妈。比如，拿着"拉"字卡片的同学走到拿着"lā"拼音卡片的同学面前说："我的妈妈在哪里？"拿着"lā"卡片的同学则答："你的妈妈在这里。"然后全班同学一齐说："l—ā—lā，'拉'。"

如果拿着"拉"字卡片的同学找错了妈妈，比如，他站在了拿"zé"卡片的同学面前说："我的妈妈在哪里？"拿"zé"拼音卡的同学则应答："你的妈妈不在这里，再去仔细找一找！"这位找错妈妈的同学则需继续找，直到找到为止。

游戏二：大风吹

目的：把生字学习与游戏结合，增强学习的趣味性。

准备：PPT 展示需认读的生字。

方法：师生互动将生字分类并认读。

师："大风吹！"生："吹什么？"师："吹左右结构/翘舌音/独体字……"生依次喊出

所有符合要求的字。

★　阅读游戏　★

游戏：对照连环画讲故事

目的：把课文内容用连环画形式呈现给学生，让学生对照画面讲故事，锻炼学生的看图说话能力，练习运用并内化课文中的语言。

准备：把课文内容制作成 3 幅连环画。

方法：先请学生观察连环画，思考如何对照画面讲故事然后在组内交流，并推荐讲得好的同学在全班展示，最后为优胜者颁发连环画 1 本。

语文园地八

★　识字游戏　★

游戏一：小侦探

目的：对"识字加油站"中的生字进行认记，扩展一些动物知识。

准备：与本游戏配套的课件。

方法：老师通过课件展示一些动物的脚印、影子、叫声等资料，请学生判断它是什么动物。然后老师出示动物图片和名称，请学生认读。如果学生碰到困难，可以现场求助其他同学。

游戏二：猜动物

目的：激发学习兴趣，考查学生对生字、词语的熟悉程度。

准备：本课出现的动物名称卡片。

方法：请两名学生上台来面对面站定，由教师在其中一名学生背后举起个动物名称卡片，请对面的学生用肢体语言表演这是一种什么动物，并请另一名学生根据表演猜出它是课文中的哪种动物。如果学生猜对了，它可以获得积分。如果他猜错了，则要带领大家认读这个词语。最后在黑板上一起玩玩词语分类。

综合性游戏

游戏：动物大观园

目的： 结合"日积月累"栏目，帮助学生积累词语。

准备： 请学生在课外搜集包含动物的成语或四字词语。

方法： 请学生拿上自己的资料去找伙伴交流有关动物的词语，或者由教师根据学生手中的资料按鸟类、兽类把学生分成两个游戏小组，准备各自的动物词语展览，分批邀请对方参观，并组织一次参观展览之后的感想交流会。

二年级下册

1. 古诗二首

．．

★　**识字游戏**　★

游戏一：开花啦

目的：认读本课生字。

准备：一片草地的图片，如图：

方法：同桌一起读要求会写的 8 个生字，读对一个生字就在草地上画一朵花。最后比较哪一组同学读得准、画得快。图片上的生字还可以换成要认的 11 个生字，依次进行游戏。

游戏二：部件组字游戏

目的：巩固生字认记，并且学习识记生字的方法。

准备：组成生字的小部件卡片各 3 份（讠、寺、木、寸、立、里、王、白、石、纟、录、丝、一、前、刀）。

　　方法：教师预先把生字的小部件发给学生。确保每位同学手上有 1—2 张不同生字的部件卡。活动开始时,教师先念一个生字,请手拿组成这个生字部件的同学跑上台,将卡片放到一起,组成一个新的字,带领大家齐读该生字 3 遍(比如,"讠"和"寺"组成"诗")。

★　**词语游戏**　★

游戏一:放风筝

目的:复习生字,积累词语。

准备:在作业纸上画上蓝天白云情境图,打印好词语(古诗、村庄、儿童、碧玉、化妆、绿叶、丝绸、剪刀、堤岸、杨柳、吹拂)。

方法:

1. 先在小组里面展开活动,大家一起认读词语。
2. 组员选一个词语,在这个词语上画一个风筝,然后说一句话,让风筝飞上天。
3. 比一比,哪一组的风筝最先飞上天。

游戏二:一字开花

目的:为生字组词,积累词语。

准备:花儿图片数个,花盆上写生字(如"绿、童、村")。

方法：以小组为单位展开活动。由小组长进行分工，大家一边给生字扩词，一边把词语写在花瓣上。本活动要求在 3 分钟内完成，比一比哪一组的花开得最大、最美。最后，大家一起读一读花上的词语。

★   **阅读游戏**   ★

游戏：诗句接龙

目的：激发学生背诵古诗的兴趣，背诵学过的古诗。

准备：课外复习学过的古诗。

方法：以学习小组为单位展开活动，老师说诗题，再由组员一人说一句接龙，比一比哪个小组接得顺，背得好。

综合性游戏

游戏：找个伙伴背唐诗

目的：在有趣的活动中背诵唐诗，增加语言积累。

准备：自制唐诗卡片。

方法：每位学生都把自己看过、背过的唐诗名称、内容分别抄写在卡片的两面，放在口袋里备用。学生自由找学习伙伴，随便抽取一张，请对方背诵，如一方背不出来，则由另一方做小老师，教他读一读，背一背。

2. 找春天

★　识字游戏　★

游戏：我们都是花仙子

目的： 让学生在游戏中了解、认识春天里开放的花，培养学生的识字兴趣，巩固识字效果。

准备： 收集春天里开放的花的相关资料；自行制作花形识字卡片。

方法：

　　1. 同学之间互相交流自己收集到的有关于春天开放的花的资料（花名、花的形状、颜色等）。

2. 玩识字游戏。

（1）学生自己玩。先将卡片全部放在桌面上，然后认读生字，每认读完一张就把它放进抽屉里。最后大家比较，在固定时间内认读生字又多又准的同学，就是今天的"花仙子"，给他小红花的奖励。

（2）小组合作游戏。小组同学认读卡片上的生字，最后比较，在相同的时间里认读生字又准又快的同学，就是本组的"花中之王"。

（3）组际竞赛。小组之间开展挑战活动，每个小组派出自己的代表，到台上认读生字。最后比较，看哪个小组能够获胜。

在实际教学中，可以灵活采用其中的一种形式开展游戏。

★　词语游戏　★

游戏一：找朋友

目的： 通过写一写、找一找、摆一摆、读一读等实践活动，让学生认记生字、词语，丰富词语积累。

准备： 请学生自制本文的短语卡片，每个短语要分作两张卡片呈现。比如"脱掉"、"棉袄"、"冲出"、"家门"、"寻找"、"春天"、"遮遮"、"掩掩"、"吐出"、"嫩芽"、"探出"、"脑袋"等。

方法：

1. 将一套短语卡片打乱顺序放在一起。

2. 比一比、赛一赛，看看哪个小组的同学又好又快地将凌乱的词语卡片配成短语，摆到一起。

3. 小组同学将配成对的短语认真地读一读。如"脱掉棉袄"等等。

游戏二：一字开花

目的： 通过给生字找朋友，丰富学生的词语积累，并锻炼学生的动手与合作能力。

准备： 请每个学习小组选择本课的 4 个生字在课外为其组词，然后以生字为花蕊，以词语为花瓣，并涂上自己喜欢的颜色，设计小花。

方法： 各个小组在"语文园地"的"展示台"中把自己的作品展示出来，大家进行交流评比。

游戏三：词语百花会

目的：通过制作词语卡片丰富学生的词语积累,培养学生的动手实践能力和想象力。

准备：课外收集描写春天的词语或成语,并制成卡片。

方法：

1. 根据卡片上词语的意义,为其配上相应的图画。

2. 大家一起谈谈自己的设计意图,然后评选最有创意的词语卡片,并把每位同学的卡片张贴在"语文园地"里。

综合性游戏

游戏：我是春天的小画家

目的：通过绘画来感受和展示春天的美景,并和写话有机结合,激发学生的写话兴趣,表达自己对春天的喜爱之情。

准备：春游;画笔、画纸。

方法：春天到来的时候,老师组织学生去春游,观察春天的景物,并用手中的彩笔把看到的春天画下来,同时写上几句话表达自己观察春天之后的感受。最后,结合"语文园地"的"口语交际"栏目进行展示和交流。

---

3. 开满鲜花的小路

★　识字游戏　★

游戏一：送礼物

目的：认读本课生字,并且锻炼学生的口语表达能力。

准备：本课要求识记的生字卡片,修剪美化成礼物盒。

方法：先请学生到老师处领取"礼物"(生字卡片),然后送给自己的朋友。可参照以下实录进行：

生1：我领"鲜"，"鲜花"的"鲜"，我把它送给好朋友×××。（说完，生1走到生×××面前）

生1：小小礼物送给你，我领"鲜"，"鲜花"的"鲜"。

生×××：小小礼物收下了，我领"鲜"，"鲜花"的"鲜"，谢谢！

此游戏可反复进行。

游戏二：小马过河送信

目的： 认记生字。

准备： 制作课件，一条小河，左侧邮递员小马，右侧鼹鼠，中间错落大石块，石块上写着生字。

方法： 帮助小马过河，可以由一个学生独立完成，也可以小组合作完成，读出石块上的生字并组词。

★　　　**词语游戏**　　　★

游戏：考考你

目的： 结合本文的语言特点，积累"形容词＋名词"的偏正结构短语，发展思维。

准备： 人手一份作业纸，上面有"（　　　）的小路、（　　　）的鲜花、（　　　）的礼物、（　　　）的鼹鼠、（　　　）的包裹"5个练习题目。

如果班级学生语文水平好,可以拓展到前面所学的词语,如(　　)的小姑娘,(　　)的眉毛,(　　)的眼睛,(　　)的春风,(　　)的春天,(　　)的小溪等。

方法：

1. 熟读课文。
2. 出示练习纸,请学生从课文中找找答案,填空。
3. 看看谁能填出不一样的答案。

★　**阅读游戏**　★

游戏一：课本剧表演

目的：引导学生有感情地朗读课文,加深对课文内容的理解,增强学生的情感体验。

准备：头饰(黄狗、鼹鼠、松鼠、刺猬、狐狸)。

方法：

1. 选择自己喜欢的角色练读,或者在小组里面进行分角色朗读。
2. 带上头饰,竞选最佳的角色。
3. 推荐最佳选手,由老师做旁白,全班合作进行课本剧表演。

游戏二：故事大王

目的：通过看课文插图,丰富学生的想象,锻炼学生的口语表达能力。

准备：课文插图;故事大王金话筒若干。

方法：先请学生观察插图,思考如何对照画面讲故事。然后组内交流,并推荐讲得好的同学上台展示。最后评选故事大王,并颁发金话筒。

综合性游戏

游戏：我是小画家

目的：结合课文内容,展开想象,进行课后的延伸拓展学习。

准备：空白纸,彩笔。

方法：

老师引导："春天到了,通完松鼠太太家的路多美啊,要是能把它们画出来,那该多好啊!"

画好后可以在画面上配上几句话,如：通往松鼠太太家的路,开满了一大片五颜六色的鲜花……

4. 邓小平爷爷植树

★　　识字游戏　　★

游戏一：看口型猜字

目的：让孩子在游戏中巩固本课生字的认记。

准备：生字卡片。

方法：请几个孩子到讲台上来,拿出今天学的 14 个生字卡片,放一张到其中一个孩子的脑后,让下面的孩子不准发出声音读 3 遍,然后请台上的这位小朋友根据台下小朋友的口型猜出是什么字。如猜不出,学生要回座位;猜对了,下面的孩子就向他竖起大拇指,他就可以继续留在台上猜字。

游戏二：栽树苗

目的：认读本课的生字。

准备：14 张树苗状的生字卡片;黑板左边画山坡的简笔画。

方法：老师引导："春天到来百花开,谁愿上来把树栽!"学生齐："春天到来百花开,大家快来把树栽!"然后请学生主动上台选择树苗并且带读生字,最后把树苗栽到山坡上。

★　**词语游戏**　★

游戏：给小树浇水

目的：认读并巩固课内四字词语，积累部分四字词语。

准备：练习纸(纸上画有小树浇水图片)；还可以换成前面所学的"五颜六色""绚丽多彩""草长莺飞""令人难忘"等词语，继续玩浇水游戏。

　　方法：教师下发练习纸，学生读出小树苗对应的四字词语，读出一个就给洒水壶画上水滴，表示浇水成功，每株树苗都浇上水则表示挑战成功。

★　**阅读游戏**　★

游戏一：走近"小平树"

目的：缅怀邓爷爷，知道"小平树"确有其树。学习有顺序地表达，培养语言表达能力。

准备：PPT 出示天坛公园"小平树"。

方法：老师出示 PPT，并用语言渲染当时的情境。请同学们想象自己就站在天坛公园这棵"小平树"前，说说邓爷爷植树的经过，学习用上文中表示动作的词语，培养有顺序的表达能力。

游戏二：音乐欣赏

目的：由邓小平爷爷植树联想到邓小平爷爷为祖国的繁荣昌盛所作的巨大贡献，使学生在受到思想、情感教育的同时，动静交替，让学生作适当休息。也可用于新课导入。

准备：邓小平爷爷画像或图片滚动展示 PPT，歌曲《春天的故事》。

方法：教师相机出示邓小平爷爷画像或 PPT 图片滚动展示邓爷爷的生平事迹，播放歌曲《春天的故事》，并作适当的讲解介绍，使学生感受到邓爷爷的丰功伟绩，产生对邓爷爷的爱戴之情。

综合性游戏

游戏：我当小记者

目的：培养学生搜集处理信息的能力和口语表达的能力。

准备：课前搜集有关邓小平爷爷生平或植树节来历的资料；自制若干小记者证。

方法：学生在搜集资料后，选择其中一个方面的内容，上台向大家介绍自己了解到的信息资料。（比如，生 1："观众朋友，我是××台记者×××！春天来了，我把我国植树节的来历向大家作一个简要的介绍……"）介绍时，要注意自然、大方。最后由老师根据学生的表现，发放小记者证。

口语交际：注意说话的语气

★ 口语交际游戏 ★

游戏：举符号牌

目的：结合口语交际，体会说话的不同语气，掌握三种符号的用法。

准备：每位学生制作 3 张标点符号卡片（"？"、"。"、"！"）、"标点大王"喜报若干张。

方法：由老师或同学说一句话，请其他同学仔细倾听，然后举起相应的符号牌为这句话加标点，比较谁举得又快又准确。答对 1 题加 1 分，最先答对 10 题者获得"标点大王"称号。

语文园地一

★　识字游戏　★

游戏：登山游戏

目的：识记生字。

准备：简笔画。如图：

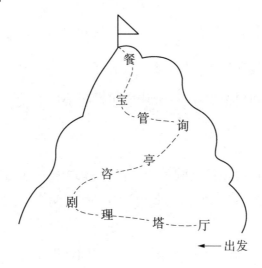

方法：教师简笔画画一座山，山顶上画一面红旗，然后将学生分为男女两组参加游戏。每组学生轮流认字，每认对一个字，就向山顶前进一步，最后比较哪一队先登上山顶，拿到红旗。

★　句子游戏　★

游戏：我是小导演

目的：初步感受句子的成分。

准备：小卡片若干。

方法：

1. 将学生分为 4 组，每人分到一张卡片。

2. 请学生一人写一个词语，第一小组写表示时间的词语，第二小组写表示人物的词语，第三小组写表示地点的词语，第四小组写表示干什么的词语。

3. 教师分别请四位同学上台组合句子，并加入修饰语。

4. 展示句子，并与其余同学互动提问。

★　　**写字游戏**　　★

游戏：书写擂台

目的：通过本游戏，激励学生把字写得端正、美观。

准备：实物投影仪，普通田字格作业纸，田字格展示纸。

方法：

1. 请学生书写本课生字。

2. 请学生自己选择写得最好的一个字，利用实物投影仪展示出来给大家挑战。

3. 请其他同学应战，展示自己书写的生字，并对两个字进行比较。以此进行后面的游戏。

4. 大家誊抄在田字格展示纸上，出一期学习园地展示栏。

综合性游戏

游戏一：我是小导游

目的：在生活中学会使用导览图。

准备：收集若干导览图（动物园、植物园、海洋公园等等）。

方法：出示杭州动物园向导地图，教师引导："我在杭州动物园，刚看了我们国家的国宝大熊猫，现在好想去虎山看看气势汹汹的大老虎，我该怎么走呢？谁能帮助我？"

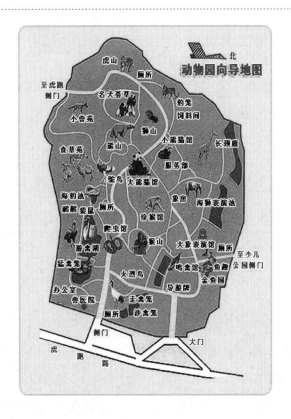

游戏二：当当小演员

目的：通过表演，加深对《笋芽儿》的理解和感悟，发展思维。

准备：熟读课文。

方法：先请同学思考，笋芽儿长成竹子以后，她看到了怎样的一幅春光图，然后请同学结合自己的思考，扮演笋芽儿，描述一下自己看到的春景，最后评价一下哪位笋芽儿说得最好，想得最美。本游戏可以在组内进行，也可以在班级里开展。

综合性游戏

游戏：小小故事会

目的：激发阅读兴趣，培养阅读习惯，锻炼口语表达能力。

准备：结合"快乐读书吧"，制作小小故事会课件，根据需要配乐；故事大王喜报若干。

方法：

1. 提前一周布置小小故事会的作业任务。

2. 请每位孩子选择一本自己最近看的，最有意思的书本，给大家讲故事。

3. 评选故事大王，奖励故事大王喜报。

5. 雷锋叔叔，你在哪里

★　　识字游戏　　★

游戏：找朋友

目的：让学生运用汉字的构字规律熟记汉字。

准备：本课生字的偏旁卡片。

方法：先请学生自由认记生字，然后将生字偏旁卡片发放给学生，指名开展找朋友游戏。比如，请生1找朋友，他站起来举着"三点水"卡片说："我的朋友在哪里？"生2则站起来，举着写有"宁"字的卡片说："你的朋友在这里。"两个人走到一起说："我们是好朋友，我们在一块儿组成'泞'，'泥泞'的'泞'。"以此类推。

★　　词语游戏　　★

游戏："快乐智多星"游戏

目的：激发学习兴趣，积累词语，加强语言运用。

准备：PPT出示"晶莹的露珠、迷路的孩子、长长的小溪、蒙蒙的细雨、弯弯的小路、年迈的大娘、温暖的春风"等短语；纸质小星星若干。

方法：

1. 教师呈现PPT出示短语，学生自由读记一分钟。

2. 一分钟以后，检查识记情况。每说对一个，得一颗星，关注班级中不常发言的孩子,给他们以机会。

3. 请部分同学上台做擂主,以填空的形式让大家补充短语,比如,"快乐的(　　)"。

4. 同桌之间互问互答,有条件的可以进行拓展。比如长长的(小溪),长长的(　　)。

★　**阅读游戏**　★

游戏:赛读游戏

目的:通过不同形式的赛读,增强学生对文本的体验,使其感受诗歌独特的音韵美和节奏美。

准备:熟读课文。

方法:老师引导学生采用不同形式进行赛读,可以是同桌赛读、小组赛读,也可以是师生赛读、男女生赛读。赛读之后,大家交流一下对诗歌节奏特点的体验。

综合性游戏

游戏:小小故事会

目的:收集资料,培养口语表达能力。

准备:收集雷锋的故事或身边的好人好事。

方法:老师组织同学在全班或小组中讲述雷锋的故事或身边的好人好事,然后大家交流开展此次活动的感受。

---

6. 千人糕

★　**识字游戏**　★

游戏一:顺风耳

目的:加深学生对字词的记忆,结合语言环境理解词语的意思并联系运用。"顺风耳"奖状。

准备：学生每人一份生字卡片。

方法：教师朗读已经准备好的句子（句子里有本课的生字）请学生听，听的过程中迅速找出相应的生字并举起该生字的卡片，在老师读完句子后大声地读出生字并为其组词。比如：老师读"课桌上，有妈妈给我们买的文具"，学生找到生字后，举起生字卡片，并读字组词，"桌，桌子；买，买卖；具，文具"。全部找对的，被当选为顺风耳。

游戏二：孔雀开屏啦

目的：为生字组词，积累词语。

准备：孔雀开屏图片数个，孔雀身上写生字（如"能、劳、桌、甜"等）。

方法：以小组为单位展开活动。由小组长进行分工，大家一边给生字扩词，一边把词语写在孔雀尾巴上。本活动要求在 3 分钟内完成，比一比哪一组开屏的孔雀最多。最后，大家一起读一读孔雀尾巴上的词语。

★ 阅读游戏 ★

游戏：角色扮演

目的：了解"千人糕"的制作过程，体验劳动的不易，激发珍惜劳动果实的情感体验，训练学生的口语表达能力。

准备：各种职业的头饰、道具。

方法：

1. 教师引导学生结合课文，总结出"千人糕"需要哪些劳动：农民（种植水稻、甘蔗、甜菜等）、包装员、送货员、售货员……

2. 学生戴上各种行业头饰，进行角色扮演，介绍自己的工作，说说自己的体会。

综合性游戏

游戏：我是小小解说员

目的：选择一种或两种物品，了解它的制作工艺，分享给其他同学，锻炼学生的口语表达能力。

准备：提前了解物品的制作；优秀解说员奖状。

方法：请同学上台展示自己手里的物品，将它的制作工艺介绍给大家，对于介绍得比较清楚的同学，评选为优秀解说员，并颁发奖状。

7. 一匹出色的马

★　**识字游戏**　★

游戏一：考考你

目的：巩固字音、字形的认记。

准备：实物投影、作业纸两份（一份老师用，一份学生用，纸上均有书写本课带拼音的生字，但生字需缺少一个部件，两份题目不同）。

方法：

1. 参照课后生字表，同桌合作认读生字，全部读对的同学在生字表旁边画一颗五角星。

2. 教师出示准备好的作业纸，请部分学生上台补充生字缺少的部件，然后一起认读两遍。

3. 下发学生作业纸，学生自行在作业纸上完成补充小部件任务。

游戏二：叫号入座

目的：检查学生掌握生字的情况。

准备：人手一套生字卡片，生字卡片上有用铅笔统一标的序号。

方法：教师或小老师提问："匹，匹，是几号？"学生迅速找到并举起手中的卡片："匹，一匹马的匹，是 1 号。"本游戏也可以在两个小伙伴之间或者小组内进行。

游戏三：大风车，转转转

目的：把生字学习和转风车游戏相结合，增加学习的趣味性。

准备：制作一个风车，转盘底座上写本课要认的生字。

方法：教师拿着风车点名让学生吹气，风车停下来时指向哪个字就请该学生读出这个生字并组词。以此类推，认记其他生字。

★　　阅读游戏　　★

游戏：课本剧表演

目的：深入理解课文内容。

准备：柳枝。

方法：

1. 以小组为单位，分角色进行表演。

2. 大家推荐表演最出色的"妹妹""妈妈""爸爸"上台表演。

3. 推选最佳表演奖。

综合性游戏

游戏：我是插画师

目的：通过画画，激发学生的想象，增强学生对课文的理解，增加课文学习的趣味性。

准备：白纸，彩笔。

方法：教师引导学生想象课文画面，给课文情节配插图，再加上一句课文中的话。如，河水碧绿碧绿的，微风吹过，泛起层层波纹。

语文园地二

★　　识字写字游戏　　★

游戏一：百果树

目的：巩固本课生字的识记。

准备： 每人一张作业纸，上面画着一棵大树，大树上面写着本课的生字。

方法： 先认读大树上的生字，然后给生字组词，接着在自己喜欢的字身上画上一种自己喜欢的水果，最后将这棵百果树送给好朋友。

游戏二：写字接力赛

目的： 巩固本单元生字的书写。

准备： 两张带有田字格的书写纸。

方法： 此游戏可以在男女生中进行。男生或女生集中一起，第一位同学可以任选本单元一个生字进行书写，直到写完一行为止。第二位同学接着进行书写，也写完一行为止。以此类推。最后，男女生作品比较哪一边写得正确、美观。

★　**词语游戏**　★

游戏：火眼金睛

目的： 体会同一个词语在不用语境中的不同含义，培养学生的语感。

准备： 练习纸若干，小猴子贴纸若干，火眼金睛喜报若干。

方法：

1. PPT 给出词语及相应的解释，如：特别、经过、新鲜、异常、非常等。
2. 以四人小组为单位出题，选择一个词语写两个句子，词语在句子中的意思可以相同,也可以不同。如:春天的郊外,景色异常美丽。做了坏事的小明,行为十分异常。

　　3. 出题结束,四人小组开始答题闯关,判断同一个词语,如"异常"在两句话中意思是否相同。判断正确得小猴子贴纸一枚,判断错误罚贴纸一枚。

　　4. 贴纸最多的四人小组获胜,每位成员得火眼金睛喜报一张。

★　　阅读游戏　　★

游戏一:一起来创作

目的:练习用好像说话,丰富学生的语言,积累写作素材。

准备:准备多组情境图片素材(如:果园里有苹果树、梨树、石榴树;庄稼地里有南瓜、茄子、玉米;池塘里有荷花、小鱼、落叶)。

方法:

　　1. 小组内挑选一个情境,合作说句子,给出句式"什么怎么样,像/好像/就像什么",互相修改成小诗。

　　2. 将修改好的小诗,端端正正誊抄到作业纸上。

　　3. 组内合作朗读小诗。

　　4. 小组间比赛,看看哪个小组的小诗最优美。

游戏二:我是小小朗读者

目的:训练学生的合作能力、朗读能力。

准备:朗读者奖章。

方法:小组分工合作朗读《一株紫丁香》五个小节,练习后上台展示,同学推选最佳朗读者。

综合性游戏

游戏一:职业火车大挑战

目的:了解各行各业,做一个生活小百科。

准备:提前了解各行各业的人们是怎么工作的;画有火车头的白纸。

方法：

　　1. 教师将白纸分发给每个小组，小组合作补充火车车厢，车厢上面要标记自己所了解的行业名称。比一比哪个小组的火车长。

　　2. 小组间提问，了解自己不知道的行业。

游戏二：班级人物猜猜猜

目的：学会观察人物，为简单的写话做好铺垫。

准备：表格，表格里的内容填好并用白纸遮盖。

	谁	长什么样子	我们经常做的事
1			
2			

方法：

　　1. 选择班级里自己想介绍的好朋友，将细节填在表格里，并用白纸覆盖。

　　2. 请其他同学通过一个个提示，猜猜自己介绍的是谁。

识字

1. 神州谣

⭐ **识字游戏** ⭐

游戏一：我来说——我来猜

目的：以猜字谜形式巩固难认生字的认记。

准备：收集到的一些字谜。

方法：

　　1. 教师说"我来说"，出示字谜。

　　字谜1：小小耳朵有力气，两个人儿头上立。（耸）

　　字谜2：海中一座山，鸟儿好家园。（岛）

　　字谜3：夺去一半留一半。（奋）

　　字谜4：游了北岳去陕西。（峡）

　　字谜5：友情需要说出来。（谊）

　　2. 指名学生说"我来猜"，说谜底。有条件的班级，可以请学生出谜，学生猜。

　　3. 男女生合作读：男生读字谜，女生读谜底并组词，如耸，高耸的耸。

游戏二：魔术变变变

目的：重点引导字形演变，理解字义，激发学生识字的兴趣。

准备：字形演变课件。

方法：

　　1. 出示：

〗〗　〗〗〗

2. 这两个字都是甲骨文，你发现有什么区别吗？

3. 你猜猜这两个分别是什么字？说说理由（〗〗字形像弯弯曲曲的河道〗〗中流动的水〖。在"川"〗〗〗的中间加一个小三角或小圆圈指事符号o，表示河川中央的冲积沙洲）。

4. 看字的魔术变变变，验证学生猜测的结果。

甲骨文	金文	篆文	隶书	楷书	行书	草书	标准宋体
前 8.12.4	乙 727	甲 1647	宜侯矢簋	说文解字	居延简	高贞碑	林逋	赵佶	印刷字库

甲骨文	金文	篆文	隶书	楷书	行书	草书	标准宋体
前 4.13.4	齐侯铺	说文解字	赵宽碑	李璧碑	李邕	王羲之	印刷字库

5. 小结："川"原来是河的意思，因为古时候的"川"字就像一条河；而"州"三点表示河里有大堆大堆的土，"州"就是土地的意思。

★　**阅读游戏**　★

游戏一：游一游祖国的山川

目的：巩固词语的认记以及词语的正确搭配，体会祖国山川的壮美。

准备：图片、词语卡片。

方法：

1. 教师引导：今天大家一起去游览一下祖国几处著名的山川。请你根据提示猜一猜文字描述的是中国的哪一处景物？

2. 出示：

• 中国北部大河，全长约 5464 公里，世界第五大长河，中国第二长河，是中华文明最主要的发源地,中国人称其为"母亲河"。每年都会生产十六亿吨泥沙。

• 全长约 6397 公里,亚洲第一大河,世界第三大河。发源于青海省唐古拉山,最终注入东海。一路上气势磅礴。

• 中国古代在不同时期为抵御外来侵袭而修筑的规模浩大的军事工程,全长21 196.18 千米。

• 高度 8844.43 米,是为海拔世界第一高峰。在藏族神话中被认为是五位仙女中的第三女神,她是万山之尊、地球之巅,又被称为地球的第三极。它名字的藏语就是"大地之母"的意思。

3. 出示"黄河""长江""长城""珠峰"的图。

4. 引导观察图片(出示:奔、涌、长、耸),结合前面提示的猜测景物的文字选一选适合每个地方特点的词,相应读一读"黄河奔,长江涌,长城长,珠峰耸"。

5. 师生合作诵读,学生比赛诵读,边诵读边体会祖国山川的壮美。

游戏二: 我们成为好朋友
目的: 巩固词语的认记以及词语的正确搭配,理解"华夏"、"神州"、"中华"的意思。
准备: 图片,词语卡片。

方法：

　　1. 在学生抽屉里放置下列词语卡片：华夏、儿女、炎黄、子孙、神州、大地、巍巍、中华、民族、团结、世界、大同、奋发、图强、繁荣、昌盛。

　　2. 有卡片的同学依次站起来找朋友。如"华夏"，学生手拿"华夏"词语卡，说："华夏，华夏的朋友在哪里?"手拿"儿女"词语卡的学生说："儿女，华夏儿女，我们成为好朋友。"两生共读"华夏儿女"两遍。

　　3. 在这些词语中，有几个词是表示同一意思的，你的火眼金睛能发现吗?"华夏、神州、中华"它们都是指中国。齐读——华夏儿女、神州大地、巍巍中华。

2. 传统节日

★　识字游戏　★

游戏：过节了，分果果

目的：激发兴趣，运用有趣的方式进行生字的认读和巩固。

准备：果篮、绘有水果形状生字卡片。

方法：

　　1. 过节了，分果果，请你抽取果篮中的一个水果卡片，你能认出上面的生字吗?

　　2. 学生认读生字并组词。

　　3. 学生同一个字组词PK，组词最多的学生可以拥有这张水果卡片。

★　阅读游戏　★

游戏一：传统节日来接龙

目的：通过传统节日的排序，明确传统节日的顺序。

准备：传统节日卡片，如"端午节"、"清明节"、"春节"、"元宵节"、"七夕节"、"重阳节"、"中秋节"等。

方法：

1. 一学生手持"春节"的卡片,问:"'春节'的后面是什么?"

一学生手持"清明节"的卡片,答:"'春节'的后面是清明。"

2. 学生按节日顺序,依次说出排序。

游戏二：传统节日习俗多

目的： 了解中华传统节日的习俗。

准备： 写有传统节日和传统习俗的卡片。

方法：

1. 教师出示写有传统节日的卡片,如"春节",念"春节到,春节到,春节的习俗是什么?"学生寻找相应的传统习俗卡片进行配对,说"春节到,春节到,贴窗花,放鞭炮"。以此类推,相应配对。

2. 配对好的传统节日和传统习俗,就按照"……到,……到,……的习俗是什么?"这样的句式来练习。

综合性游戏

游戏：猜猜这是什么节

目的： 了解中华各民族的传统节日。

准备： 各民族的传统节日的课件。

方法：

1. 出示中华各民族的传统节日图片,猜猜这是什么节?

（泼水节）

（火把节）

2. 根据习俗提示来猜节日。

(1) 压岁钱　穿新衣　（　　　）

(2) 看花灯　吃汤圆　（　　　）

(3) 吃五黄　赛龙舟　（　　　）

(4) 吃月饼　亲人聚　（　　　）

3. 根据猜的结果进行积分,猜对一个加 1 分,得分最高的可获取"小小民俗家"称号。

3. "贝"的故事

★　识字游戏　★

游戏:一字开花

目的:激发兴趣,识记生字,丰富积累。

准备:准备彩纸,做成花瓣形状。

方法:

1. 我们今天学习了"贝"字,你知道哪些字是贝字旁的吗？请在花瓣上写一个你知道的贝字旁的字,看看我们大家能组合成多大的"贝"字花,注意花瓣上的字不重复。

2. 学生在花瓣上写字,写好后贴在"贝"字花蕊的周边,形成一朵花的形状。(贺、贴、赏、责、费、贫、贵、账、购、财、资……)

★　词语游戏　★

游戏一:海滩捡贝壳

目的:通过情景游戏,巩固本课新词的认读。

准备：课件出示一片海滩,各种各样的带有词语的贝壳。

方法：老师引导:蓝盈盈的海滩上,散落了各式各样美丽的贝壳,它们正等着小朋友们去把它们带回家呢。赶快来拾贝壳吧,看谁拾得又快又多。指名学生指认,读对一个"捡到"一个贝壳。可以多让学生进行有趣的认读游戏,以此巩固本课词语的认读。

综合性游戏

游戏一：我猜,我猜,我猜猜猜

目的：理解偏旁和字义的关系,进行归类识字。

准备：课件。

方法：

1. 看图,猜猜加点字的偏旁与什么有关?(金字旁和金属有关,王字旁和玉有关)说说其他金字旁和王字旁的字。

2. 继续出示"湖"、"护"、"脸"等字,猜猜字和偏旁的关系,和"金字旁"、"王字旁"的竞猜合起来,猜对次数最多的成为"竞猜大王"。

游戏二：汉字故事发布会

目的：了解字的起源,丰富字的知识,进行语言表达的训练。

准备：课件。

方法：

1. 今天很多汉字故事都赶来了,赶紧发布一下你知道的汉字故事吧,要求:声音响亮,语言表达清楚。

2. 学生讲述汉字故事,评出"故事大王"。

4. 中国美食

⭐ 识字游戏 ⭐

游戏一：众人拾柴火焰高

目的：激发兴趣，学习按规律识记生字，丰富词语积累。

准备：做好火焰状的卡片。

方法：

1. 出示：烧、烤、炒。问学生有什么发现？（都是火字旁的字）将这三个字写在火焰状卡片上，贴在黑板上，问学生：你能将这堆火焰变得更高更旺吗？

2. 学生各自在自己的火焰卡片上写上火字旁的字，并依次贴在黑板上（字不能重复），组合成一个大大的火焰。

3. 将"火"字旁的字进行组词积累。

游戏二：烹饪方法对对碰

目的：巩固四点底和火字旁的字，明晰烹饪方法，丰富同偏旁字的积累。

准备：人手一份写有"火字旁"和"四点底"字的卡片。（烧、烤、炸、炖、爆、炒、煮、蒸、煎）

方法：

1. 每人一张卡片，先认读生字，了解卡片上的烹饪方法。

2. 师生互动：师拿出一个土豆。说："这个食材有很多种烹饪方法，我想吃'炸土豆'。"拿到"炸"这张生字卡片的同学起立，做动作说："我会炸土豆。"也可以请学生来说自己想吃的做法。

3. 哪些美食也需要用到你手中的烹饪方法，说一说，积累短语。

4. 你看同样是和"火"有关的偏旁，火力有大小，偏旁的占位也不一样哦！火力大的边上站（烧、烤、炸、炖、爆、炒），火力小的在下边（煮、蒸、煎）。大家一边找，一边再次巩固生字。

游戏三：送食材进冰箱

目的：根据偏旁表义，给生字分分类。

准备：图片。

方法：用 PPT 出示不同食材，请学生放进冰箱不同格子里。

菠菜　茄子　蘑菇　葱

酱　　豆腐　鸭　饺子

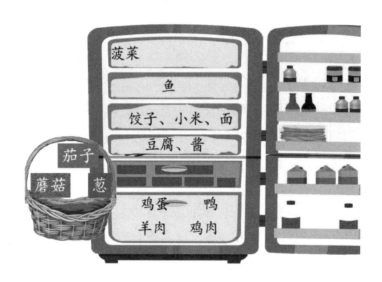

综合性游戏

游戏一：我的家宴我设计

目的：巩固菜名的表达方式，了解家乡的美食。

准备：书上的菜的图片以及自己家乡美食的图片。

方法：

1. 晚上，家里要来客人，请学生设计一桌菜。

2. 学生从教师提供的书上的菜的图片以及自己家乡美食的图片中进行选择，选择好之后，在全班面前说菜肴名称以及家乡美食的名称。

3. 全班投票评选"人气家宴"，并说明理由。

游戏二：我是小厨师

目的： 了解制作食材时需要用到的方法，并用文中的三种描述菜名的方式来说一说自己制作的菜。

准备： 字的卡片，食材图片。

方法：

1. 学生人手一份字卡——炒、烤、烧、爆、炖、炸、煎、蒸、煮；人手一份一些食材的图片，如"青菜、猪肉"等。

2. 请学生根据以往的经验进行菜肴设计，将图片和合适的字卡摆放在一起，并按照书中的三种菜肴名称表达方式进行表达。

3. 菜肴设计得最多的小厨师获得"五星大厨"称号。

游戏三："店小二"点菜

目的： 巩固菜名，积累不同地区的中国美食。

准备： "店小二"毛巾，ipad（里面导入包含书中菜的图片和文字的按照地域分类的中国美食）。

方法：

1. 四人一小组，一人扮演"店小二"，三人扮演"客人"。

2. "客人"在 ipad 中选择自己想吃的菜的地域（比如：浙江），再选菜。选择好之后，向"店小二"要求点菜，一边点一边说菜肴的名称，"店小二"重复"客人"点的菜。

3. "店小二"在全班大声汇报本桌"客人"点的菜，推出本店"人气最高菜品"。

口语交际：长大以后做什么

★　口语交际游戏　★

游戏："愿望"新闻发布会

目的：能清楚地表达想法，简单说明理由。

准备：小记者采访证。

方法：

1. 请学生当小记者，彼此互相采访同学——你长大以后想做什么？为什么？提示：对于感兴趣的内容可以多问一问。

2. 召开"愿望"新闻发布会。在学生的采访中，发现特别有意思的愿望进行发布会展示，要求：声音响亮，说话条理清晰。

3. 评选"最佳小记者"。

语文园地三

综合性游戏

游戏一：食物大荟萃

目的：了解各种不同食物的滋味，丰富语言的积累。**准备**：奖品——不同滋味的食物。

方法：

　　1. 出示：甜津津、酸溜溜、辣乎乎、香喷喷、油腻腻、软绵绵、脆生生、硬邦邦。根据对八种滋味的喜爱，选择最喜欢的一种滋味自由组合成一个小组。

　　2. 每一种滋味的小组就这种滋味用"我吃过酸溜溜的话梅"这样的句式进行接龙说话，比一比哪一组说的食物最多，进行这类滋味的食物奖励。

游戏二：好吃看得见

目的：会认 9 个生字，积累 ABB 词语。

准备：课件出示。

方法：同学们，今天老师带了许许多多的好吃的，有零食，有水果，有菜肴，有甜点，真是应有尽有。例：出示荔枝，谁喜欢这个？它是什么味道？你能用一个词语来形容荔枝的味道吗？（甜津津）引导学生选择自己喜欢的食物，说出它们的味道，相机识字。

游戏三：十二生肖来游园

目的：了解十二生肖的先后排序以及十二生肖的正确称呼。

准备：十二生肖头饰；字卡，如"子"、"鼠"。

方法：

　　1. 十二生肖要游园，要求按顺序排好队，请带好生肖头饰的学生按生肖顺序排好队，每一个站好位置的学生都要说："我是……我的前面是……（生肖名称)？我的后面……(生肖名称)？"

2. 排好队，入了园，十二生肖游着游着和它的伙伴分散了，出示：子、鼠、丑、牛……字卡，请学生将它们重新团聚。

3. 团聚之后，齐唱《十二生肖歌》。

课文

8. 彩色的梦

∙∙∙

★　**识字游戏**　★

游戏：实现我的彩虹梦

目的：进一步识记生字，在具体词语、语境中熟记。

准备：课件出示生字，阅读课文。

方法：

1. 出示 PPT，教师引导：要想实现你的彩虹梦，那就得跨越这座彩虹桥，小朋友们有没有信心？

2. 比一比哪位小朋友能最快跨越这座彩虹桥，实现自己的彩虹梦？

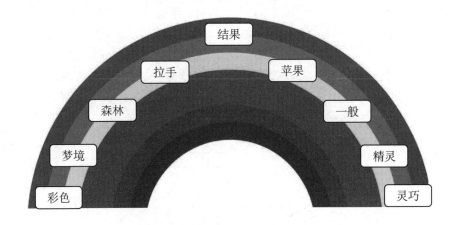

★　**阅读游戏**　★

游戏：我们都是追梦人

目的：正确、流利、有感情地朗诵诗歌。

准备： 音乐。

方法：

1. 生生合作。分成 7 人一组，称"红橙黄绿青蓝紫"，站成彩虹的形状，也可以有别的设想。学生分组讨论角色的分配，最后进行展示。

2. 师生合作。教师可以挑选之前表现最好的小组（班级里评选出的）进行合作，升华这次朗诵大赛，突出"我们都是追梦人"这个主题。

综合性游戏

游戏：我的创作发布会

目的： 激发学生的学习兴趣，仿照第 2 或第 3 小节写几句话并配上图画。

准备： 白纸、水彩笔。

方法：

1. 仿写诗歌。模仿第 2 或第 3 小节写几句诗歌，再配以相应的画作。

2. 办作品展。教师将已经完成的作品展示出来，开展一场"我与诗歌对话"的创作发布会，让孩子们自由观赏，并且挑选一幅最喜欢的作品进行简单的点评，收到点评最多的作品则被评选为"最佳创作奖"。

---

9. 枫树上的喜鹊

★　**识字游戏**　★

游戏：小喜鹊飞枝头

目的：认识巩固9个生字的识记。

准备：树枝形状的字卡，写有9个生字的拼音，9张喜鹊形状的字卡。

方法：

1. 请学生把18张卡片送给学生，然后请"喜鹊"找到属于自己的拼音朋友。比如，手拿喜鹊卡片的学生一边找朋友一边说："我要飞到哪个枝头上？"手拿拼音的学生说："喜鹊喜鹊来我这。"

2. 找到朋友后，请全班一起拼读，并组词。

★　**阅读游戏**　★

游戏：你演我猜

目的：通过课文理解，感悟喜鹊阿姨和孩子之间的对话，积累语言。

准备：课件创设情境。

方法：

1. 两位学生根据文字表演下面的情境：喜鹊阿姨找虫子回来，站在窝边。喜鹊弟弟仰头叫："鹊！鹊！鹊鹊鹊！"——第三位学生猜喜鹊弟弟是在说什么？

2. 两学生继续根据文字表演下面的情境：喜鹊阿姨把虫子送到喜鹊弟弟嘴里，叫起来："鹊，鹊，鹊……"——第三位学生猜喜鹊阿姨是在说什么？

3. 学生自主创设情境表演——第三位学生猜测喜鹊阿姨或喜鹊弟弟的语言。

4. 评选出"最佳演员奖"、"福尔摩斯奖"。

★   **拓展游戏**   ★

游戏：枫树上的音乐会

目的：通过枫树上创设的一个个情境，说说喜鹊妈妈和小喜鹊之间的对话。

准备：课件创设情境。

情境二：时间一天天地过去，枫树的叶子也变黄了。

情境三：夜晚，满天的繁星眨眼睛。

情境一：这时，飞来一只布谷鸟，嘴里喊着"布谷！布谷！"

方法：

1. 课件出示这样一棵枫树，将三种情境放在三个信封里。

2. 学生自由分组，若干个角色：喜鹊妈妈和若干个喜鹊弟弟，由喜鹊妈妈担任队长。

3. 队长可到教师处抽取信封，抽中哪个情境就和队员表演这个情境。教师提供 10 分钟的准备时间。

4. 每个小队在表演完其中一个情境之后，教师可出示枫树上的这个情境的具体内容，让其他小朋友评价这个小队表演得是否到位。

5. 最后根据小朋友对各个小队的评价，评选出"最美的歌声"。

10. 沙滩上的童话

· ·

★　**阅读游戏**　★

游戏一：戏内戏外

目的：深入理解课文,读懂课文中"我们"玩沙子的过程和想象中的世界,感悟语言所表达的情感。

准备：熟读课文,分别用横线和波浪线画出"我们"玩沙子过程中的语句,和想象中的童话的语句。

方法：

　　选定两批同学,一批表演现实生活中的玩沙子,一批表演想象中的童话,分配好角色,再加上合理的想象,同步对照进行表演。

　　如：

沙滩上	想象中
我们垒起城堡,城堡周围筑起围墙,围墙外再插上干树枝, 　不知谁说了一句 　有人接着补充 　第三个小伙伴说 ······	那就是我们的树。 这城堡里住着一个凶狠的魔王。 他抢去了美丽的公主。 公主在城堡里哭呢 ······

游戏二：我是故事大王

目的：通过根据开头编故事,学会运用课文中的生字词语,提升学生的语言运用和口头表达能力。

准备：故事开头及文中带有生字的词语。

方法：

　　1. 分小组抽签,抽取一个开头和一组词语,各自准备。

　　"在一片沙漠里,有······"

　　"从前,有一座大山······"

2. 每个学生一人编一句，接龙把故事讲下去。小组推选出小组故事大王。

3. 故事大王代表小组参加全班故事接龙大赛，评选出班级故事大王。

11. 我是一只小虫子

★　识字游戏　★

游戏一："戴帽子"游戏

目的： 巩固生字的识记。

准备： 本课的生字卡片和音节卡片。

方法：

　　把本课的生字卡片依次贴在黑板上，然后将生字的音节卡片发给学生，请大家把音节卡片贴在相应的汉字上面，比比谁贴得又快又好。

游戏二：火眼金睛找一找

目的： 本课翘舌音、后鼻音，以及"尸字头"的字比较多，教师可以引导学生按音、形的规律，归类识记生字。同时培养学生互助协作能力。

准备： 人手一份本课的生字卡片。

方法： 师：请大家在桌上排出字卡，读一个排一个，按顺序放好。

　　1. "前鼻音找一找！"生迅速找到卡片，举起卡片带读生字，比一比哪一对同桌找得最快。接着大家一起读生字（昏、免、贪、婶）。

　　2. "后鼻音找一找！"生迅速找到卡片，举起卡片带读生字，接着大家一起读生字（茸、醒、晃、撞、幸、净）。

　　3. "尸字头找一找！"生迅速找到卡片，举起卡片带读生字，接着大家一起读生字（屁、尿、屎）。

　　还可以左右结构找一找，半包围结构找一找等等，比一比谁是火眼金睛，谁会主动帮助人。

★ **词语游戏** ★

游戏：绘制汉字树

目的： 归类识字。

准备： 画纸和收集到的同偏旁汉字，比如"月字旁"、"尸字头"、"女字旁"等。

方法：

1. 请学生自己动手绘制一棵"汉字树"，在树枝上写上偏旁，在一根树枝的叶片上写上你搜集的带有这个偏旁的生字。

2. 比一比，谁的汉字树最茂盛，最美观！

★ **阅读游戏** ★

游戏：我也是一只小虫子

目的： 迁移课文中想象的方法，激发想象的趣味，感受对生活的乐观与热爱。

准备： 一些日常小物件（文具、生活用品等）。

方法：

1. 有一天早上，你一睁眼，突然发现自己也变成了一只小虫子……

2. 小组轮流想象说话：

（1）对一件日常使用的生活用品进行想象，当你变成小虫子后，你会怎样使用它，它会给你带来什么帮助？

（2）你还会遇到怎样的趣事？

语文园地四

★ **识字游戏** ★

游戏：玩具总动员

目的： 把识字教学融入到学生喜欢的玩具中，激发学生识字兴趣。

准备： 词语卡片、每人一样自己喜爱的玩具(在玩具上贴上名称)。

方法：

1. 出示课文中出现的玩具图片,猜一猜它们的名字。

2. 学生拿词语卡片,说"我爱的玩具是……",其余的学生跟着念玩具名称。

3. 学生认读玩具词语。

4. 学生展示自己喜爱的贴有名称的玩具,认识玩具词语最多的学生获得"玩具小达人"称号。

★ **词语游戏** ★

游戏：同舟共济

目的： 积累各种各样形容心情的词语。

准备： 四人小组一张报纸。

方法：

1. 以四人小组为单位开展游戏,组与组之间展开对抗。

2. 每组一张报纸,四个人站在报纸上。教师给出一个关键词("形容生气""形容高兴""形容难过"),每组轮流说一个词语,说不出的组将脚下的纸对折,四个人再站上去,依次循环,直到站不下为止,该组淘汰。留到最后的组胜利。

3. 采访每个组成员,说说游戏时的心情,用上积累的表示心情的词语。

4. 运用"一会儿……一会儿……"句式重复该游戏。

★ **语用游戏** ★

游戏：鸡蛋壳变变变

目的： 展开想象,将鸡蛋壳的变化说清楚。

准备： 鸡蛋壳用于各种变化的图片。

1. 出示图片,学生讨论：鸡蛋壳变成了什么,它是怎么变的?

2. 用1—2句话连起来说说鸡蛋壳的变化。

3. 你还想把鸡蛋壳变成什么? 展开想象,画一画,说一说。

4. 看看图中,鸡蛋壳变成了什么?

5. 然后导入习作教学。

综合性游戏

游戏：我也会演手影戏

目的：积累《手影戏》一文中的拟声词。

准备：头饰、词卡。

方法：

1. 教学几种手影戏的摆法,学生边学边说拟声词。

2. 同桌之间,编故事,演手影戏。

---

12. 寓言二则

★　　识字游戏　　★

游戏：生字词语对对碰

目的：加强对生字的识记,促进词语的积累。

准备：人手一份生字卡片。

方法：同桌两名同学一起开展游戏。一生从字卡中任意抽出一张生字卡片,读出上面的生字,并用它组两个词;另一生则抽出另一张生字卡片,读出生字并组两个词。其中,哪位同学不能为抽出的生字组词,则两个人合作为该字组词。全部同学都完成游戏后,老师给大家讲一个寓言故事作为奖励。

★　　词语游戏　　★

游戏：串糖葫芦

目的：发展思维,促进词语的积累。

准备： PPT 呈现糖葫芦图片。四人一小组，每组一个资料袋，内装四张生字卡。

方法： 师：卖糖葫芦咯！卖糖葫芦咯！每个人从小组长的资料袋里取出一个糖葫芦"底座"，"悔"、"钻"、"告"、"劝"等，谁在葫芦串上组词组的多，谁就赢。然后小组合作完成其余每个字的葫芦串任务。最长的糖葫芦串选若干条贴在学习园地里，并署上该学生的名字。

★　　阅读游戏　　★

游戏：寓言故事对对碰

目的： 进行课外拓展阅读，锻炼语言表达能力。

准备： 收集一些寓言故事，如《叶公好龙》、《南辕北辙》等。

方法： 老师将学生分成两队开展游戏。一队由一人先说一个寓言名称，另一队则同样由一人对一个寓言名称。依次向下进行寓言名称游戏，注意每次选的人不能重复。对上来的人可以加 1 颗星，对不上来的人不加星，在游戏结束时统计得星数。老师要把学生说的寓言名称写在黑板上，以便学生积累。最后，请学生讲讲黑板上记录的那些寓言故事。

综合性游戏

游戏：我演你猜

目的： 在表演中加深对寓意的理解，激发学生阅读寓言的兴趣。

准备： 让学生自由组合，选一个寓言故事准备表演。

方法：

1. 请做好准备的小组上台表演，其他学生欣赏，并猜猜这个寓言的名字，评一评哪里演得好，哪里还不够，说说为什么。

2. 由表演者指名下面的同学说说这个寓言的寓意是什么。

13. 画杨桃

★ 识字游戏 ★

游戏：我的朋友在哪里

目的： 加强生字识记，丰富词语积累。

准备： 准备本课生字卡片以及和生字可以组成词语的部分字卡。

方法：

1. 教师出示本课生字卡片，如"摆"，问："我是摆，我的朋友在哪里？"

2. 学生根据自己手中的卡片寻找可以和生字组成词语的字，回答"我是你的好朋友"，并读出组成的词语。如，"我是摇，我是你的好朋友，摇摆，摇摆，摇摆。"

★ 词语游戏 ★

游戏：杨桃花开开几朵

目的： 发展思维，促进词语的积累。

准备： PPT 呈现杨桃树开花美景图片。四人一小组，每组一个资料袋，内装若干杨桃树（含生字卡）图片。

方法： 组长拿出资料袋里的杨桃树图片，组员通力合作为杨桃树开花，时间 5 分钟。开得又多又正确者为胜。最后获胜的小组可以为杨桃树添色，并粘贴在班级学习园地里，下面署上获胜小组名字。

★ 阅读游戏 ★

游戏：我是小小朗读者

目的： 有感情地朗读课文，理解人物的心情。

准备： 分配好朗读的角色，理解能够表达人物心情的语句。

方法：

    1. 学生分角色朗读课文。先小组推送，然后到全班参加角色竞选。

    2. 评选把人物语气表现得淋漓尽致的学生，录成朗读音频，在班级微信群里推送。

综合性游戏

游戏：小小新闻发言人

目的： 深入理解课文语言的表达内涵，加强语言文字的感悟与表达。

准备： 画出描写老师和同学们做法的语句，理解语句内涵。

方法：

    1. 小组合作学习，确定文中表示老师和同学们不同做法的关键词。

    2. 小组合作商量描述老师和同学们的做法不同的表达方式。

    3. 小组选派代表进行老师和同学们不同做法的新闻发布。

---

14. 小马过河

★   识字游戏   ★

游戏：火眼金睛

目的： 加强对生字读音及字形的识记。

准备： 准备好有读音错误或字形错误的生字。

方法：

    1. 出示有错误读音的"棚"、"哩"、"试"、"蹄"以及有字形错误的"驮"、"试"、"既"等词语。

    2. 在 10 秒内发现错误的字音或字形。

    3. 找得最多最快的同学获得"火眼金睛"奖，并带领同学朗读正确读音。

    4. 大家一起书写正确生字并组词。

★ 阅读游戏 ★

游戏：故事大王

目的：复述故事情节，提升语言表达能力。

准备：

1. 提供复述故事情节的关键词语——马棚、愿意、磨坊、驮、挡住、为难、突然、拦住、吃惊、难为情、动脑筋、小心。

2. 分好学习小组。

方法：

1. 小组内根据关键词语逐个讲述故事。

2. 小组推选出本组故事大王，并提出改进建议。

3. 全班故事大王 PK，评出班级故事大王。

综合性游戏

游戏：举牌游戏

目的：深化对课文内涵的理解，提升思维的思辨性。

准备：

1. 教师语音录制书 P₆₆"你同意下面的说法吗？说说你的理由"这一题的内容。

2. 标有对错的卡片。

方法：

1. 教师逐条播放判断说法是否正确的录音，学生举卡片表明对错，举牌正确率最高的小组获胜。

2. 获胜小组获得发言权，说明自己这样判断的理由，如果观点表达清晰完整，则加十分。

3. 累计分数最高的小组为优胜组。

口语交际：图书借阅公约

综合性游戏

游戏：新闻发布会

目的：进一步明确班级的"图书借阅公约"，提升学生的有序表达能力。

准备：全班讨论，形成班级的"图书借阅公约"。

方法：

1. 明确新闻发布会的基本流程：首先说清楚新闻发布会的目的，接着介绍图书借阅公约的要求，最后提出遵守公约的希望。

2. 小组合作推选组内新闻发言人，先进行组内模拟新闻发布会。

3. 各小组代表依次进行新闻发布，评比最佳新闻发布员。

语文园地五

综合性游戏

游戏一：我演你猜

目的：在表演中加强对词语的理解，丰富词语的积累。

准备：让学生自由组合，选择语文园地五"字词句运用"栏目第一题的词语演一演。

方法：

1. 请做好准备的小组上台表演，其他学生欣赏，并猜猜所表演的这个词语，评一评哪里演得好，哪里还不够，说说为什么。

2. 由表演者指名下面的同学运用这个词说一句话。

综合性游戏

游戏二：寻找双胞胎

目的：积累由意思相近的字组成的词语，并学会运用。

准备：将"我的发现"中的词语里的字做成卡片。

方法：

1. 教师举一张字卡，问："我的双胞胎兄弟在哪儿？"

2. 学生举意思相近的字卡，说"我们是双胞胎兄弟"，并说明为什么？再连词读，并说说其他由意思相近的字组成的词语。

3. 拓展，说一说生活中这样的词还有哪一些。

综合性游戏

游戏三：故事正解

目的：理解"日积月累"中《弟子规》的意思，在理解中积累经典。

准备：依据"冠必正……致污秽"的内容拍摄没有遵循这些要求的小视频。

方法：

1. 观看视频，发现视频中的小朋友有哪些表现没有遵循《弟子规》的要求，并说明理由。

2. 发言正确的学生带领全班同学诵读"日积月累"中的有关内容。

3. 发现最多的小朋友荣获"知乎小博士"称号。

15. 古诗二首

★ 识字游戏 ★

游戏："小诗人"徽章争夺战

目的： 能够灵活地运用字词，培养学生的合作意识。

准备： 生字卡片、"小诗人"徽章若干。

方法： 分小组进行游戏。老师选几名同学当小老师，帮助自己做好游戏的监督工作。由教师出示字卡，请每个小组的第一位同学正确读出字音，并由后面的学生分别组词（不能有重复），组词之后，再请小组长从组员说过的词中任选两个词说一句话。（小老师注意监督，发现问题及时指出并请相应人员纠正。）完成以上环节之后，由组长到指定位置拿徽章，最先拿到徽章的小组获胜。

综合性游戏

游戏：诗词"咏"流传

目的： 丰富学生的古诗词积累，激发学生对古诗词的热爱。

准备： 投影仪，记分牌；请学生在课外背诵古诗词。"背诵能手"奖状若干。

方法：

1. 老师先请学生自愿组成 3—5 人的活动小组，给各个小组和组员编号，然后为每组发放空白表格和记分牌，要求每个小组把两首课外学的、会背的古诗词写在空白表格上，并推荐在全班交流的选手。

2. 抽签背诵古诗词，评选"背诵能手"。

第一轮：请选手抽签背诵已学过的 3 首古诗词，每背出 1 首，学生所在小组得 10 分。

第二轮：请事先将准备好的抽签箱中放入各个小组的组员编码，然后由教师进行抽签，抽到哪个编号，那个组的组员就要背诵抄写在空白表格上那两首古诗词。每背出 1 首所在小组得 10 分。

第三轮：选手加背课外古诗词，每背出 1 首，所在小组得 5 分（每组限背3 首）。

三轮之后，由大家评比，总分排在前三名的小组的所有组员都是"背诵能手"。

3. 老师给获奖者拍集体照，颁发"背诵能手"奖状。

4. 同桌（或小组）之间交流摘录的好诗词，自由记诵。

16. 雷雨

··

★　**阅读游戏**　★

游戏：小小播音员

目的：激发学生的朗读兴趣,锻炼学生的想象力,培养良好的语感。

准备：课文朗读音频,本课插图的PPT。

方法：

1. 教师一边播放课文朗读音频,一边将雷雨中、雷雨后的情景投影在大屏幕上,请学生一边听,一边看,一边想象课文描述的情景。

2. 请学生自由选择描写雷雨前、雷雨中、雷雨后不同情景的段落,练习朗读。

3. 全班一起赛读、评读。

4. 大家一起评选表现出色的同学,授予其"小小播音员"称号。

综合性游戏

游戏一：编识字连环画

目的：巩固生字认记,连词说句,丰富学生的语言积累,激发学习兴趣。

准备：空白卡片、水彩笔、订书机。

方法：

本游戏以小组为单位进行。

1. "说"与"连"阶段。请学生合作为本课生字组词说句,并记录在空白卡片上。以"逃"为例,老师可以引导学生说出"逃走、逃学、逃避、逃难、逃命"等词语,然后要求学生用上所组词语造句,练习说话,如"他被吓得逃走了"、"因为没完成作业而怕老师批评,她逃学了"……

2. "装订"阶段。完成第一阶段任务后,小组成员合作把写上词句的卡片装订成册。

3. "绘画"阶段。小组成员一起合作设计封面和插图,并给本小组的这本书取一个"××小组识字连环画"的名字,把书名、编者、插图作者的名字写在封面上。

4. 全班展示交流,并将其放入成长记录袋。

游戏二：小小气象播报员

目的： 引导学生留心观察天气的变化,使学生养成在生活中注意观察、思考的习惯。

准备： 通过多种渠道了解有关气象知识,观察天气变化。

方法：

1. 请学生分小组收集有关气象资料,比如阴天的气象、晴天的气象、雪天的变化等。(不同小组在收集资料时可以有所侧重。)

2. 结合自己收集到的有关资料,小组内讨论、交流某一类气象知识,然后大家一起推选在全班汇报的同学。

3. 各个小组推选的代表在全班汇报,大家一起评选"小小气象播报员"。

4. 布置学生留心观察当天天气的变化,写一则观察日记。

17. 要是你在野外迷了路

★　识字游戏　★

游戏：给字宝宝找朋友

目的： 认记生字、组词、说句子,学习运用词语。

准备： 写好生字的小黑板,词语卡片。

方法：

1. 和生字交朋友。请一位同学上台找"朋友",其他同学一边拍手一边说:"找啊找,找啊找,你要找谁做朋友?"台上的同学则选中一小黑板说:"看!看!我要找他做朋友。"然后认读小黑板上的生字、组词、用这个词说句子。如果台上的同学有困难,可以求助好朋友解决。这个同学完成任务后,邀请其他同学上台,继续游戏。

2. 和新词交朋友。老师把"慌张、忠实、向导"等词语卡片粘贴在黑板上,请各个小组的学生用词语说一句或几句话、与词语交朋友(可以用一个或几个词语)。比一比谁说的句子中用上的词语朋友多、句子通顺。

★　　**阅读游戏**　　★

游戏:小小表演家

目的:激发学习兴趣,巩固对文中知识的理解、运用,提高学生运用语言的能力。

准备:课前分配角色,带领学生熟读课文。

方法:

1. 教师介绍表演任务和要求。

2. 师生合作表演:一个小朋友迷路了,大声地哭,不知道该怎么办。这时,太阳、北极星、大树、积雪都来帮忙,告诉他回家的方向。小孩知道了回家的方向,擦干眼泪,笑了。

3. 小组合作表演。每个组员担任一个角色,结合课内的知识和课外了解的其他辨别方向的方法进行表演。

4. 小组上台汇报演出。

5. 全班同学一起评出"最佳表演组"。

综合性游戏

游戏:以诗会友

目的:激发学生的表达欲望,练习写话,加深对课文的理解。

准备:布置学生课前模仿课文的内容和表达方式,也写一首小诗。

方法:

1. 集体交流各自仿写的小诗,争当聪明的小诗人。大家一起对小诗评价,评价要以欣赏和鼓励为主。

　　2. 修改作品。请学生自己修改或者找伙伴一起修改自己的作品，然后把修改好的小诗抄写下来，粘贴在"学习园地"中。

　　3. 欣赏评价。大家共同欣赏评价改后的小诗，给自己喜欢的小诗打上 1 颗星。最后比一比谁得到的星星多。

　　4. 集体诵诗。选择大家认为写得最好的一两首诗，全班集体吟诵。

18. 太空生活趣事多

★　识字游戏　★

游戏一：跳伞运动员

目的：认记生字。

准备：制作伞状音节卡片、人形状的生字卡片，把音节卡片布置在黑板上。

方法：指名请学生把生字卡片和音节卡片对应着贴好，算是跳伞运动员安全着地。如果学生贴错了，则要换"跳伞运动员"重新"跳伞"。最后大家一起认读生字。

游戏二：有趣的"数学题"

目的：通过"加一加、减一减"的方法认记生字。

准备：小黑板，上面列出"数学题"，"木 + 不 = （　　　）、禾 + 急 = （　　　）、亻 + 牛 = （　　　）、舟 + 仓 = （　　　）、板 － 木 = （　　　）、氵 + 谷 = （　　　）、是 + 页 = （　　　）"等等。

方法：教师出示"数学题"，请学生"算"出生字并用生字组词说话。

★　阅读游戏　★

游戏：小小解说员

目的：帮助学生深入理解课文。

准备：收集宇航员太空生活（比如，睡觉、喝水、走路、洗澡等）的图片。

方法：

1. 先让学生自由朗读课文。

2. 教师出示宇航员生活图片，请学生选择一幅解说。

3. 最后全班评比"最佳解说员"。

综合性游戏

游戏：太空生活知多少

目的：引导学生进行课外阅读，了解太空生活，培养学生收集处理信息的能力。

准备：请学生在课外了解更多的太空生活知识，搜集相关资料。

方法：

1. 请学生组内交流有关太空生活的知识。

2. 分小组向全班同学介绍有关知识。

语文园地六

★　**词语游戏**　★

游戏一：词语大转盘

目的：巩固词语的认记，扩大积累。

准备：词语转盘。

方法：老师出示转盘："看，我们刚学的生字交上了新朋友，你们大家认识吗?"老师转动转盘，请学生读出指针所指的词语。

游戏二：我是小导游

目的：在理解词语的基础上，巩固并记忆

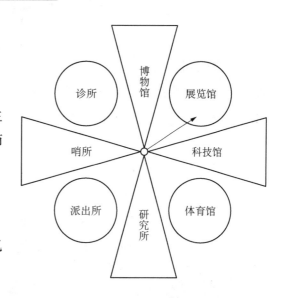

词语。

准备：一张地图。

方法：教师出示一张地图：今天我们要出发游览很多地方，谁来当当小导游，带领我们去认识认识这些地方呀？

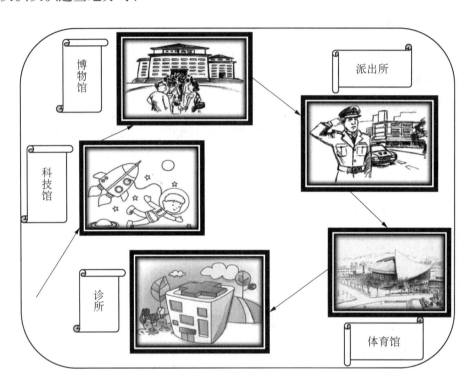

★   **阅读游戏**   ★

游戏：我找到的大"书"

目的：树立学生热爱大自然的意识，培养学生查找、筛选资料等处理信息的能力。

准备：课下通过不同方式查找有关岩石、化石等资料，获取信息。

方法：

　　1. 整理资料，确定呈现方式：

　　（1）图片（结合图片，配上一些文字说明）。

　　（2）文字（选取有用的资料，组织成一段话）。

　　（3）实物（结合实物，配上文字说明）。

2. 先在组内交流,然后全班交流。

3. 大家一起将整理之后的材料在"学习园地"中展示交流。

19. 大象的耳朵

....

★　**识字游戏**　★

游戏:生字角色扮演

目的:创造多次生字复现机会,引导学生通过多次见面有效地识记生字。

准备:组织学生分组选择生字做生字头饰(头饰形状为大象耳朵),并把所选择的生字写在自己的头饰上。

方法:

1. 扮演生字角色的学生任意抽同学读生字、组词。比如,扮演者问:"你看我是谁?"被选中的同学说:"你是'最',你的伙伴是'最好'。"以此类推。

2. 初读课文时,由全班朗读或小组分段接读课文。当读至某个生字处,要求戴相关生字头饰的人站出来读 3 遍。

★　**阅读游戏**　★

游戏:我说故事给你听

目的:理解课文内容,培养学生的复述能力和再造想象能力。

准备:课文插图。

方法:

1. 逐一出示插图,由学生自由选择一幅插图讲故事。例如,生 1:"我来说小动物们认为大象耳朵有病的故事。"生 2:"我来说大象最终领悟到'人家是人家,我是我'的道理。"

2. 把插图连起来,说一个完整的故事,最后评出"故事王"。

综合性游戏

游戏：你演我猜

目的：引导学生收集动物信息并交流，进行拓展学习。

准备：收集有关动物耳朵的知识。

方法：可以让学生两人一组，其中一个小朋友描述一种动物耳朵的形状和作用，另一个小朋友表演这种动物最常见的甩耳朵的动作，其余学生猜一猜是什么动物的耳朵。

比如：大象的耳朵：

猴子的耳朵：

20. 蜘蛛开店

★ 识字游戏 ★

游戏一：蜘蛛结网

目的：巩固本课生字的认记。

准备：简笔画。如图：

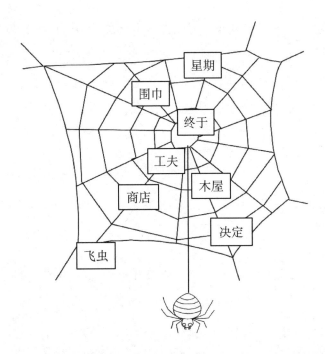

方法：蜘蛛先生决定织一张很大的网，但是在这张网上分布着很多的词语卡片，蜘蛛先生得读出这些卡片中的词语，才能成功织网。小朋友们，你们能帮助蜘蛛先生吗？

游戏二：一字开花

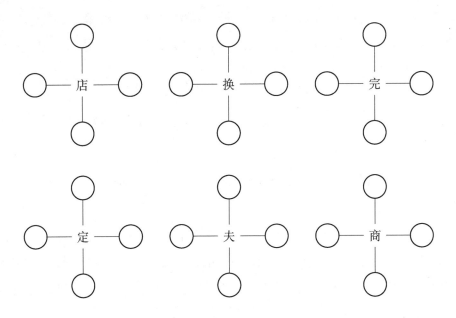

目的：为一些常见的生字多组几个词语，加强生字的运用，并培养良好的协作意识。

准备：一字开花作业纸。

方法：以四人小组为单位进行本游戏。要求在 3 分钟的时间内，比较哪一组开的花（组词）又对又快。教师要引导大家互相协作，共同进步。

★   **阅读游戏**   ★

游戏：看图讲故事

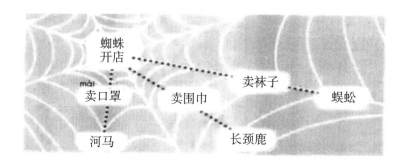

目的：学生能通过简单的关键词把一个故事有顺序地说下来。

准备：一张线索图。

方法：首先同桌互说，再者四人小组对说，最后每组选出一名说得最好的学生 PK 说，评出"故事大王奖"。可运用举手评分方法：内容完整（1—5 分），语言流畅（1—5 分），声音响亮（1—5 分），目光交流（1—5 分）。

综合性游戏

游戏：续编故事

目的：从课文内容拓展下去，培养想象能力和说话、写作能力。

方法：

1. 学生交流蜘蛛先生还会开什么店，他是否会成功。

2. 老师引导："蜘蛛先生的袜子编织店能成功吗？他有没有打退堂鼓呢？"请学生续编故事。教师可以提供语言片段，进行引导：第三天，蜘蛛的招牌又换了，上面写着："_____，每位顾客只需付一元钱。"顾客来了，……

    3. 交流展示，比一比谁编的故事最有趣。

    4. 最后把自己编的故事写下来。

21. 青蛙卖泥塘

★ 词语游戏 ★

游戏：美丽的泥塘

目的： 在情境中学习课文中的生词，识记词语，巩固字词。

准备： 一张泥塘的全貌，准备这些词语的卡片（共 6 个词语，分别是水坑、草籽、栽树、房子、种花、修路，同一组组员拿同一张词卡）。

方法：

    1. 第一轮，教师先示范：吆喝一声："美丽的泥塘需要谁？"紧接着看学生的反应，例如：7 人拿同一张"草籽"的词卡一起站起来："美丽的泥塘需要草籽。"由事先选出的这组组长把"草籽"这张词卡贴在泥塘的正确位置。

    2. 第二轮，每组选一名同学上台进行发问，环节如上。

    3. 等 6 个词语全贴好之后，同桌之间一问一答，再次巩固。

★ 阅读游戏 ★

游戏："青蛙卖泥塘"角色扮演

目的： 通过角色表演，加强学生对课文中不同动物的需求的准确把握。

准备： 课文中出现的动物，比如老牛、野鸭、小鸟，制作一张"泥塘"的 PPT。

方法： 先分小组练习角色扮演，再进行全班展示。在小组中挑选一名学生扮演青蛙，其他学生分别扮演老牛、野鸭、小鸟等，老师扮演旁白，然后各就各位根据课文内容，发挥各自的创造性进行表演。

评价参考：有表情，得一颗星；有动作，得一颗星；语言表达清楚，得一颗星。

在观看表演后，大家以"青蛙卖泥塘"为题，说一说小青蛙为什么到最后不卖泥塘了。

综合性游戏

游戏：小小拍卖会

目的：通过经历拍卖物品整个过程，培养学生的口语表达能力、随机应变能力、拍卖物品的能力等，提升学生的语文综合素养。

准备：每个学生准备一件物品；小组内选出一件最有价值的物品拍卖时使用。

方法：

　　1. 先分小组，每个小组的组长给自己小组取个组名，比如：书籍组、古玩组、饰品组等，组长组织组内成员选出一件最值得拍卖的物品，依据就是每个成员对自己物品的一份介绍书，谁介绍得最全面，就选谁的物品。

　　2. 由每位组长制作一份精美的推荐书，附上所推荐物品的照片，递交给老师。

　　3. 由老师做签，由每位组长抓阄，抓出的数字就是每组所推荐物品的出场顺序。

　　4. 最后就是精彩的拍卖会，主拍者由物品所拥有者担任，组长协助。拍卖所得虚拟币由买者和卖者互相交易。

22. 小毛虫

★ 识字游戏 ★

游戏：医治小毛虫

目的：巩固生词新字，读准字音，会组两个词语。

准备：准备一张 PPT，上面画着小毛虫的简笔画。

方法：

1. 事先在小毛虫的身体上写上生字，每一节写一个。

2. 再告诉小朋友：小毛虫生病了，你们有什么好方法医治他吗？目的就是让学生能够读懂字音，并组两个词语。

3. 每个医疗小组按次序来给小毛虫医治，哪一组能最先完成任务，哪一组就成功医治了小毛虫，成为获胜组。

注：小毛虫身体上的生字可以变化。

★　阅读游戏　★

游戏：小毛虫的自述

目的：鼓励学生在学习完整篇课文之后，能够完整地将小毛虫的蜕变过程说清楚，讲明白。

准备：一张 PPT，上面有提示。

方法：四人小组相互口述小毛虫蜕变成蝴蝶的经过，并且互相给出修改建议，使得自述过程能更加地引人入胜。如图：

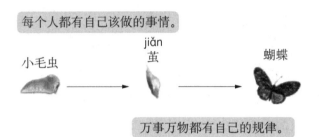

每个人都有自己该做的事情。

小毛虫 → jiǎn茧 → 蝴蝶

万事万物都有自己的规律。

语文园地七

★ 字词游戏 ★

游戏一：做值日

目的：在一个特定的语言环境中学习词语，理解并记忆。

准备：一张画着"教室"图样的幻灯片。

方法：教师提问：小朋友们每天做值日，都要做些什么？这时出示图片，让学生看着图说，边说，教师边把关键词语一一出示。如图：

最后大家开火车读一读，说一说你会做什么，还要学习做什么。

游戏二：孔雀开屏

目的：积累带有"扌"的生字。

准备：一张空白纸，彩笔。

方法：首先做好字卡。拿出空白纸，将生字沿半圆线布置，在生字外面画圈，然后从圆圈底向圆心拉线，使之呈孔雀开屏时的尾巴形状（如图）。开展游戏时，将字卡发放给同学，请同桌合作认读字词，并且准备做出相应的动作。如果读得正确，动作也做得标准，就把相应的生字涂上自己喜欢的颜色，使整张识字卡像孔雀开屏时的样子。

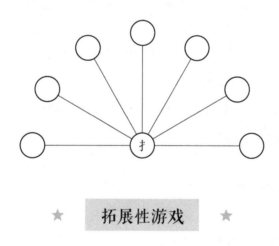

★　　拓展性游戏　　★

游戏：动物摄影展

目的：结合本单元的口语交际话题，联系学生的生活实际，组织一个动物照片展览，开阔学生的视野，同时在活动中锻炼学生的口语交际能力。

准备：请学生提供动物照片，在教室里布置"动物摄影展"，并请他们为自己的照片准备好解说词；若干奖章。

方法：先根据照片所拍的动物种类划分小组，将拍摄同一种类动物的组成一个介绍小组。然后请学生自由组成"旅游团"，选择好要参观的动物照片，分批次观赏，并由照片主人（即"小导游"）介绍动物，耐心回答"游客"的提问。最后评出"我最喜欢的动物"，并给导游颁发"优秀导游奖"。

综合性游戏

游戏一：合作"像"字报

目的：通过想象和联想，练习比喻句的使用。

准备：老师准备两张 8 开白纸，页眉上写"像字报"作为题目；学生自备几张空白无字纸条。

方法：

1. 以小组为单位进行游戏。每人在自备的空白纸条上写一句带"像"字的比喻句，比如"夕阳就像一个大火球"，然后大家一起把各自的句子贴在"像字报"上，注意纸条要贴得工整、美观。

2. 每个组员再从课外书中找一两句带"像"字的句子，抄写在小纸条上，然后大家一起把这些句子贴在另一张"像字报"上。

3. 抄完句子后，请学生自己在两张"像"字报上勾画图案，进行简单设计，然后贴在墙报中进行展示交流。

游戏二：偏旁部首变变变

目的：掌握一定的规律，会写生字"劝、堆、转、特"。

准备：积累几个偏旁、部首有变化的生字。

方法：

1. 先让学生自主观察生字"劝、堆、转、特"的偏旁部首，有什么变化？

2. 分小组进行讨论，编一编"偏旁儿歌"。比如：字成偏旁有变化，又捺变点，土横变提，车横变提，牛横变提，写对生字记住啦。

3. 每个小组研究怎样才能把这几个生字写好，并且派代表到黑板上指导其他小朋友书写，再由其他小朋友选出"最佳指导奖"和"最佳书写小组"。

23. 祖先的摇篮

···

⭐ **识字游戏** ⭐

游戏：种树

目的：巩固生字的识记。

准备：学生人手自备一套树叶状生字卡片，一张 16 开的白纸。

方法：

　　1. 老师引导："原始森林是祖先的摇篮，我们要保护森林中的每一棵树，让枝叶长得更茂盛！请大家把已经认识的字卡贴在树上，看看谁的树叶长得又快又多。"

　　2. 以小组为单位，从组长开始轮，边贴边读，2 分钟内，比一比哪个小组的树叶长得最茂盛。

　　3. 还可以用彩色笔为树增笔添色，最后把大家的作品都贴在学习园地里。

⭐ **短语游戏** ⭐

游戏：短语搭配游戏

目的：学会恰当地搭配词语，逐渐练习词语的使用。

准备：词语卡片（"野果、鹊蛋、野兔、蘑菇、小松鼠、野蔷薇、红蜻蜓、绿蝈蝈、摘、掏、赛跑、打伞、逗、采、捉、逮"等）。

方法：老师把卡片分发给同学。然后同学们有节奏地拍手，开始游戏。其中一位学生拿出一张卡片（比如"野果"）说："嗨、嗨！我的朋友在哪里？"另一学生举着卡片（其词语为"摘"）说："嗨、嗨！你的朋友在这里。"全班同学有节奏地齐读："摘　野果。"此游戏可重复进行。

⭐ **阅读游戏** ⭐

游戏：诵读接龙比赛

目的：熟读并背诵儿歌。激发对诗歌的兴趣，感受原始森林是祖先的摇篮，我们炎黄子孙都应该保护祖先留存下来的一切。

准备：熟读课文。

方法：

1. 四人小组练读全文，每人读一小节，最后一小节大家一起读："啊！苍苍茫茫的原始森林，我们祖先的摇篮！"

2. 组际之间展示诵读水平，并展开诵读挑战。

3. 各组推选优秀选手，通过"接龙游戏"背诵全文。

24. 当世界年纪还小的时候

★ 阅读游戏 ★

游戏：抓阄接背课文

目的：了解叙述顺序，有感情地背诵课文。

准备：老师制作"月亮、太阳、水、生活"4 张卡片，将其装在小信封里。

方法：

以四人小组为单位进行接背课文游戏。同学在接背课文时，不能看课文。

1. 熟读课文、练习背诵 3—5 分钟。

2. 小组成员从小信封中抽取一张卡片，明确自己所要背诵的段落，并做准备。

3. 大家开始接背课文。首段和尾段由所有组员一起背。

4. 大家一起评选组内背得熟练、接得顺畅的同学，然后上台参加全班的抓阄接背课文游戏。

综合性游戏

游戏：续编故事

目的：深化对课文内容的理解，提高语言表达能力。

准备：老师课前准备好《当世界年纪还小的时候》这本书。

方法：先请学生自己看这本书,然后接着课文结尾"很久很久以前,当世界年纪还小的时候……"继续往下编。要发挥充分的想象力,把故事讲得通顺、流利。同桌合作,给对方提意见或建议,还可以补充。最后老师点名优秀讲故事员在全班讲故事,大家评比谁讲得既完整、又生动。

25. 羿射九日

★　识字游戏　★

游戏一：摘太阳

目的：巩固识字。

准备：板画一片蓝天,上面贴有各种太阳卡片,卡片上写着生字;人手自备9张太阳形状的生字卡片。

方法：老师引导："五彩太阳谁来摘?"学生回答："我来摘,我来摘!"点名请学生上台摘下太阳卡片,带领大家读上面的生字。如果读对了,相应的太阳卡片就属于学生,其手上就多了一个太阳。如果读错了,就得拿出一张自己的卡片粘在黑板上,学生手头就少了一张。最后比较谁手上的卡片多。

游戏二：争当射日小能手

目的：巩固生字的认记。

准备：9个太阳形状的卡片,图片背面写上本课要认的生字。

方法：

1. 借助神话故事"羿射九日",自然引出小游戏。教师把9个太阳卡片贴在黑板上。

2. 学生认读卡片上的生字,若读正确,就可以得到太阳卡片作为奖励。比较谁得到的卡片多,评选"射日小能手"。

★　　　阅读游戏　　　★

游戏:故事大王

目的: 比较完整地讲述《羿射九日》这个故事,并且学会通过故事的起因、经过、结果来整体把握故事的大概内容。锻炼学生的语言复述能力。

准备: 熟读课文,理解其主要内容。

方法: 先同桌之间互讲,也可以在四人小组中进行交流,再选出讲故事能手向其他小组的同学挑战,最后,全班学生一起评出"故事大王"。

综合性游戏

游戏:神话故事会

目的: 培养学生课外阅读的兴趣,拓展学生对神话的了解。

准备: 课外阅读其他的神话故事。

方法:

1. 读其他的神话故事,并做好简单的读书笔记。

2. 先在小组内和全班交流自己的读书体会,再推荐代表在全班交流。

如图所示:

在神话故事中畅游

读者：＿＿＿＿＿＿　　时间：＿＿＿＿＿＿

神话故事名称：＿＿＿＿＿＿＿＿＿＿＿＿＿＿＿＿＿＿

主人公姓名：＿＿＿＿＿＿＿＿＿＿＿＿＿＿＿＿＿＿＿＿

主要内容：＿＿＿＿＿＿＿＿＿＿＿＿＿＿＿＿＿＿＿＿＿

＿＿＿＿＿＿＿＿＿＿＿＿＿＿＿＿＿＿＿＿＿＿＿＿＿＿＿

神话故事还有许多：＿＿＿＿＿＿＿＿＿＿＿＿＿＿＿＿＿＿

＿＿＿＿＿＿＿＿＿＿＿＿＿＿＿＿＿＿＿＿＿＿＿＿＿＿＿

口语交际：推荐一部动画片

★ 口语交际游戏 ★

游戏：我是动画小导播

目的：培养口语表达能力，学会介绍一部动画片。

准备：ppt，"金牌动画小导播"的荣誉证书。

方法：

1. 闯关一：推荐喜欢的动画片。教师出示一张 ppt，上面展示着一卷电影胶带，让孩子们选择胶带上喜欢的动画片来介绍。

2. 闯关二：表演喜欢的动画片精彩片段。学生可以互相合作，或者男女生 PK。

最后进行全班投票，在已经准备好的投票箱外面写上被竞选的动画片名称，现场投票，最终票数最多的获胜，并且颁发"金牌动画小导播"的荣誉证书。

语文园地八

⭐ 识字游戏 ⭐

游戏一：布置圣诞树

目的：比较偏旁，归类识字。

准备：作业纸，上面画一棵大树，边上给出学生已经认识的生字。

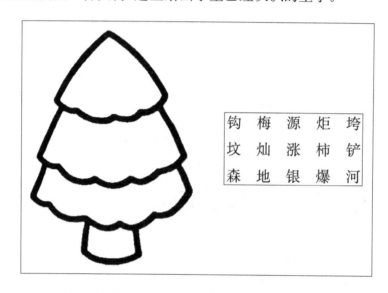

钩	梅	源	炬	垮
坟	灿	涨	柿	铲
森	地	银	爆	河

方法：这是一棵圣诞树，请每一个小朋友发挥聪明才智，将每一层的树叶布置美观，要求：每一层的装饰品都是同一类的，你们会装饰吗？（在学生操作的过程中，可以让小朋友把生字卡片贴在黑板上的圣诞树上。）

游戏二：大转盘

目的：引导学生按偏旁的异同给生字归类，加强记忆。

准备：大转盘。

方法：

1. 按顺时针或逆时针方向指名请学生认读生字。

2. 观察转盘，引导学生辨别这些生字在偏旁上的异同。（学生自由交流，老师配合出示不同颜色的"金字旁、三点水、木字旁、火字旁、提土旁"。)

3. 按偏旁的异同给生字涂上颜色,并分类认读。

4. 为每个字对应的位置编号。号码位置是固定的,转盘上的字随转盘转动,等转盘停止后,点名请学生根据编号所对应的字组词、说句子、背儿歌或古诗。

综合性游戏

游戏一:看一看,用一用

目的: 结合"字词句运用"这个栏目,学习、积累近义词。

准备: 准备几幅图。

眺望　远望　遥望

吃惊　惊讶

开心　高兴

方法：

　　1. 请学生独立看图，写下自己想到的近义词。

　　2. 小组内交流，总结想到的近义词。

　　3. 各组派代表参加班级比赛，看哪个小组找到的"近义词"多，并据此评出"高手组"，为每个组员颁发 1 颗星。

游戏二：摘词造句

目的：在游戏中巩固词语的认记，锻炼词语运用能力。

准备：教师板画一棵大树，并将词语（害怕极了、慌慌张张；高兴极了、匆匆忙忙；兴奋极了、手忙脚乱；）卡片贴到树上，使之成为一棵"词语树"。

方法：请学生摘下一个词语认读，然后用上这个词语说一句完整、通顺的话（如果有必要增加难度，可以请学生摘两个词语造句）。然后大家评一评、说一说谁的句子既具体、又贴切。

　　词语树如图所示：

后　记

　　1987年考入义乌师范，我学习过"寓教于乐"的教育原则，虽泛泛认知但印象深刻。从教近三十年，做过小学教师、教研员、小学校长、大学教师，随着对行业现状和学生成长复杂性的认识越来越真切，感受到的"寓教于乐"磁吸力就越来越强。教育生涯的每一个阶段，我都在思考：教什么？怎么教？教得好不好？教书育人是一个系统工程，学校教育重要，家庭教育也重要，但在诸多的外因背后，往往潜藏着兴趣这个内因层面的功臣。兴趣是最好的老师，这是开启优质教育与成功人生的一把金钥匙。基于此，我遵循学生身心发展规律与语文的学科特性，尝试把教学游戏引入语文教学，取得了卓有成效的成果。《小学语文游戏教学设计》的出版，就是我长期探索过程中提炼出来的提升语文教学成效的一个记录。

　　游戏是人类的天性。儿童每天做游戏就像每天穿衣、吃饭一样自然。荷兰人类学家赫伊津哈说，游戏是人类文明的源泉。他给游戏下定义："游戏是在某一固定时空中进行的自愿活动或事业，依照自觉接受并完全遵从的规则，有其自身的目标，并伴以紧张、愉悦的感受和有别于'平常生活'的意识。"德国启蒙运动的代表人物席勒提出："只有当人在充分意义上是人的时候，他才游戏；只有当人游戏的时候，他才是完整的人。"他认为：小孩子往往是没有自主权、没有自由的，因为无论在什么场合都必须由大人支配和安排。只有在"游戏"当中，小孩子扮成大人的样子，模仿大人教训小孩，从中得到乐趣；只有在游戏中，小孩的我才是我，才是自由的。他们描述的场景与教育教学场景的本质极为相近，这是游戏教学成为一种教学法的基本逻辑。游戏教学法是一种被证明行之有效的实践路径。20世纪初意大利蒙台梭利极力倡导游戏教学，并提出了游戏任务、游戏信号物、游戏行为和游戏规则这四种相互联系的结构元素。美国学校更是大多采用模拟游戏，用模仿某种现实，由学生扮演现实生活中的角色来强化教育教学效果。《新媒体联盟地平线报告》在2012年提出"基于游戏的学习"，倡导全世界重视游戏的多元教育功能。可以说，社会经济发展水平越高的国家或地区，游戏融入教学的程度就越高。游戏教学法在改变学生学习态度、发展高阶思维、提高记忆与行为效果等方面的有效性有目共睹。可惜的是，我们国内的学校教学一直是把游戏当成一种教学设计元素，极少有人在教学法层面进行游戏教学的教育实践与验证。

我带领我的团队做"小学语文游戏教学方式变革"这个专题研究，已逾15年。从小学语文教学游戏的设计到教学游戏开发，我们经历了五六年的时间，在人民教育出版社正式出版了《幼小衔接期新课程小学语文教学游戏指导与设计》一书，该书曾获全国小学语文论文专著类一等奖，浙江省基础教育成果奖二等奖；接着到游戏教学方式变革，我们做得很慢，经历了七八年的时间，分别在《课程·教材·教法》、《人民教育》、《语文教学通讯》等杂志发声，形成了较为完整的"小学语文游戏教学"研究体系；再到近几年，伴随着统编版小学语文教科书的使用，我们以游戏教学工作室为载体，不断完善游戏课程架构体系，打破学科边界，使认知序和教材序高度融合，让学科育人落地课堂。我们推出"小学游戏教学"微信公众号，在全国范围内发展实验学校，成立全国"语文课程与游戏教学专业委员会"，研究游戏理论和实践的步伐从来未曾间断过。我自己曾辞去教研员工作，带了游戏化教学课题回到教学一线，亲自带班教学。实践证明，游戏教学能够使学生更愿意学，更主动学，学得更好。我们用"三同一异"的实验方法检测识字效果（相同的教学内容、年级、老师，不同的教学方法），结果发现，在游戏条件下的实验班比使用传统教法的对照班人均识字率明显提高。一年级实验班人均识字率为75.9%，对照班为65.4%，同比提高10.5%；二年级实验班人均识字率为85.3%，对照班为76.8%，同比提高8.5%。从一个普通的教研员成长为一名特级教师，我对游戏化学习和研究的喜爱有增无减。毕加索说："学会像一个六岁的孩子那样作画，用了我一生的时间。"对我而言，顺应儿童的天性并践行游戏教学研究，融进了我最美好的青春时光，还将用尽我一生的时间。这大概就是游戏精神吧。

《新课程小学语文幼小衔接教学游戏指导与设计》是13年前的旧作，因为结合新课程理念与新教材的使用，从教学法的层面提供了同步的教学解决方案，得到业界认可，人民教育出版社因此在2006年把这些成果结集出版了。图书出版后，很受欢迎，几次重印。十多年来，教育在发展，自己对游戏教学的认识也更深入，加之华东师大出版社对这个成果非常感兴趣，就对旧作进行修订，并改名为《小学语文游戏教学设计》。感谢参与旧作编写的老师，她们是义乌市的楼燕燕、翁艳玲、朱青、何芳莉、谢赣英、骆红芳、傅艳琳、马琳等老师。她们为本书提供了丰富、有趣的游戏素材，使得本书更具可操作性。感谢参与本次重订的金晓芳特级教师工作室的成员，他们是莫燕燕、陈培骊、徐立琴、傅世玉、宋洁、汪远、王娟、张月、韩凌琦、范芸、郑望阳、王莹、方丽、方敏骅、刘凯丽等老师。他们补充并修订了不少鲜活、有效的教学游戏，使得本书更具时代发展性。莫燕燕、陈培骊、徐立琴、王娟、张佳丹等还参与了文稿的整理和校对工作，在此一并表示衷心的感谢！

我还要特别感谢中国教育学会小学语文教学专业委员会原理事长崔峦先生与浙江省小学语文专业委员会会长、省教研室柯孔标主任，感谢他们拨冗为本书作序。还要感谢一直理解、帮助和支持我们实践研究的更多领导、专家和同行，正是因为有各位的鼓励，我才有现在这次就教于各位方家的机会。

游戏教学进课堂，现在正处于一个历史机遇期。《国家中长期教育改革和发展规划纲要（2010—2020 年）》指出："把促进学生健康成长作为学校一切工作的出发点和落脚点。关心每个学生，促进每个学生主动地、生动活泼地发展，尊重教育规律和学生身心发展规律，为每个学生提供适合的教育。"2019 年 6 月，国务院印发《关于深化教育教学改革全面提高义务教育质量的意见》，号召全体基础教育工作者优化教学方式，提升智育水平。好的教育让所有孩子都看到努力的方向，让内心充满自信、充满对成功的渴望和对未来的希望。好的教师让所有学生从不愿学到主动学，从学不好到学得好，让学得好的学生用时少。随着国家政治、经济水平的提升，随着人工智能时代的到来，学习和游戏的融合正在加速。我们有理由相信，致力于让学习更科学、更快乐、更有效的游戏教学将拥有越来越广阔的空间，教育的未来也会因此更美好。

金晓芳

2019 年 11 月 24 日于杭州永庆坊